U0927947

建筑经济

（修订版）

王光炎　主　编

王　艳　郑文梅　朱溢楠　副主编

危道军　主　审

科学出版社

北　京

内 容 简 介

本书突出以岗位能力为基础的职业教育特点，内容上吸收了建筑经济领域的最新成果，案例丰富，体例新颖。本书共分9个任务，包括计算资金价值，评价技术方案的经济效果，分析技术方案的不确定性，编制技术方案现金流量表，分析设备更新，比选分析设备租赁与购买方案，应用价值工程原理控制工程建设项目的投资，分析新技术、新工艺、新材料应用方案的技术经济效果，分析绿色建筑技术经济效果等。

本书可作为高等职业教育建筑工程技术、工程造价、建设工程监理、建设工程管理、建筑装饰工程技术、市政工程技术、道路桥梁工程技术等专业的教材，也可作为注册建造师、注册监理工程师、注册造价工程师等有关技术人员的参考用书。

图书在版编目（CIP）数据

建筑经济（修订版）/ 王光炎主编. —北京：科学出版社，2022.1
（“十四五”职业教育国家规划教材）
ISBN 978-7-03-059259-0

Ⅰ.①建… Ⅱ.①王… Ⅲ.①建筑经济-高等职业教育-教材 Ⅳ.①F407.9

中国版本图书馆CIP数据核字（2018）第245306号

责任编辑：万瑞达 李 雪 / 责任校对：马英菊
责任印制：吕春珉 / 封面设计：曹 来

科 学 出 版 社出版
北京东黄城根北街16号
邮政编码：100717
http://www.sciencep.com
三河市骏杰印刷有限公司 印刷
科学出版社发行 各地新华书店经销
*
2019年5月第 一 版 开本：787 × 1092 1/16
2022年1月修 订 版 印张：13 1/4
2024年1月第六次印刷 字数：308 000

定价：39.00元
（如有印装质量问题，我社负责调换〈骏杰〉）
销售部电话 010-62136230 编辑部电话 010-62130874（VA03）

修订版前言

为了进一步贯彻党的教育方针，更好地落实“立德树人”根本任务，促进学生成为德智体美劳全面发展的社会主义建设者和接班人，将思想政治教育融入教材。推动绿色发展、促进人与自然和谐共生，推进美丽中国建设，积极稳妥推进碳达峰碳中和，为世界应对气候变化贡献中国力量，增强职业教育的适应性，培养出更多适应新型建筑工业化发展的高素质技术技能人才，我们及时对《建筑经济》一书进行了修订。

修订版的主要内容包括四个方面。一是为落实新时代背景下党中央加强高校思想政治工作的新要求，对课程德育政治提升，使本课程与思想政治理论课形成“协同效应”，同向同行，共同做好大学生的思想政治教育工作，同时提升“建筑经济”课程的教学效果，每个任务单元均增加了精心设计的课程思政目标内容；二是为落实中共中央、国务院印发《关于完整准确全面贯彻新发展理念做好碳达峰碳中和工作的意见》精神，培养未来社会急需的“双碳”人才，任务9中增加了“9.4零能耗建筑技术路线及评价方法”的内容；三是为培养学生“自主学习”的良好习惯，更好地明确学习重点和学习目标、引导学生自主学习，建设了对应的智慧职教在线开放课程（课程网址：https://mooc.icve.com.cn/course.html?cid=JZJZZ545628）和学银在线的在线开放课程（课程网址：https://www.xueyinonline.com/detail/227238304），读者可通过登录网站搜索本课程或搜索作者名字进行查找学习，也可以通过扫描下方对应的二维码登录学习；四是为配合开展线上线下混合式教学，录制42个精心制作的微课视频（正在后期制作阶段）。

修订版中课程思政目标和9.4零能耗建筑技术路线及评价方法由枣庄科技职业学院王光炎完成，在线开放课程和微课视频由枣庄科技职业学院朱溢楠等完成。

本次修订得到了科学出版社的大力支持与帮助，在此表示衷心的感谢！

由于作者水平所限，难免会有不足之处，敬请广大师生与读者批评指正。

智慧职教

学银在线

编　者

2022年11月

前　言

进入21世纪以来，新的世界已是经济全球化的世界，经济全球化趋势和政治多极化趋势相互关联，相互影响。特别是对于建筑经济发展来说，工程建筑的经济发展水准的高低直接决定了建筑工程的社会效益和经济效益。从我国目前经济的发展过程及今后的发展趋势看，随着时间的推移，建设项目经济评价所考察的项目越来越多，研究的范围越来越广，分析的问题越来越深，分析的精度也越来越高，项目决策的问题越来越复杂，并由原来的静态分析发展到了应用随机过程模拟、最优化方法等，方案技术经济效果评价水平有了质的飞跃。因此，建设项目的技术经济分析与评价将随着科学技术的发展逐步定量化，这就要求定量分析的准确化，本书在内容的编写上力求能适应这项要求。

在编写本书过程中，我们广泛吸收了国内外优秀教材内容和先进的研究成果。针对应用型本科和高职学生的特点，从工程应用知识的系统性和完整性出发，重在工程实践和应用；此外，根据国家绿色发展的需要，增加了绿色建筑技术经济分析等内容。

本书共分9个任务，各任务均附有任务概述、课程思政目标、学习目标、学时建议、工程案例导入、拓展与实训、真题链接（由于目前相关执业资格考试尚没有把绿色建筑经济纳入考试内容，故任务9没有设置真题链接环节。今后将及时进行补充）等模块。其中，拓展与实训包括职业能力训练、工程模拟训练两部分习题，真题链接部分均为执业资格考试真题，以达到学练同步、对接执业资格考试的目的。同时，力求用案例说明知识点的应用，注重经济知识及其分析方法在建筑工程中的运用，内容精练、重点突出、文字叙述通俗易懂。通过本课程的学习，学生可养成建筑工程技术人员与经济管理人员必须具备的经济意识，增强经济观念，从而能够运用建筑经济的基本知识、基本理论和基本技能，以可持续发展为理念、市场为前提、经济为目的、技术为手段，对多种投资方案进行经济评价、比较、优选，具备建筑工程经济分析和评价的能力。

本书由王光炎担任主编，由王艳、郑文梅、朱溢楠担任副主编。具体分工如下：任务1～任务4由郑文梅编写，任务5～任务8由王艳编写，任务9由王光炎编写，本书对应的课程资源由朱溢楠协作制作并整理。全书由王光炎统稿。湖北城市建设职业技术学院危道军教授对全书进行了审读并提出了宝贵的意见。

在编写本书过程中，编者参考和引用了国内外大量文献资料，在此谨向原作者表示衷心的感谢。

尽管编者在编写的过程中作出了很多努力，但由于水平所限，书中不足和疏漏之处在所难免，敬请广大读者批评指正。

编　者

2018年4月

目 录

任务1

计算资金价值

任务概述

资金具有时间价值，衡量资金时间价值的尺度是利息和利率。利息分为单利与复利，对建设项目的计算、分析与评价一般按复利计息。基于资金的时间价值，不同时间点、不同数量的资金可能等值。绘制现金流量图对于理解资金等值具有重要作用。现金流量图的三要素是大小、方向和时间点。资金等值计算包括一次支付终值、一次支付现值、等额支付系列终值、等额支付系列偿债基金、等额支付系列资金回收和等额支付系列现值。

课程思政目标

1）通过资金时间价值的学习，引导学生树立正确的时间价值观念，从而倍加珍惜时间，充分利用时间，增强家庭观念，孝敬父母，节俭理财。

2）在讲解货币的时间价值时，可以结合“校园贷”现象，让学生通过复利计算认识到“校园贷”的危害，从而树立理性消费的观念。

3）通过时间价值的学习，让学生了解我国养老保险制度是“统账结合”的养老保险制度，也是社会统筹和个人账户相结合的基本养老保险制度，是我国在世界上首创的一种新型基本养老保险制度。城乡居民养老保险是由我国政府组织实施的保障城乡居民老有所养的一项社会保险，是收费最低、保障力度最强、受益人群最广的一项惠民工程，是构建和谐社会、解除老年人后顾之忧的必然选择，为全面建成小康社会提供了重要保障和有力支撑。

学习目标

1．知识目标

1）了解现金流量与现金流量图、利息与利率以及名义利率与有效利率的基本概念。

2）掌握单利和复利的计算。

3）重点掌握现金流量图的绘制、名义利率与有效利率的转换及资金等值的计算。

2．能力目标

1）能够绘制现金流量图。

2）能够计算利息。

3）能够运用等值计算公式进行等值计算。

学时建议

本任务建议学时为8学时。

工程案例导入

某建筑开发公司投资的一个工程项目，因缺少流动资金，导致工程进度缓慢，公司决定向银行贷款100万元，贷款期限为1年。现有三家银行可选择：甲银行要求按季度计算并支付利息，季度利率为1.5%；乙银行要求每季度计息一次，季度利率为1.5%，贷款到期一次性还款；丙银行要求按月复利计息，月利率为0.5%，每季度支付利息一次。如果你是该公司决策人，你会如何决策？

1.1 计算利息

1.1.1 资金时间价值的概念

1. 资金时间价值的含义

在社会生产中，资金是劳动手段、劳动对象和劳动报酬的货币表现形式，资金的运动就反映了物化劳动和活劳动相互结合的运动过程，它由生产过程到流通过程再到生产过程往复循环运动，为社会提供了物质财富，创造了新的价值，表现在资金上就是增值。货币资金在运动过程中随着时间的推移而产生的增值即为资金时间价值。

2. 关于资金时间价值的正确理解

1）在不同时间付出或得到同样数额的资金在价值上是不相等的，也就是说，资金的价值随时间而变化（是时间的函数），随时间的推移而发生价值的增加，增加的价值即为原有资金的时间价值。

2）资金时间价值在生活中的反映是利息、资本收益等。

3）资金一旦用于投资，就不能用于消费，资金时间价值是对放弃当前消费的损失所做的补偿。

首先，从投资者的角度来看，资金的增值特性使资金具有时间价值；其次，从消费者的角度看，资金一旦用于投资，就不能用于现期消费，牺牲现期消费是为了能在将来得到更多的消费。因此，资金时间价值体现为对放弃现期消费的损失所应给予的必要补偿。

3. 影响资金时间价值的主要因素

1）资金的使用时间：资金增值率一定时，时间越长，时间价值越大。

2）资金数量的大小：其他条件不变，资金数量越大，时间价值越大。

3）资金投入和回收的特点：总投资一定，前期投入越多，资金负效益越大；资金回收额一定，越早回收的资金越多，时间价值越大。

4）资金的周转速度：资金周转速度越快，一定时间内等量资金的时间价值越大。

4．研究资金时间价值的意义

资金的时间价值是对建设项目、投资方案进行动态分析的出发点和依据，研究资金的时间价值具有十分重要的现实意义。研究资金时间价值有利于资金流向更合理的投资项目，使得资金的运动过程更易于管理，使在建设项目上所投入的不同性质资金获取更好的安全性和预期收益率。

1.1.2 利息与利率的概念

资金的时间价值一般表现为利息和利润。利息和利润是衡量资金时间价值的绝对尺度；利率和利润率是衡量资金时间价值的相对尺度，通常用利率来表示。

1．利息与利率的实质

利息是利润的一部分，是利润的分解或再分配，它来源于劳动者创造的价值。在工程经济分析中，利息常常被看成是资金的一种机会成本，是指占用资金所付出的代价或者放弃使用资金所得的补偿。

利率的定义是从利息的定义中衍生出来的，也就是说，在理论上先承认利息，再以利息解释利率。在实际计算时则相反，常常根据利率来计算利息，利息大小用利率表示。

利率的影响因素有社会平均利润率、借贷资本供求情况、风险、通货膨胀和借出资本期限。

2．利息

利息有狭义与广义之分。狭义的利息是指信贷利息，指借款者支付给贷款者超出本金的那部分金额。广义的利息是指一定时期内，还本付息总金额与原借贷款金额的差额，包括信贷利息、利润或净收益。即

$$I=F-P \tag{1-1}$$

式中：I——利息；

F——还本付息总金额，又称为“本利和”；

P——原借贷款金额，又称为“本金”。

3．利率

利率是在单位时间内所得利息额与原借贷款金额之比，即利息与本金之比，通常用百分比（%）表示。即

$$i=\frac{I_t}{P}\times 100\% \tag{1-2}$$

式中：i——利率；

I_t——单位时间内的利息。

P——原借贷款金额，又称为“本金”。

用于表示计算利息的时间单位称为计息周期（t），计息周期通常为年、半年、季、月、周或天。

以年为计息周期的利率称为年利率，以月为计息周期的利率称为月利率。

1.1.3 利息的计算

利息的计算分为单利计算和复利计算。

1. 单利

单利是指在计算利息时，仅用最初本金来计算，而不计入先前计息周期中所积累增加的利息，也就是通常所说的“利不生利”的计息方法，是不完全的资金时间价值。其计算式为

$$F=P(1+ni) \tag{1-3}$$

式中：F——期末本利和；

P——期初本金；

n——计息周期；

i——利率。

【例1-1】 某施工企业从银行借款100万元，期限为2年，年利率为8%，单利计息，每年年末付息，则该企业第1年年末需支付利息多少？

解 根据题意得

$I_t=Pi=100\times8\%=8$（万元）

【例1-2】 某施工企业从银行借款100万元，期限为3年，年利率为8%，按年计息并于每年年末付息，则第3年年末企业需偿还的本利和为多少万元？

解 根据题意得

$F=P(1+ni)=100\times(1+3\times8\%)=124$（万元）

2. 复利

复利是指在计算某一计息周期的利息时，其先前周期上所积累的利息要计算利息，即“利生利”“利滚利”的计息方式。其计算式为

$$F=P(1+i)^n \tag{1-4}$$

式中：F——期末本利和；

P——期初本金；

n——计息周期；

i——利率。

复利

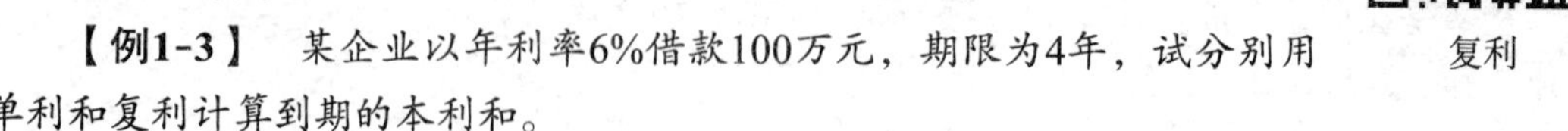

【例1-3】 某企业以年利率6%借款100万元，期限为4年，试分别用单利和复利计算到期的本利和。

解 1）单利：

$F=P(1+ni)=100\times(1+4\times6\%)=124$（万元）

2）复利：

$F=P(1+i)^n=100\times(1+6\%)^4=126.25$（万元）

由例1-3可以看出，复利更能够充分地反映资金在社会再生产过程中发挥作用的规律，是国际上普遍采用的计息方法。对建设项目的计算、分析与评价，一般均按复利计息。

1.2 计算资金等值

1.2.1 现金流量图的绘制

1. 现金流量的概念

在方案的经济分析中，整个计算期内各个时点上实际发生的现金流入量、现金流出量称为现金流量。此处“现金”为广义现金，指各种货币资金或非货币资产的变现价值。

现金流量包括现金流入量（cash inflow，CI）、现金流出量（cash outflow，CO）和净现金流量（CI−CO）。现金流入量指项目在整个计算期内所发生的实际现金流入，如销售收入、固定资产余值的回收、项目结束时回收的流动资金。现金流出量指项目在整个计算期内所发生的实际现金流出，如固定资产投资、流动资金、销售税金及附加等。计算期内某个时点上的现金流入量与现金流出量的差额，称为该时点上的净现金流量。一般把现金流入定为正值，现金流出定为负值。

2. 绘制现金流量图

在项目寿命期内，各种现金流入和现金流出的数额和发生的时间都不尽相同。为了便于分析，通常使用表格和图来表示特定系统在一段时间内发生的现金流量。

现金流量图是描述现金流量作为时间函数的图形，它形象直观地表示不同时点上的现金流入与现金流出情况，如图1-1所示。现金流量图包括三个要素：现金流量大小、方向和作用点（现金流量发生的时点）。

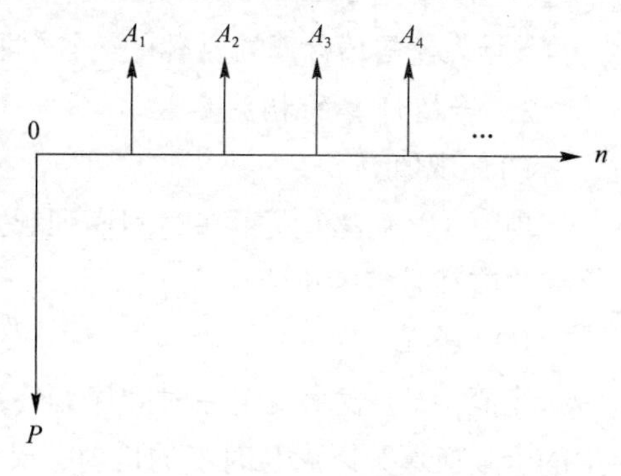

图1-1 现金流量图

图1-1中的横轴表示项目寿命周期，每一间隔代表一个时间单位，该时间单位一般与计息周期相等（也可不等），通常是“年”，也可取半年、季、月等；零点是时间序列的起点，表示投资起始点或评价时刻点，同时也是第一计息周期的开始；n点表示时间序列的终点，也是项目寿命的终点。时间轴上的点称为时点，是该计息期的终点，同时也是下一计息期的起点。

垂直于时间轴的箭线代表不同时点的现金流量，横轴上方向朝上的箭线表示现金流入；横轴上方向朝下的箭线表示现金流出。在现金流量图中，箭线的长度与现金流量的大小成比例，并需注明现金流量的金额。

【例1-4】 某公司向银行贷款1000万元，年利率6%，以年复利计息，按合同规定4年后偿还，本利和一共为1262万元。要求绘制借款人和银行贷款的现金流量图。

解 公司（借款人）的现金流量图如图1-2所示。银行贷款现金流量图如图1-3所示。

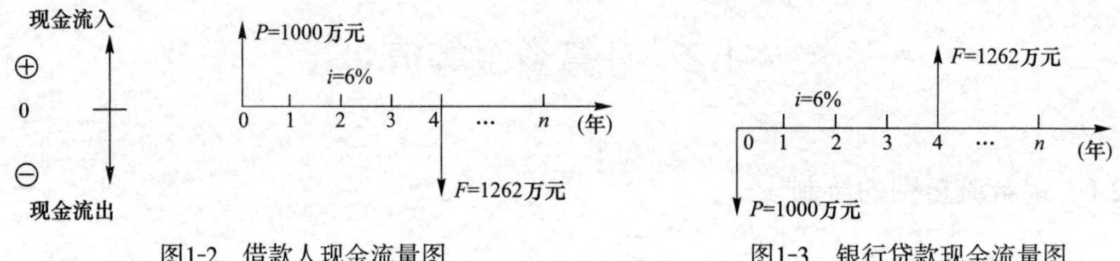

图1-2 借款人现金流量图　　图1-3 银行贷款现金流量图

1.2.2 终值和现值计算

1．资金等值

由于资金具有时间价值，一定数量的资金在不同时间代表着不同的价值，资金必须赋予时间概念才能显示其真实的意义。这提示我们不同时间、数量不等的资金可能具有相等的价值。例如现在的100元，1年后的110元，10年后的259元，数量上不相等，但如果在利率为10%的情况下，其价值是相等的。

我们把在特定利率下，不同时间上绝对数额不等而价值相等的若干资金，称为等值资金。资金等值是指在资金时间因素的作用下，不同的时间点上绝对值不等的资金具有相等的价值。

利用等值概念，把某一时点的资金按一定利率变换为与之等值的另一时点的资金，这个过程称为资金的等值计算。

影响资金等值计算的要素有三个，即资金金额的大小、资金发生的时间和计算的利率。

2．等值计算的相关参数

（1）现值

现值（P）表示发生在时间序列起点的资金价值，或者是将未来某时点发生的资金折算为之前某时点的价值。

（2）终值

终值（F）表示发生在时间序列终点的现金流量（属预测价值），或者是将某时点发生的资金换算为以后某时点的价值，又称将来值。

（3）年金

年金（A）指在一段连续的时点上发生的相等金额的现金流出或流入，又称为年值或等额值，如折旧、利息、租金等。

（4）计息周期

计息周期（n）是指计算资金利息的次数。在进行项目评价时，一般以其整个寿命周期作为确定计息次数的时间段，具体确定计息次数时还应考虑给定的利率周期，在有些情况下两者可能不一致。

（5）利率

利率（i）也称折现率，是在单位时间内所得利息额与原借贷金额之比，通常用百分数表示。将某一时点的资金折算为现值的过程称为折现。

3．具体计算

（1）一次支付终值计算（已知P，求F）

期初一次投入的现值为P，利率为i，计算n期末的终值F。一次支付终值现金流量图如图1-4所示。

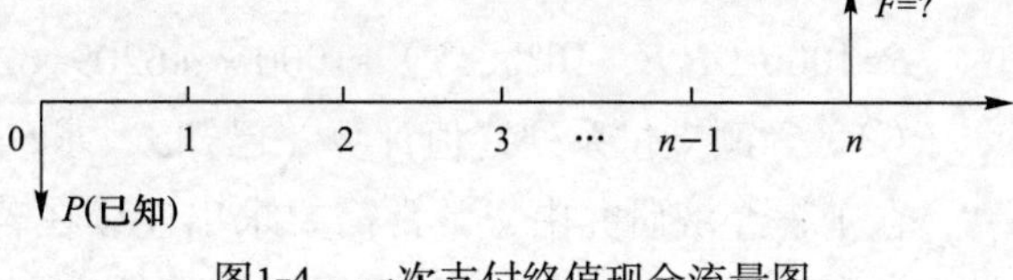

图1-4 一次支付终值现金流量图

一次支付终值计算式为

$$F=P(1+i)^n \tag{1-5}$$

式中：$(1+i)^n$——一次支付终值系数，用（F/P，i，n）表示。一次支付终值系数的值可计算求得，也可以查本书附录获得。这样式（1-5）可记为

$$F=P(F/P, i, n)$$

【例1-5】 在第1年年初，以年利率10%投资1000元，则到第4年年末可得本利和多少？

解 现金流量图如图1-5所示。

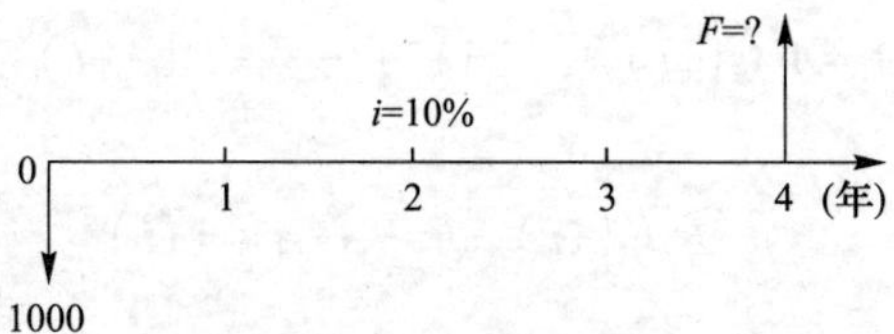

图1-5 例1-5现金流量图

$F=P(1+i)^n=P(F/P, i, n)=1000\times(1+10\%)^4=1000(F/P, 10\%, 4)=1464.1$（元）

（2）一次支付现值计算（已知F，求P）

如果计算期利率为i，期末的终值要达到F，计算期初的现值P。一次支付现值现金流量图如图1-6所示。

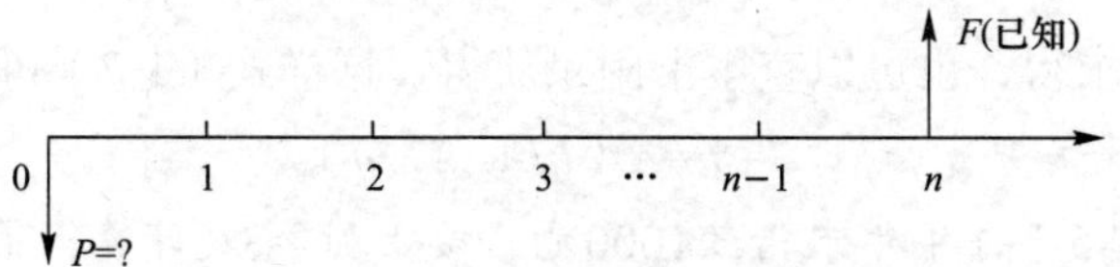

图1-6 一次支付现值现金流量图

一次支付现值计算式为

$$P=F\left[\frac{1}{(1+i)^n}\right]=F(1+i)^{-n} \tag{1-6}$$

式中：$(1+i)^{-n}$——一次支付现值系数，用（P/F，i，n）表示。一次支付现值系数的值可计算求得，也可以查本书附录获得。这样式（1-6）可记为

$$P=F(P/F, i, n)$$

【例1-6】 某企业对投资收益率为10%的项目进行投资，期望5年后可收益1000万元，现应投资多少？

解 根据题意得

$P=1000(P/F, 10\%, 5)=1000\times0.6209=620.9$（万元）

（3）等额支付系列终值计算（已知A，求F）

在工程经济研究中，常常需要求出连续在若干期的期末支付等额的资金，即最后积累起来的资金。这种情况可用等额支付系列终值现金流量图表示，如图1-7所示。

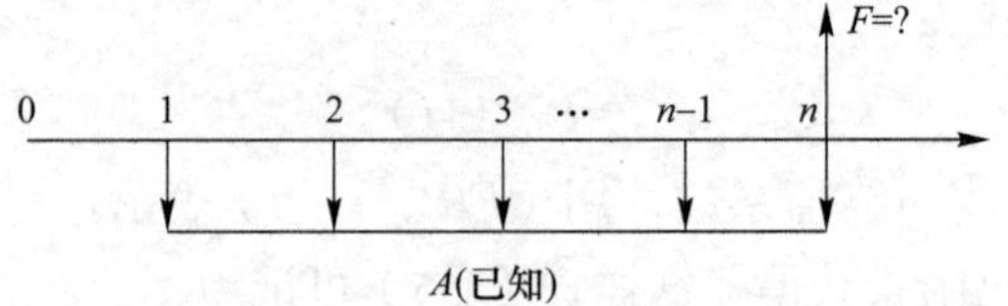

图1-7 等额支付系列终值现金流量图

在利率为i的情况下，n年末积累的资金F为

$$F=A+A(1+i)+\cdots+A(1+i)^{n-2}+A(1+i)^{n-1}$$

以$(1+i)$乘以上式可得

$$F(1+i)=A(1+i)+A(1+i)^2+\cdots+A(1+i)^{n-1}+A(1+i)^n$$

减去前式得

$$F(1+i)-F=-A+A(1+i)^n$$

得

$$Fi=A\left[(1+i)^n-1\right]$$

则，整理可得

$$F=A\left[\frac{(1+i)^n-1}{i}\right] \tag{1-7}$$

式中：$\frac{(1+i)^n-1}{i}$——等额支付系列终值系数，通常用$(F/A, i, n)$表示。等额支付系列终值系数的值可计算求得，也可以查本书附录获得。这样式（1-7）可表示为

$$F=A(F/A, i, n)$$

【例1-7】 连续5年每年年末借款1000元，按年利率8%计算，第5年年末积累的借款为多少？

解 $F=A(F/A, i, n)=1000\times5.8666=5866.6$（元）

（4）等额支付系列偿债基金计算（已知F，求A）

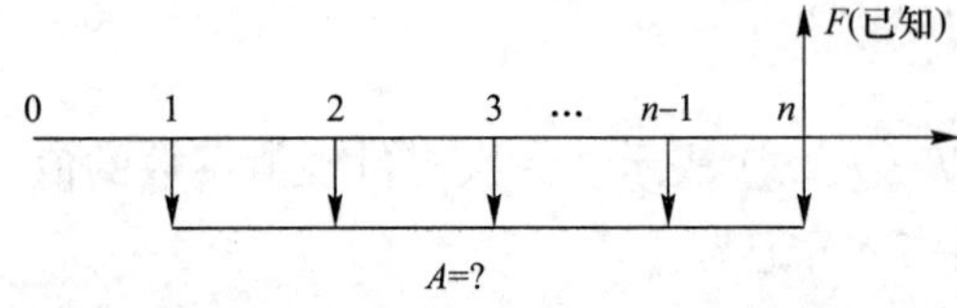

图1-8 等额支付系列偿债基金现金流量图

等额支付系列偿债基金计算与等额支付系列终值公式相反，如为了在n年年末能筹集一笔钱F，按年利率i计算，从现在连续几年每年年末必须存储多少？等额支付系列偿债基金现金流量图如图1-8所示。

将式（1-7）变换可得到等额支付系列偿债基金计算式：

$$A=F\left[\frac{i}{(1+i)^n-1}\right] \quad (1\text{-}8)$$

式中：$\frac{i}{(1+i)^n-1}$——等额支付系列偿债基金系数，通常用（A/F，i，n）表示。等额支付系列偿债基金系数的值可计算求得，也可以查本书附录获得。这样式（1-8）可表示为

$$A=F\,(A/F,\ i,\ n)$$

【例1-8】　某厂计划从现在起每年等额自筹资金，在5年后进行扩建，扩建项目预计需要资金150万元，若年利率为10%，则每年应等额筹集多少资金？

解　根据题意得

$$A=150\,(A/F,\ 10\%,\ 5)=150\times\frac{10\%}{(1+10\%)^5-1}=150\times0.1638=24.57\text{（万元）}$$

（5）等额支付系列资金回收计算（已知P，求A）

某人以年利率i存入一项资金P，希望在今后n年内把本利和在每年年末以等额资金A的方式取出，则A是多少？等额支付系列资金回收现金流量图，如图1-9所示。

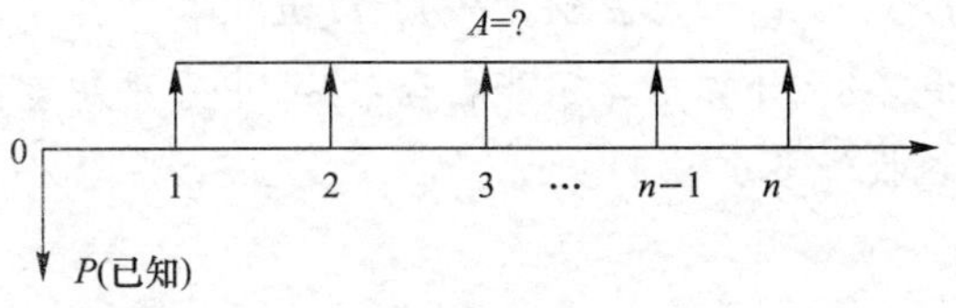

图1-9　等额支付系列资金回收现金流量图

等额支付系列资金回收计算

前面我们已经知道：

$$A=F\left[\frac{i}{(1+i)^n-1}\right]$$

将$F=P(1+i)^n$代入上式，即得等额支付系列资金回收计算式：

$$A=P\left[\frac{i(1+i)^n}{(1+i)^n-1}\right] \quad (1\text{-}9)$$

式中：$\frac{i(1+i)^n}{(1+i)^n-1}$——等额支付系列资金回收系数，可用（$A/P$，$i$，$n$）表示。等额支付系列资金回收系数的值可计算求得，也可以查本书附录获得。这样式（1-9）可表示为

$$A=P\,(A/P,\ i,\ n)$$

【例1-9】　某投资人欲购一项目，期初投资1000万元，年利率为10%，若打算5年内收回全部投资，则该项目每年至少要获利多少万元？

解　根据题意得

$$A=1000\times\left[\frac{10\%\times(1+10\%)^5}{(1+10\%)^5-1}\right]=1000\times(A/P,\ 10\%,\ 5)=1000\times0.2638=263.8\text{（万元）}$$

（6）等额支付系列现值计算（已知A，求P）

与式（1-9）相反，按年利率i计算，为了能在今后几年中每年年末提取相等金额A，现在必须投资多少？等额支付系列现值现金流量图如图1-10所示。

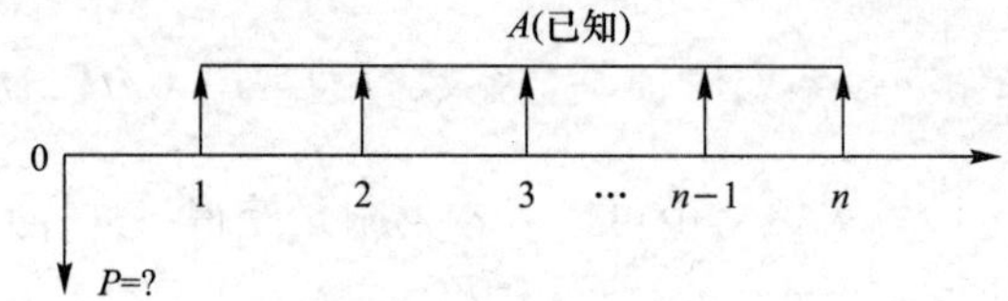

图1-10　等额支付系列现值现金流量图

由式（1-9）得到等额支付系列现值计算式：

$$P=A\left[\frac{(1+i)^n-1}{i(1+i)^n}\right] \quad (1\text{-}10)$$

式中：$\frac{(1+i)^n-1}{i(1+i)^n}$——等额支付系列现值系数，可用（$P/A$，$i$，$n$）表示。等额支付系列现值系数的值可计算求得，也可以查本书附录获得。这样式（1-10）可表示为

$$P=A（P/A，i，n）$$

【例1-10】　按年利率8%计算，为了能在今后5年中每年年末提取250.5万元的利润用于其他项目建设，现在应投资多少？

解　根据题意得

$P=A（P/A，i，n）=250.5\times（P/A，8\%，5）=1000$（万元）

为了便于理解，现将以上6个计算公式汇总于表1-1。

表1-1　资金等值计算公式

类别		名称	已知项	待求项	计算公式	符号计算式
一次支付	终值计算	一次支付终值	P	F	$F=P(1+i)^n$	$F=P（F/P，i，n）$
	现值计算	一次支付现值	F	P	$P=F(1+i)^{-n}$	$P=F（P/F，i，n）$
等额支付系列	终值计算	等额支付系列终值	A	F	$F=A\left[\frac{(1+i)^n-1}{i}\right]$	$F=A（F/A，i，n）$
	偿债基金计算	等额支付系列偿债基金	F	A	$A=F\left[\frac{i}{(1+i)^n-1}\right]$	$A=F（A/F，i，n）$
	资金回收计算	等额支付系列资金回收	P	A	$A=P\left[\frac{i(1+i)^n}{(1+i)^n-1}\right]$	$A=P（A/P，i，n）$
	现值计算	等额支付系列现值	A	P	$P=A\left[\frac{(1+i)^n-1}{i(1+i)^n}\right]$	$P=A（P/A，i，n）$

4. 资金等值计算应注意的问题

1）为了实施方案的初始投资，假定发生在方案的寿命期初。

2）方案实施过程中的经常性支出，假定发生在计息期（年）末。

3）本年的年末即是下一年的年初。

4）P是在当前年度开始时发生。

5）F是在当前以后的第n年年末发生。

6）A是在考察期间各年年末发生。

7）当问题包括P和A时，系列的第一个A是在P发生一年后的年末发生；当问题包括F和A时，系列的最后一个A和F同时发生。

1.2.3 等值计算在工程中的应用

1. 期初年金的计算

期初年金是指等额支付序列现金流量发生在每期的期初。

【例1-11】 某工程项目建设期为5年，每年年初贷款100万元，年利率为10%，第5年年末应偿还多少？相当于期初一次贷款多少？

解 根据题意，现金流量图如图1-11所示。

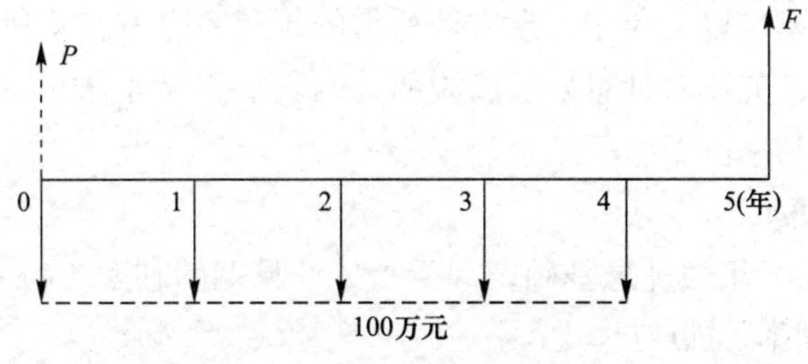

图1-11 例1-11现金流量图

由于等额序列值（年金）A发生在每年年初，要求得第5年年末的将来值F，可先求出第4年年末的将来值F_4，即

$F_4=A（F/A，10\%，5）=100\times6.1051=610.51$（万元）

相对第5年来说，$F_4=P_4$。所以，

$F=P_4（F/P，10\%，1）=610.51\times1.10=671.56$（万元）

现值P可按两部分来求，即

$P=A+A（P/A，10\%，4）=100+100\times3.1699=416.99$（万元）

2. 延期年金的计算

延期年金是指第一期期末未支付，第二期期末或第二期期末以后开始支付的年金。

【例1-12】 某拟建工程项目，从第5年投产到第10年末报废，每年年末可收益2500万元，若年利率为12%，该工程项目期初的投资是多少？

解 根据题意，现金流量图如图1-12所示。

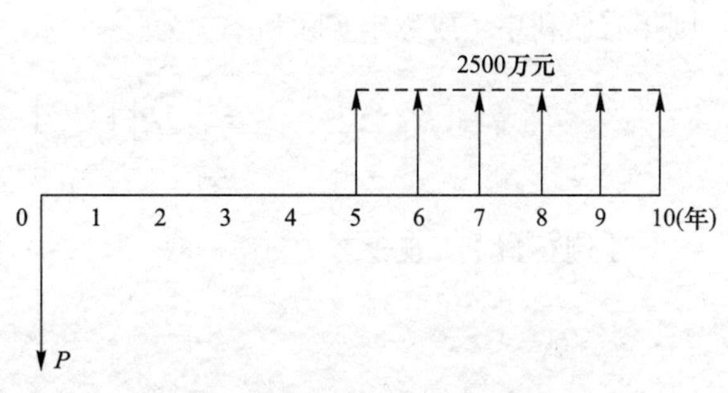

图1-12 例1-12现金流量图

相对于第5～10年，先计算第4年年末的现值，再转换为期初的现值，即

P=2500（P/A，12%，6）（P/F，12%，4）=2500×4.1114×0.6355=6532（万元）

1.3 名义利率与有效利率的计算

1.3.1 名义利率与有效利率

利息通常是以年为计息期计算的。但是在实际应用中，计息期并不一定以一年为一个计息期，有时一年中计息若干次，如每半年、每季或每月计息一次。同样的年利率，由于计息期数不同，本金所产生的利息也不同。当利率的时间单位与计息期不一致时，就出现了名义利率与有效利率。

名义利率就是挂名的利率，在计息期实际计息的利率是有效利率。当计息期短于一年时，计息期的有效利率乘以一年中计息次数所得的年利率即为名义利率。通常说的年利率一般指的是名义利率，如不对计息期加以说明，则表示一年计息一次，此时的年利率既是名义利率，又是有效利率。

1．名义利率计算

名义利率（r）以一年为计息基础，等于每一计息期的利率（i）乘以一年内的计息周期数（n）所得的年利率，即$r=in$。

【例1-13】 某企业向银行贷款，按月1%计息，求贷款的年名义利率。

解 根据题意得

r=1%×12=12%

2．有效利率计算

按期（年、季、月或日）计息的方法称为离散式计息。

设名义利率为r，一年中计息次数为n，则有效利率为$i=r/n$。那么年初本金为P，一年后的本利和为F，根据终值公式得

年末本利和：$F=P\ (1+r/n)^n$

一年末的利息：$I=P\ (1+r/n)^n-P$

则年有效利率（或称年实际利率）为

$$i_{\text{eff}}=\frac{P\left(1+\dfrac{r}{n}\right)^n-P}{P}=\left(1+\frac{r}{n}\right)^n-1 \qquad (1\text{-}11)$$

【例1-14】 现设名义利率r=8%，则年、半年、季、月、日的年有效利率见表1-2。

表1-2　年有效利率与名义利率

名义利率（r）	计息期	年计息次数（n）	计息期利率（$i=r/n$）	年有效利率（i）
8%（i_{eff}）	年	1	8%	8%
	半年	2	4%	8.16%
	季	4	2%	8.24%
	月	12	0.667%	8.3%
	日	365	0.0219%	8.33%

3．名义利率（r）和年有效利率（i_{eff}）的换算关系

名义利率（r）和年有效利率（i_{eff}）的换算关系为

$$i_{eff}=\left(1+\frac{r}{n}\right)^{n}-1 \tag{1-12}$$

式中：i_{eff}——年有效利率；

r——名义利率；

n——一年中的计息期数。

1.3.2　计算周期小于（或等于）资金收付周期时的等值

1．计息期为一年的等值计算

计息期为一年时，有效利率与名义利率相同，利用表1-1的计算式直接进行等值计算。

【例1-15】　当年利率为8%时，从现在起连续6年的年末等额支付为多少时与第6年年末的10000元等值？

解　A=10000（A/F，8%，6）=10000×0.1363=1363（元）

2．计息期短于一年的等值计算

如计息期短于一年，仍可以利用表1-1的计算式进行等值计算，分为如下三种情况。

（1）计息期和支付期相同

当计息期短于一年，但计息期与支付期相同时，可以先计算出周期利率，利用表1-1中的计算式按周期利率进行计算。

【例1-16】　当年利率为12%时，每半年计息一次，从现在起连续3年，每半年为1000元的等额支付，与其等值的期初现值为多少？

解　根据题意得

P=1000（P/A，12%/2，2×3）=1000（P/A，6%，6）=4917.3（元）

（2）计息期短于支付期

当计息期短于一年，且计息期短于支付期时，可运用多种方法结合表1-1中的计算式进行计算。

【例1-17】 年利率为10%，每季度计息一次，从现在起连续3年的等额年末存款为1000元，问与其等值的第3年年末的存款金额为多少？

解 现金流量图如图1-13所示。

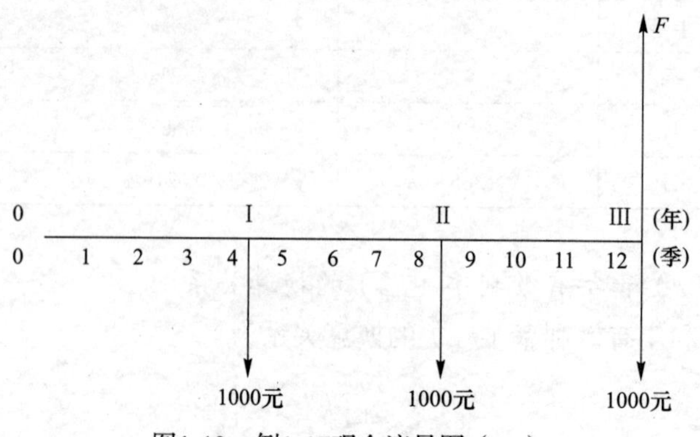

图1-13 例1-17现金流量图（一）

由于利息按季度计算，而在每年年末支付，每一个计息期末不一定有支付，所以不能直接采用利息计算式，需要进行修改，使之符合要求。

修改方法有如下三种：

1）将计息期转换为与支付期相同，求出支付期的有效利率，即年有效利率i_{eff}。

$$i_{eff}=\left(1+\frac{r}{n}\right)^{n}-1=10.38\%$$

（F/A，10.38%，3）的等额支付系列终值系数用直线内插法求得，查本书附录可知i_{eff}=10%和i_{eff}=12%时的等额支付系列终值系数分别是3.31和3.3744，由题意有

$$\frac{\frac{F}{A}-3.31}{10.38\%-10\%}=\frac{3.3744-3.31}{12\%-10\%}$$

经计算求得i_{eff}=10.38%时，等额支付系列终值系数为3.322。由此

F=1000（F/A，10.38%，3）=1000×3.322=3322（元）

2）把等额支付的每一个支付分别看作为一次支付，求出每个支付的将来值，然后相加。计息期为季，年有效利率i_{eff}=10%/4=2.5%。所以

F=1000（F/P，2.5%，8）+1000（F/P，2.5%，4）+1000

=1000×1.2184+1000×1.1038+1000

=3322（元）

3）转换支付期，使其与计息期相同。取一个循环周期，使这个周期的年末支付转变成等值的计息期末的等额支付序列，其现金流量图如图1-14所示。

A=1000（A/F，2.5%，4）=1000×0.2408=240.8（元）

经转换后，支付期与计息期相同，可直接利用等值计算式计算，并适用于其他两年，即

F=240.8（F/A，2.5%，12）=240.8×13.7956=3322（元）

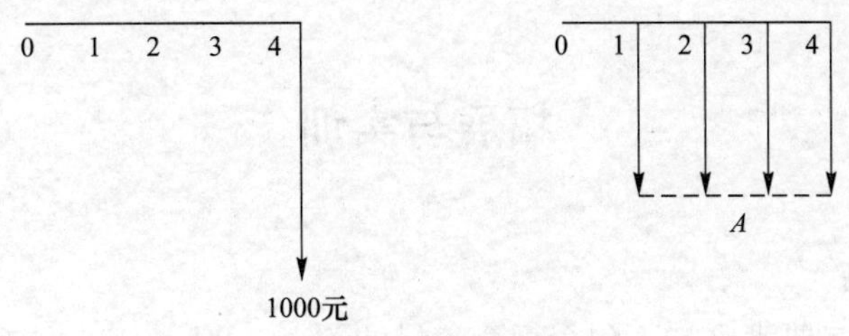

图1-14 例1-17现金流量图（二）

（3）计息期长于支付期

通常规定存款必须存满一个计息期时才计利息，这就是说，在计息期间存入的款项在该期不计利息，要到下一期才计利息。因此，在计息期间存入的款项，相当于在下一个计息期初存入；在计息期间提取的款项，相当于在前一个计息期末支取。

【例1-18】 有一项财务活动，其现金流量图如图1-15所示。如年利率为10%，按季计息，该现金流量年末终值是多少？

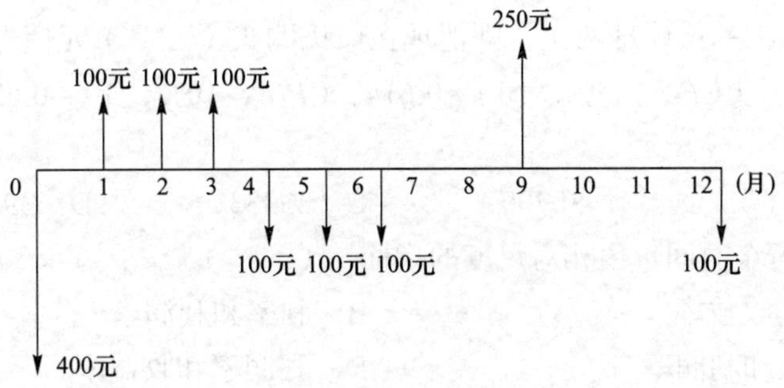

图1-15 例1-18现金流量图（一）

解 首先按照计息规则把现金流量图加以整理，得到如图1-16所示的现金流量图。

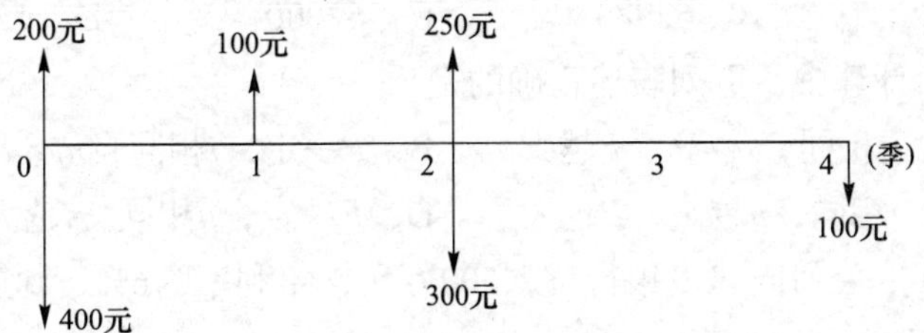

图1-16 例1-18现金流量图（二）

$F=(400-200)(F/P, 2.5\%, 4)-100(F/P, 2.5\%, 3)+(300-250)(F/P, 2.5\%, 2)+100$

$=200\times1.1038-100\times1.0769+50\times1.0506+100$

$=265.6$（元）

拓展与实训

职业能力训练

一、单项选择题

1．现金流量的三要素中，不包含现金流量的（　　）。

A．大小　B．方向　C．速度　D．时间点

2．在（　　）的情况下，年有效利率大于名义利率。

A．计息周期小于一年　B．计息周期等于一年

C．计息周期大于一年　D．计息周期小于等于一年

3．某笔贷款的利息按年利率10%计算，每季度复利计息。该贷款的年有效利率为（　　）。

A．10.38%　B．10%　C．10.46%　D．10.25%

4．某人预计5年后需要5万元资金，现在市场上正在发售期限为5年的电力建设债券，年利率为10%，一年计息两次，则他现在应该购买（　　）元债券，才能保证5年后获得5万元的资金。[（P/F，5%，10）=0.614；（P/F，10%，5）=0.621；（P/F，11%，5）=0.593]

A．31050　B．30700　C．33333　D．39200

5．用以衡量资金时间价值相对尺度的指标是（　　）。

A．利率和收益率　B．利率和利润率

C．利税率和利润率　D．利润率和收益率

6．有一笔5万元的3年期借款，复利年利率为8%。在工程经济分析中，其到期应归还的利息为（　　）元。

A．12985　B．62985　C．62000　D．12000

7．在资金等值计算中，下列表述正确的是（　　）。

A．P一定，n相同，i越高，F越大　B．P一定，i相同，n越大，F越小

C．F一定，i相同，n越大，P越大　D．F一定，n相同，i越大，P越大

8．某房地产开发公司向建设银行贷款500万元，年利率为6%，到第2年年末一次还本付息，应付本利和为（　　）万元。

A．562　B．530　C．531.8　D．560

9．某人从40岁时开始储蓄养老金，每年年末向银行存入3万元，年利率为6%，复利计息，则60岁退休时可提取的养老金为（　　）万元。

A．110.36　B．111.28　C．119.98　D．92.72

10．某企业新建一条生产线，初始投资为500万元，年利率为10%，要求投资后4年内收回全部投资，那么该生产线每年年末至少要获利（　　）万元。

A．157.75　B．159.75　C．341.5　D．125

二、多项选择题

1. 利率是重要的经济杠杆，决定利率高低的因素有（　　）。

A. 社会平均利润率高低　　B. 通货膨胀影响

C. 资本市场供求状况　　D. 贷款企业资信状况

E. 借贷期限

2. 下列有关现金流量图描述正确的是（　　）。

A. 现金流量图是描述现金流量作为时间函数的图形，它能表示资金在不同时间点流入与流出的情况

B. 现金流量图包括三大要素：大小、方向和时间点

C. 现金流量图中一般表示流入（箭头向下）为负，流出（箭头向上）为正

D. 时间点是指现金从流入到流出所发生的时间

E. 运用现金流量图，可全面形象、直观地表达经济系统的资金运动状态

3. 同一笔资金，在利率、计息周期相同的情况下，用复利计算出的利息额比用单利计算出的利息金额大。（　　），两者差距越大。

A. 本金越大　　B. 本金越小

C. 利率越高　　D. 利率越低

E. 计息次数越多

4. 资金等值变换的条件是（　　）。

A. 资金金额　　B. 利息

C. 利率　　D. 现金流量发生的时间点

E. 计算期的期数

5. 不同时间点上的两笔绝对值不相等的资金，若具有相同的价值，与下列（　　）因素有关。

A. 时间点　　B. 资金额的大小

C. 资金流向　　D. 利率

E. 借贷关系

6. 关于有效利率的说法中，正确的是（　　）。

A. 当利率周期等于计息周期时，名义利率等于有效利率

B. 在一个利率周期内，计息次数越多，计息周期越短，有效利率越大

C. 年利率12%，按季度复利计息，则半年有效利率为6%

D. 计息周期小于利率周期，有效利率大于名义利率

E. 有效利率也叫实际利率

7. 小明每半年存款1万元，年利率为12%，按季度复利计息，问第5年年末本利和是多少？下列选项中正确的是（　　）。

A. $F=1\times(F/A, 6.09\%, 10)$

B. $F=1\times(F/A, 6\%, 10)$

C．$F=1\times(F/A,\ 6.09\%,\ 2)\times(F/A,\ 12.55\%,\ 5)$

D．$F=1\times(F/A,\ 6\%,\ 2)\times(F/A,\ 12.55\%,\ 5)$

E．$F=1\times(A/F,\ 3\%,\ 2)\times(F/A,\ 3\%,\ 20)$

8．某企业连续n年，每年年末向银行借款A万元，年利率为r，每半年复利计息一次，第n年年末一次性还本付息，下列选项中正确的是（　　）。

A．$F=A\times(F/A,\ i,\ n)$，其中$i=\left(1+\dfrac{r}{2}\right)^2-1$

B．$F=A\times(F/A,\ r,\ n)$

C．$F=A\times(A/F,\ r/2,\ 2)\times(F/A,\ r/2,\ 2n)$

D．$F=A\times(P/A,\ i,\ n)\times(F/P,\ i,\ n)$，其中$i=\left(1+\dfrac{r}{2}\right)^2-1$

E．$F=A\times(P/A,\ r,\ n)\times(F/P,\ r,\ n)$

9．下列说法中正确的是（　　）。

A．期初投资一笔资金，回收时间不变，收益率越高，回收资金越少

B．年初借入一笔资金，利率不变，借款时间越长，利息越多

C．每期期末存入银行一笔资金，利率不变，时间越长，利息越多

D．第n期期末本利和相等，利率越低，每期期末等额存入资金越多

E．第n期期末本利和相等，利率越高，期初一次性存入资金越少

10．下列关于资金时间价值的论述，不正确的是（　　）。

A．资金时间价值是货币随着时间的推移而产生的一种增值，因而它是由时间创造的

B．货币没有时间价值，只有资金具有时间价值

C．资金投入生产经营才能增值，因此其时间价值是在生产、经营中产生的

D．一般而言，资金时间价值应按复利方式计算

E．货币和资金都具有时间价值

工程模拟训练

1．某建筑公司购买了一台设备，估计能使用20年，每4年要大修一次，每次大修费用假定为2万元，若要足以支付20年寿命期间的大修费支出，现在应存入银行多少钱？按年利率12%，每半年计息一次计算。

2．某大型建设工程项目总投资10亿元，5年建成，每年年末投资2亿元，年利率为8%，求5年末的实际累计总投资额。

真题链接

1．［单选题］某施工企业年初从银行借款200万元，按季度计息并支付利息，季度利率为1.5%，则该企业一年支付的利息总计为（　　）万元。［2017年一级建造师考试《建设工程经济》真题］

A．6.00　　B．6.05　　C．12.00　　D．12.27

2. ［单选题］某施工企业拟从银行借款500万元，期限为5年，年利率为8%，下列还款方式中，施工企业支付本利和最多的还款方式是（　　）。［2016年一级建造师考试《建设工程经济》真题］

A. 每年年末偿还当期利息，第5年年末一次还清本金

B. 第5年年末一次还本付息

C. 每年年末等额本金还款，另付当期利息

D. 每年年末等额本息还款

3. ［单选题］某借款年利率为8%，半年复利计息一次，则该借款年有效利率比名义利率高（　　）。［2015年一级建造师考试《建设工程经济》真题］

A. 0.16%　　B. 1.25%　　C. 1.46%　　D. 0.64%

4. ［单选题］某企业第1年年初和第1年年末分别向银行借款30万元，年利率均为10%，复利计息，第3～第5年年末等额本息偿还全部借款。则每年年末应偿还金额为（　　）。［2015年一级建造师考试《建设工程经济》真题］

A. 20.94　　B. 23.03　　C. 27.87　　D. 31.57

5. ［多选题］影响资金时间价值的因素很多，其中主要有（　　）。［2015年一级建造师考试《建设工程经济》真题］

A. 资金的使用时间　　B. 资金的形态

C. 资金投入和回收的特点　　D. 资金数量的大小

E. 资金周转的速度

6. ［多选题］关于利率高低影响因素的说法，正确的有（　　）。［2015年一级建造师考试《建设工程经济》真题］

A. 利率的高低首先取决于社会平均利润率的高低，并随之变动

B. 借出资本所承担的风险越大，利率越低

C. 资本借出期间不可预见因素越多，利率越高

D. 社会平均利润率不变的情况下，借贷资本供过于求会导致利率上升

E. 借出资本期限越长，利率越高

7. ［单选题］某施工企业从银行借款100万元，期限为3年，年利率为8%，按年计息并于每年年末付息，则3年末企业需偿还的本利和为（　　）万元。［2016年一级建造师考试《建设工程经济》真题］

A. 100　　B. 124　　C. 126　　D. 108

8. ［单选题］某企业从金融机构借款100万元，月利率为1%，按月复利计息，每季度付息一次，则该企业一年需向金融机构支付利息（　　）万元。［2011年一级建造师考试《建设工程经济》真题］

A. 12.00　　B. 12.12　　C. 12.55　　D. 12.68

9. ［多选题］关于现金流量绘图规则的说法，正确的有（　　）。［2013年一级建造师考试《建设工程经济》真题］

A．箭线长短要能适当体现各时点现金流量数值大小的差异

B．箭线与时间轴的交点表示现金流量发生的时点

C．横轴是时间轴，向右延伸表示时间的延续

D．横轴上方的箭线表示现金流出

E．时间轴上的点通常表示该时间单位的起始时点

10．［单选题］某施工企业投资200万元购入一台施工机械，计划从购买日起的未来6年等额收回投资并获取收益。若年利率为10%，复利计息，则每年年末应获得的净现金流入为（　　）万元。［2013年一级建造师考试《建设工程经济》真题］

A．200（A/P，10%，6）　　B．200（F/P，10%，6）

C．200（A/P，10%，7）　　D．200（A/F，10%，7）

任务2

评价技术方案的经济效果

任务概述

评价技术方案的经济效果是投资项目评价中的核心任务，包括对盈利能力、偿债能力和财务生存能力的评价，从而进行技术方案的选择和相关经济决策的制定。技术方案的确定性评价可以进行以下分类：按评价性质分为定量分析和定性分析；按是否考虑资金的时间价值分为静态评价和动态评价；按是否考虑融资可分为融资前分析和融资后分析；按技术方案评价的时间可分为事前评价、事中评价和事后评价。

经济效果评价的静态评价指标有总投资收益率、资本金净利润率和静态投资回收期；动态评价指标有财务内部收益率和财务净现值；偿债能力分析指标有利息备付率、偿债备付率、借款偿还期、资产负债率、流动比率和速动比率。

课程思政目标

1）通过本任务的学习，让学生了解进行方案的比选和优化是提高工程咨询质量、增强决策科学性的关键工作。做好这项工作既是专业的要求，更是职业的使命。通过学习训练，帮助学生树立钻研奋进的钉子精神、精益求精的品质精神、追求卓越的进取精神等工匠精神。

2）通过投资回收期的讲解和学习，让学生了解我国PPP项目模式，其目标是提供公共产品和服务，在该模式下公私双方共担风险和收益，可提高服务效率和服务水平。通过学习，使学生为早日实现中国梦凝聚精神力量。

3）开展工程经济评价优秀案例教育，通过了解三峡工程、南水北调工程等国家重大工程项目的可行性研究几十年的漫长过程，感受咨询工程师严谨、审慎、负责的态度和客观、公正、科学的求实精神。

学习目标

1. 知识目标

1）了解静态评价指标、动态评价指标和偿债能力分析指标的特点和适用性。

2）掌握投资收益率（总投资收益率和资本金净利润率）、静态投资回收期、借款偿还期等指标的构成和计算方法，判断技术方案是否可接受。

3）根据工程技术方案的经济评价的特点，重点掌握财务净现值、财务内部收益率评价指标的构成和计算方法，利用财务净现值判断方案可行性。

2．能力目标

1）能够针对各种动态评价指标的不同应用方法，正确地进行独立型方案与多方案的评价与决策。

2）能够进行技术方案的盈利能力分析。

3）能够对技术方案的偿债能力进行分析。

▌学时建议

本任务建议学时为8学时。

▌工程案例导入

某工程项目期初投资25万元，第1年年末又投资20万元，第2年开始投产运营，每年获得收益12万元。如果该项目的寿命期为10年，基准折现率为10%，计算该项目的静态投资回收期、财务净现值和财务内部收益率（在具体项目上净现值就是财务净现值、内部收益率就是财务内部收益率）。

2.1　确定经济效果评价的内容

2.1.1　经济效果评价的基本内容

经济效果评价是根据国民经济与社会发展以及行业、地区发展规划的要求，在拟定技术方案、财务效益与费用估算的基础上，采用科学的分析方法，对技术方案的财务可行性和经济合理性进行分析论证，为选择技术方案提供科学的决策依据。

经济效果评价的内容应根据技术方案的性质、目标、投资者、财务主体以及方案对经济与社会的影响程度等具体情况确定，一般包括技术方案的盈利能力、技术方案的偿债能力、技术方案的财务生存能力等评价内容。

1．技术方案的盈利能力

技术方案的盈利能力是指分析和测算拟定技术方案计算期的盈利能力和盈利水平。其主要分析指标包括技术方案财务内部收益率和财务净现值、资本金财务内部收益率、静态投资回收期、总投资收益率和资本金净利润率等，可根据拟定技术方案的特点及经济效果分析的目的和要求等选用。

2．技术方案的偿债能力

技术方案的偿债能力是指分析和判断财务主体的偿债能力，其主要指标包括利息备付率、偿债备付率和资产负债率等。

3．技术方案的财务生存能力

财务生存能力分析也称资金平衡分析，是根据技术方案的财务计划现金流量表，通过考察技术方案计算期内各年的投资、融资和经营活动所产生的各项现金流入和流出，计算净现金流量和累计盈余资金，分析技术方案是否有足够的净现金流量维持正常运营，以实现财务可持续性。在运营期允许个别年份的净现金流量出现负值，但各年累计盈余资金不

应出现负值。若出现，应进行短期借款，同时分析该短期借款的时间长短和数额大小，进一步判断技术方案的财务生存能力。短期借款应体现在财务计划现金流量表中，其利息应计入财务费用。为维持技术方案正常运营，还应分析短期借款的可靠性。

在实际应用中，对于经营性方案，经济效果评价是从技术方案的角度出发，根据国家现行财政、税收制度和现行市场价格，计算技术方案的投资费用、成本与收入、税金等财务数据，通过编制财务分析报表，计算财务指标，分析技术方案的盈利能力、偿债能力和财务生存能力，据此考察技术方案的财务可行性和财务可接受性，明确拟定技术方案对财务主体及投资者的价值贡献，并得出经济效果评价的结论。投资者可根据拟定技术方案的经济效果评价结论、投资的财务状况和投资所承担的风险程度，决定拟定技术方案是否应该实施。对于非经营性方案，经济效果评价应主要分析技术方案的财务生存能力。

2.1.2　经济效果评价方法

经济效果评价的目的在于确保决策的正确性和科学性，避免或最大限度地降低技术方案的投资风险，明确技术方案投资的经济效果水平，最大限度地提高技术方案投资的综合经济效果。因此，正确选择经济效果评价的方法是十分重要的。

1．经济评价的基本方法

经济效果评价的基本方法包括确定性评价方法与不确定性评价方法两类。对同一个技术方案必须同时进行确定性评价和不确定性评价。

2．按经济评价的性质分类

按评价方法的性质不同，经济效果评价分为定量分析和定性分析。

（1）定量分析

定量分析是指对可度量因素的分析方法。在技术方案经济效果评价中考虑的定量分析因素包括资产价值、资本成本、销售额、成本等一系列可以以货币表示的费用和收益。

（2）定性分析

定性分析是指对无法精确度量的重要因素实行的估量分析方法。

在技术方案经济效果评价中，应坚持定量分析与定性分析相结合，以定量分析为主的原则。

3．按经济评价是否考虑时间因素分类

对定量分析，按经济评价是否考虑时间因素又可将其分为静态分析和动态分析。

（1）静态分析

静态分析是不考虑资金的时间因素，即不考虑时间因素对资金价值的影响，而对现金流量分别进行直接汇总来计算分析指标的方法。

（2）动态分析

动态分析是在分析方案的经济效果时，对发生在不同时间的现金流量折现后计算分析指标的方法。在工程经济分析中，由于时间和利率的影响，对技术方案的每一笔现金流量都应该考虑它所发生的时间，以及时间因素对其价值的影响。动态分析能较全面地反映技术方案整个计算期的经济效果。

在技术方案经济效果评价中，应坚持动态分析与静态分析相结合，以动态分析为主的原则。

4．按经济评价是否考虑融资分类

经济效果分析可分为融资前分析和融资后分析。一般应先进行融资前分析，在融资前分析结论满足要求的情况下，初步设定融资方案，再进行融资后分析。

（1）融资前分析

融资前分析应考察技术方案整个计算期内的现金流入和现金流出，编制技术方案投资现金流量表，计算技术方案的投资内部收益率、财务净现值和静态投资回收期等指标。融资前分析排除了融资方案变化的影响，从技术方案投资总获利能力的角度，考察方案设计的合理性，应作为技术方案初步投资决策与融资方案研究的依据和基础。融资前分析应以动态分析为主，静态分析为辅。

（2）融资后分析

融资后分析应以融资前分析和初步的融资方案为基础，考察技术方案在拟定融资条件下的盈利能力、偿债能力和财务生存能力，判断技术方案在融资条件下的可行性。融资后分析用于比选融资方案，帮助投资者作出融资决策。融资后的盈利能力分析也包括动态分析和静态分析。

1）动态分析包括下列两个层次：

一是技术方案资本金现金流量分析。分析应在拟定的融资方案下，从技术方案资本金出资者整体的角度，计算技术方案资本金财务内部收益率指标，考察技术方案资本金可获得的收益水平。

二是投资各方现金流量分析。分析应从投资各方实际收入和支出的角度，计算投资各方的财务内部收益率指标，考察投资各方可能获得的收益水平。

2）静态分析是指不采取折现方式处理数据，依据利润与利润分配表计算技术方案资本金净利润率（ROE）和总投资收益率（ROI）指标。静态分析可根据技术方案的具体情况选做。

5．按技术方案评价的时间分类

按技术方案评价的时间，经济效果评价可分为事前评价、事中评价和事后评价。

（1）事前评价

事前评价是指在技术方案实施前对决策所进行的评价。显然，事前评价都有一定的预测性，因而也就有一定的不确定性和风险性。

（2）事中评价

事中评价，亦称跟踪评价，是指在技术方案实施过程中所进行的评价。这是由于在技术方案实施前所做的评价结论及评价所依据的外部条件（市场条件、投资环境等）的变化，而需要进行修改；或因事前评价时考虑问题不周、失误，甚至根本未做事前评价，在技术方案实施过程中遇到困难，而不得不反过来重新进行评价，以决定原决策有无全部或

局部修改的必要性。

（3）事后评价

事后评价，亦称后评价，是在技术方案实施完成后，总结评价技术方案决策的正确性及技术方案实施过程中项目管理的有效性等。

2.1.3　经济效果评价的程序

1）熟悉技术方案的基本情况。熟悉技术方案的基本情况包括投资的目的、意义、要求，建设条件和投资环境，做好市场调查研究和预测、技术水平研究和设计方案。

2）收集、整理有关技术经济数据与参数。技术经济数据与参数是进行技术方案经济效果评价的基本依据，所以在进行经济效果评价之前，必须先收集、估计、测算和选定一系列有关的技术经济数据与参数。主要包括以下几点：

① 投入物和产出物的价格、费率、税率、汇率、计算期、生产负荷及基准收益率等，是重要的技术经济数据与参数，在对技术方案进行经济效果评价时，必须科学、合理地选用。

② 建设期间分年度投资支出额和技术方案投资总额。投资包括建设投资和流动资金需要量。

③ 资金来源方式、数额、利率、偿还时间，以及分年还本付息数额。

④ 生产期间的分年产品成本。分别计算出总成本、经营成本、单位产品成本、固定成本和变动成本。

⑤ 生产期间的分年产品销售数量、营业收入、税金及附加、营业利润及其分配数额。根据以上技术经济数据与参数分别估测出技术方案整个计算期（包括建设期和生产期）的财务数据。

3）根据基础财务数据资料编制各基本财务报表。

4）经济效果评价。运用财务报表的数据与相关参数，计算技术方案的各经济效果分析指标值，并进行经济可行性分析，得出结论。具体步骤如下：

① 首先进行融资前的盈利能力分析，其结果体现技术方案本身设计的合理性，用于初步投资决策以及方案的比选，也就是说用于考察技术方案是否可行，是否值得去融资。这对技术方案投资者、债权人和政府管理部门都是有用的。

② 如果第一步分析的结论是“可行”的，那么进一步去寻求适宜的资金来源和融资方案，就需要借助于对技术方案的融资后分析，即资本金盈利能力分析和偿债能力分析，投资者和债权人可据此作出最终的投融资决策。

2.1.4　经济效果评价方案

1. 独立型方案

独立型方案是指各个评价方案的现金流量是独立的，不具有相关性。在备选方案中，任一方案的采用与否与其可行性高低有关，而和其他方案是否采用无关。比如西部开发建设机场、铁路、高速公路及矿山开采等项目，各项目可视为独立型方案。这些方案中的任何一个方案的采纳都不受其他方案的影响，它们的现金流量相互独立，可以选择其中的一个方案，也可以选择其中的两个或三个方案。独立型方案的特点是具有“可加性”，即选择的各方案的投资、收益、支出均可以相加。

如果独立型方案之间共享的资源没有限制，则任何一个方案只要是可行的，就可采纳并实施。因此，决策对象是单一方案，可以认为是独立型方案的特例。独立型方案的采用与否，只取决于方案自身的经济性，即技术方案的经济指标是否达到或超过了预定的评价标准或水平。若技术方案通过了经济效果检验，就认为技术方案在经济上是可行的，是可以接受的，否则，应予拒绝。

2. 互斥型方案

互斥型方案是指各比较的方案间存在互不相容、互相排斥的关系，且在多个比选方案中只能选择一个方案，其余均必须放弃，各方案不能同时存在。比如开发商开发特定地块，是选别墅、高级公寓还是普通标准住宅？由于土地资源的约束性，只能选择其中经济效益最好的方案，这就是互斥型方案。

方案的互斥性，使我们在若干技术方案中只能选择一个技术方案实施，由于每一个技术方案都具有同等可供选择的机会，为使资金发挥最大的效益，我们当然希望所选出的技术方案是若干备选方案中经济性最优的。因此，互斥型方案的经济评价包含两部分内容：一是考察各个技术方案自身的经济效果，即进行“绝对经济效果检验”；二是考察哪个技术方案的相对经济效果最优，即“相对经济效果检验”。两种检验的目的和作用不同，通常缺一不可，从而确保所选技术方案不但最优而且可行。只有在众多互斥型方案中只能选择其中之一时才可单独进行相对经济效果检验。但需要注意的是，在进行相对经济效果检验时，不论使用哪种指标，都必须满足方案可比条件。

2.1.5 技术方案的计算期

技术方案的计算期是指在经济效果评价中为进行动态分析所设定的期限，包括建设期和运营期，如图2-1所示。

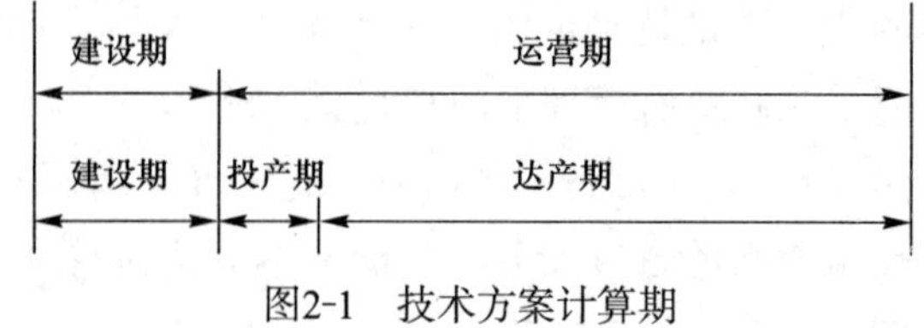

图2-1 技术方案计算期

1. 建设期

建设期是指从资金正式投入开始至建成投产为止所需的时间。

2. 运营期

运营期分为投产期和达产期。投产期是指技术方案投入生产，但生产能力尚未完全达到设计能力时的过渡阶段。达产期是指生产运营达到设计预期水平后的时间。

运营期一般应根据技术方案主要设施和设备的经济寿命（或折旧年限）、产品寿命期和主要技术方案的寿命期确定。行业有规定时，应从其规定。

综上可知，技术方案计算期的长短主要取决于技术方案本身的特性，因此无法对技术方案计算期作出统一规定。计算期不宜定得太长，一方面是因为按照现金流量折现的方法，把后期的净收益折为现值的数值相对较小，很难对经济效果分析结论产生有决定性的影响；另一方面，时间越长，预测的数据会越不准确。

计算期较长的技术方案多以年为时间单位。对于计算期较短的技术方案，在较短的时间间隔内（如月、季、半年或其他非日历时间间隔）现金流水平有较大变化，可根据技术方案的具体情况选择合适的计算现金流量的时间单位。

由于折现评价指标受计算时间的影响，对需要比较的技术方案应取相同的计算期。

2.2 分析经济效果评价指标体系

技术方案的经济效果评价，一方面取决于基础数据的完整性和可靠性，另一方面取决于选取的评价指标体系的合理性。只有选取正确的评价指标体系，经济效果评价的结果才能与客观实际情况相吻合，才具有实际意义。一般来讲，技术方案的经济效果评价指标不是唯一的，常用的经济效果评价指标体系如图2-2所示。

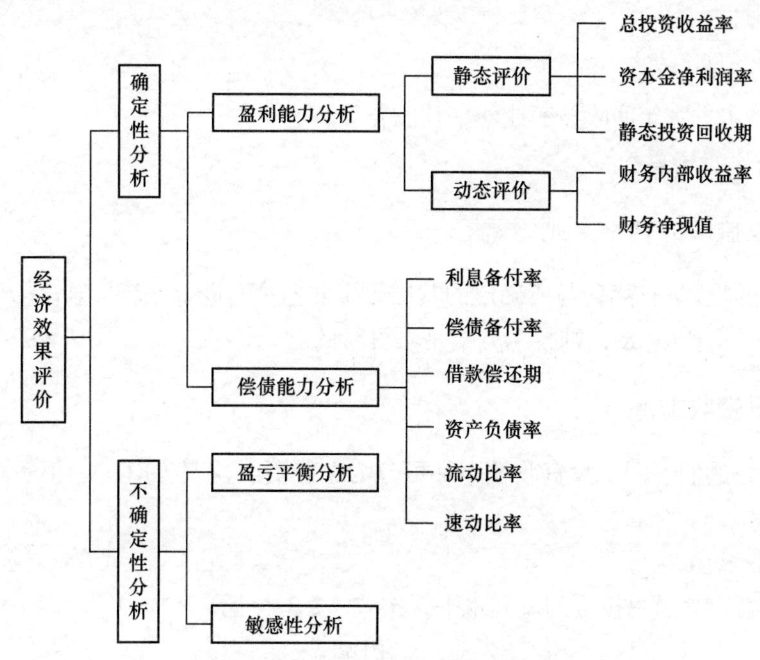

图2-2 常用的经济效果评价指标体系

静态评价指标的最大特点是不考虑时间因素，计算简便。所以在对技术方案进行粗略评价、对短期投资方案进行评价或对逐年收益大致相等的技术方案进行评价时，静态评价指标还是可采用的。

动态评价指标强调利用复利方法计算资金时间价值，它将不同时间内资金的流入和流出换算成同一时点的价值，从而为不同技术方案的经济效果比较提供了可比基础，并能反映技术方案在未来时期的发展变化情况。

总之，在进行技术方案经济效果评价时，应根据评价深度要求、可获得资料的多少以及技术方案本身所处的条件，选用多个不同的评价指标，这些指标有主有次，从不同侧面反映技术方案的经济效果。

2.3 分析投资收益率

2.3.1 投资收益率的概念

投资收益率又称为投资利润率，是指技术方案在达到一定生产能力后一个正常年份的年净收益总额与方案投资总额的比率。它是评价技术方案盈利能力的静态指标，表明在投资方案正常生产年份中，单位投资每年所创造的年净收益率。对运营期内各年的净收益额变化幅度较大的方案，可计算运营期年均净收益额与投资总额的比率，其计算式为

$$R=\frac{A}{I}\times 100\% \tag{2-1}$$

式中：R——投资收益率；

A——技术方案年净收益额或年平均收益额；

I——方案投资总额。

2.3.2 投资收益率的判别准则

将计算出的投资收益率R与所确定的基准投资收益率R_c进行比较。若$R \geqslant R_c$，则技术方案可以考虑接受；若$R < R_c$，则技术方案是不可行的。

2.3.3 计算投资收益率

根据分析目的的不同，投资收益率又可分为总投资收益率（ROI）和资本金净利润率（ROE）。

1．总投资收益率

总投资收益率表示总投资的盈利水平，按式（2-2）计算。

$$\mathrm{ROI}=\frac{\mathrm{EBIT}}{\mathrm{TI}}\times 100\% \tag{2-2}$$

式中：EBIT——技术方案正常年份的年息税前利润或运营期内年平均息税前利润；

TI——技术方案总投资，包括建设投资、建设期贷款利息和全部流动资金。

公式中所需的财务数据，均可从相关的财务报表中获得。总投资收益率高于同行业的收益率参考值，表明用总投资收益率表示的技术方案盈利能力满足要求。

2. 资本金净利润率

资本金净利润率表示技术方案资本金的盈利水平，按式（2-3）计算。

$$ROE = \frac{NP}{EC} \times 100\% \tag{2-3}$$

式中：NP——技术方案正常年份的年净利润或运营期内年平均净利润，净利润=利润总额–所得税；

EC——技术方案资本金。

式（2-3）中所需的财务数据，均可从相关的财务报表中获得。技术方案资本金净利润率高于同行业的净利润率参考值，表明用资本金净利润率表示的技术方案盈利能力满足要求。

2.3.4 投资收益率在工程中的应用

【例2-1】 已知某技术方案拟投入资金和利润见表2-1，计算该技术方案的总投资收益率和资本金净利润率。

表2-1 某技术方案投资资金和利润 单位：万元

序号	项目	年份						
		1	2	3	4	5	6	7～10
1	建设投资	—	—	—	—	—	—	—
1.1	自有资金部分	1200	340	—	—	—	—	—
1.2	贷款本金	—	2000	—	—	—	—	—
1.3	贷款利息［年利率6%，投产后前4年年末等额还本（2000+60）/4，利息照付］	—	60	123.6	92.7	61.8	30.9	—
2	流动资金	—	—	—	—	—	—	—
2.1	自有资金部分	—	—	300	—	—	—	—
2.2	贷款	—	—	100	400	—	—	—
2.3	贷款利息（年利率4%）	—	—	4	20	20	20	20
3	所得税前利润	—	—	−50	550	590	620	650
4	所得税后利润（所得税为25%）	—	—	−50	425	442.5	465	487.5

解 （1）计算总投资收益率

1）技术方案总投资（TI）=建设投资+建设期贷款利息+全部流动资金

=1200+340+2000+60+300+100+400=4400（万元）

2）年平均息税前利润（EBIT）=［（123.6+92.7+61.8+30.9+4+20×7）+（−50+550+590+620+650×4）］÷8=（453+4310）÷8=595.4（万元）

3）根据式（2-2）计算总投资收益率：

$$ROI=\frac{EBIT}{TI}\times100\%=\frac{595.4}{4400}\times100\%=13.53$$

（2）计算资本金净利润率

1）技术方案资本金（EC）=1200+340+300=1840（万元）

2）年平均净利润（NP）=（−50+425+442.5+465+487.5×4）÷8=3232.5÷8=404.06（万元）

3）根据式（2-3）可计算资本金净利润率：

$$ROE=\frac{NP}{EC}\times100\%=\frac{404.06}{1840}\times100\%=21.96\%$$

总投资收益率是用来衡量整个技术方案的获利能力，要求技术方案的总投资收益率应大于行业的平均投资收益率；总投资收益率越高，从技术方案所获得的收益就越多。而资本金净利润率则是用来衡量技术方案资本金的获利能力，资本金净利润率越高，资本金所取得的利润就越多，权益投资盈利水平也就越高；反之，则情况相反。对于技术方案而言，若总投资收益率或资本金净利润率高于同期银行利率，适度举债是有利的；反之，过高的负债比率将损害企业和投资者的利益。由此可以看出，总投资收益率或资本金净利润率指标不仅可以用来衡量技术方案的获利能力，还可以作为技术方案筹资决策参考的依据。

2.3.5 利用投资收益率判别投资效果

投资收益率（R）指标经济意义明确、直观，计算简便，在一定程度上反映了投资效果的优劣，可适用于各种投资规模。但不足的是没有考虑投资收益的时间因素，忽视了资金具有时间价值的重要性；同时，指标的计算主观随意性太强，正常生产年份的选择比较困难，带有一定的不确定性和人为因素。因此，投资收益率指标作为主要的决策依据不太可靠，其主要用在技术方案制定的早期阶段或研究过程中计算期较短，不具备综合分析所需详细资料的技术方案，尤其适用于工艺简单而生产情况变化不大的技术方案的选择和投资经济效果的评价。

2.4 分析投资回收期

2.4.1 投资回收期的概念

投资回收期也称返本期，是反映技术方案投资回收能力的重要指标，分为静态投资回收期和动态投资回收期。通常只进行技术方案静态投资回收期计算分析。

技术方案静态投资回收期是在不考虑资金时间价值的条件下，以技术方案的净收益回收其总投资（包括建设投资和流动资金）所需要的时间，一般以年为单位。静态投资回收期宜从技术方案建设开始年算起，若从技术方案投产开始年算起，应予以特别注明。从建

设开始年算起，静态投资回收期（P_t）的计算公式如下：

$$\sum_{t=0}^{P_t}(CI-CO)_t=0 \quad (2\text{-}4)$$

计算投资回收期

式中：P_t——技术方案静态投资回收期；

CI——技术方案现金流入量；

CO——技术方案现金流出量；

（CI–CO）$_t$——技术方案第t年净现金流量。

2.4.2 计算投资回收期

静态投资回收期可借助技术方案投资现金流量表根据净现金流量计算，其具体计算又分以下两种情况。

1）当技术方案实施后各年的净收益（即净现金流量）均相同时，静态投资回收期的计算公式为

$$P_t=\frac{I}{A} \quad (2\text{-}5)$$

式中：I——技术方案总投资；

A——技术方案每年的净收益，即$A=(CI-CO)_t$。

【例2-2】 某技术方案估计总投资2800万元，技术方案实施后各年净收益320万元，则该技术方案的静态投资回收期为多少年？

解 根据题意得

$$P_t=\frac{I}{A}=\frac{2800}{320}=8.75（年）$$

由于技术方案的年净收益不等于年利润额，所以静态投资回收期不等于投资利润率的倒数。

2）当技术方案实施后各年的净收益不相同时，静态投资回收期可根据累计净现金流量求得（图2-3），也就是在技术方案投资现金流量表中累计净现金流量由负值变为零的时点，其计算式为

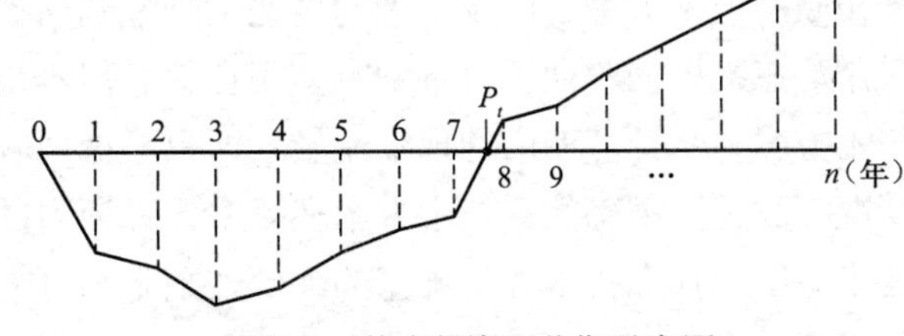

图2-3 静态投资回收期示意图

$$P_t=T-1+\frac{\left|\sum_{t=0}^{T-1}(CI-CO)_t\right|}{(CI-CO)_T} \quad (2\text{-}6)$$

式中：T——技术方案各年累计净现金流量首次为正或零的年数；

$\sum_{t=0}^{T-1}(CI-CO)_t$——技术方案第（$T$-1）年累计净现金流量的绝对值；

$(CI-CO)_T$——技术方案第T年的净现金流量。

【例2-3】 某技术方案投资现金流量的数据见表2-2，计算该技术方案的静态投资回收期。

表2-2 某技术方案投资现金流量 单位：万元

年	1	2	3	4	5	6	7
投资	1500	2000	—	—	—	—	—
年净收益	—	—	600	800	1000	1000	1000
净现金流量	−1500	−2000	600	800	1000	1000	1000
累计净现金流量	−1500	−3500	−2900	−2100	−1100	−100	900

解 根据题意得

$$P_t=7-1+\frac{|-100|}{1000}=6.1\text{（年）}$$

2.4.3 确定投资回收期的判别准则

将计算出的静态投资回收期P_t与所确定的基准投资回收期P_c进行比较。若$P_t \leqslant P_c$，表明技术方案投资能在规定的时间内收回，则技术方案可以考虑接受；若$P_t > P_c$，则技术方案是不可行的。

2.4.4 利用投资回收期判别投资效果

静态投资回收期指标容易理解，计算也比较简便，在一定程度上显示了资本的周转速度。显然，资本周转速度越快，静态投资回收期越短，风险越小，技术方案抗风险能力越强。因此在技术方案经济效果评价中一般都要求计算静态投资回收期，以反映技术方案原始投资的补偿速度和技术方案投资的风险性。对于技术上更新迅速的技术方案，或资金相当短缺的技术方案，以及未来的情况很难预测而投资者又特别关心资金补偿的技术方案，采用静态投资回收期评价特别有实用意义。但不足的是，静态投资回收期没有全面地考虑技术方案整个计算期内的现金流量，即只考虑回收之前的效果，不能反映投资回收之后的情况，故无法准确衡量技术方案在整个计算期内的经济效果。所以，静态投资回收期作为技术方案选择和技术方案排序的评价准则是不可靠的，它只能作为辅助评价指标与其他评价指标结合应用。

2.5 分析财务净现值

2.5.1 财务净现值的概念

财务净现值（FNPV）是反映技术方案在计算期内盈利能力的动态评价指标。技术方案的财务净现值是指用一个预定的基准收益率（或设定的折现率）i_c，分别把整个计算期间内各年所发生的净现金流量都折现到技术方案开始实施时的现值之和。财务净现值计算公式为

$$FNPV=\sum_{t=0}^{n}(CI-CO)_t\ (1+i_c)^{-t} \tag{2-7}$$

式中：FNPV——财务净现值；

（CI−CO）$_t$——技术方案第t年的净现金流量（应注意“+”“−”号）；

i_c——基准收益率；

n——技术方案计算期。

可根据需要选择计算所得税前财务净现值或所得税后财务净现值。

确定财务净现值的判别准则

2.5.2 确定财务净现值的判别准则

财务净现值是评价技术方案盈利能力的绝对指标。当FNPV＞0时，说明该技术方案除了满足基准收益率要求的盈利之外，还能得到超额收益。即技术方案现金流入的现值大于现金流出的现值，该技术方案有收益，故该技术方案财务上可行；当FNPV=0时，说明该技术方案基本能满足基准收益率要求的盈利水平，即技术方案现金流入的现值正好抵偿技术方案现金流出的现值，该技术方案财务上还是可行的；当FNPV＜0时，说明该技术方案不能满足基准收益率要求的盈利水平，即技术方案收益的现值不能抵偿支出的现值，该技术方案财务上不可行。

【例2-4】 已知某技术方案的现金流量如图2-4所示，设定i_c=10%，试计算财务净现值FNPV。

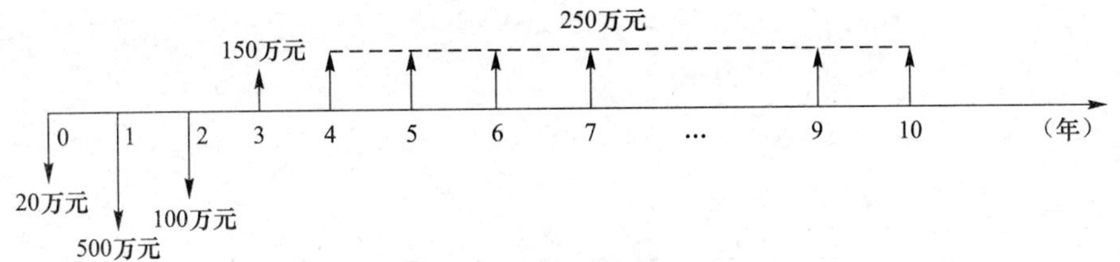

图2-4 某技术方案的现金流量

解 根据题意得

$$\begin{aligned}FNPV&=-20-500\times(1+10\%)^{-1}-100\times(1+10\%)^{-2}+150\times(1+10\%)^{-3}\\&\quad+250\times(1+10\%)^{-4}+\cdots+250\times(1+10\%)^{-10}\\&=-20-500\times(1+10\%)^{-1}-100\times(1+10\%)^{-2}+150\times(1+10\%)^{-3}\\&\quad+250\ (P/A,\ 10\%,\ 7)\ (P/F,\ 10\%,\ 3)\\&=469.94\ (万元)\end{aligned}$$

由于FNPV=469.94万元＞0，该技术方案在经济上可行。

财务净现值指标的优点是：考虑了资金的时间价值，并全面考虑了技术方案在整个计算期内现金流量的时间分布的状况；经济意义明确直观，能够直接以货币额表示技术方案

的盈利水平；判断直观。不足之处是：必须首先确定一个符合经济现实的基准收益率，而基准收益率的确定往往是比较困难的；在互斥型方案评价时，财务净现值必须慎重考虑互斥型方案的寿命，如果互斥型方案寿命不等，必须构造一个相同的分析期限，才能进行各个方案之间的比选；财务净现值也不能真正反映技术方案投资中单位投资的使用效率；不能直接说明在技术方案运营期间各年的经营成果；没有给出该投资过程确切的收益大小，不能反映投资的回收速度。

2.6　分析财务内部收益率

2.6.1　财务内部收益率的概念

对具有常规现金流量（即在计算期内，开始时有支出而后才有收益，且方案的净现金流量序列的符号只改变一次的现金流量）的技术方案，其财务净现值的大小与折现率的高低有直接的关系。若已知某技术方案各年的净现金流量，则该技术方案的财务净现值就完全取决于所选用的折现率，即财务净现值是折现率的函数。其表达式如下：

$$\mathrm{FNPV}(i)=\sum_{t=0}^{n}(\mathrm{CI}-\mathrm{CO})_t(1+i)^{-t} \tag{2-8}$$

工程经济中常规技术方案的财务净现值函数曲线在其定义域（$-1<i<+\infty$）内（对大多数工程经济实际问题来说是$0\leqslant i<+\infty$），随着折现率的逐渐增大，财务净现值由大变小，由正变负，FNPV与i之间的关系一般如图2-5所示。

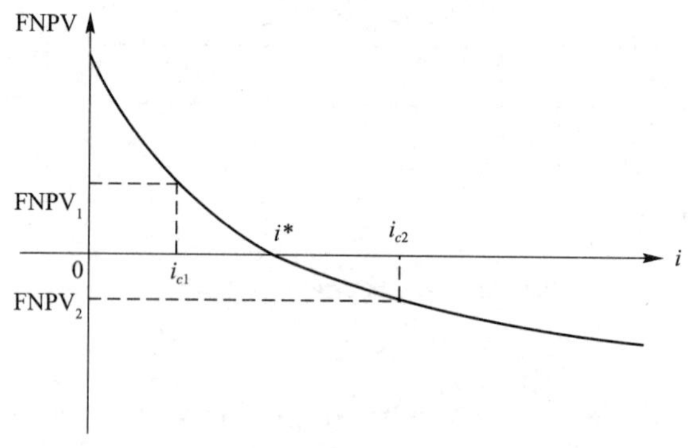

图2-5　常规技术方案的净现值函数曲线

从图中可以看出，按照财务净现值的评价准则，只要FNPV（i）≥0，技术方案就可接受。但由于FNPV（i）是i的递减函数，折现率i定得越高，技术方案被接受的可能性越小。那么，i最大可以大到多少，仍使技术方案可以接受呢？很明显，i可以大到使FNPV（i）=0，这时FNPV（i）曲线与横轴相交，i达到其临界值i^*，可以说是财务净现值评价准则的一个分水岭。i^*就是财务内部收益率（FIRR）。

对常规技术方案，财务内部收益率的实质就是使技术方案在计算期内各年现金流量的现值累计等于零时的折现率。其数学表达式为

$$\mathrm{FNPV(FIRR)}=\sum_{t=0}^{n}(\mathrm{CI-CO})_t(1+\mathrm{FIRR})^{-t}=0 \tag{2-9}$$

式中：FIRR——财务内部收益率。

财务内部收益率是一个未知的折现率，由式（2-9）可知，求方程式中的折现率需解高次方程，不易求解。在实际工作中，一般通过计算机直接计算，手算时可采用试算法确定财务内部收益率。

2.6.2　用财务内部收益率判断技术方案

财务内部收益率计算出来后，与基准收益率进行比较：若FIRR$\geqslant i_c$，则技术方案在经济上可以接受；若FIRR$< i_c$，则技术方案在经济上应予拒绝。技术方案投资财务内部收益率、技术方案资本金财务内部收益率和投资各方财务内部收益率可有不同判别基准。

2.6.3　用财务内部收益率判断技术方案的优劣

财务内部收益率指标考虑了资金的时间价值以及技术方案在整个计算期内的经济状况，不仅能反映投资过程的收益程度，而且财务内部收益率的大小不受外部参数影响，完全取决于技术方案投资过程净现金流量系列的情况。这种技术方案的内部决定性，使它在应用中具有一个显著的优点，即避免了须事先确定基准收益率这个难题，而只需要知道基准收益率的大致范围即可。但不足的是财务内部收益率计算比较麻烦；对于具有非常规现金流量的技术方案来讲，其财务内部收益率在某些情况下甚至不存在或存在多个内部收益率。

2.6.4　比较财务内部收益率与财务净现值

对独立常规技术方案的评价，从图2-5可知，当FIRR$\geqslant i_{c1}$时，根据财务内部收益率评价的判断准则，技术方案可以接受；而i_c对应的$\mathrm{FNPV}_1\geqslant 0$时，根据财务净现值评价的判断准则，技术方案也可接受。当FIRR$< i_{c2}$时，根据财务内部收益率评价的判断准则，技术方案不能接受；i_{c2}对应的$\mathrm{FNPV}_2<0$时，根据财务净现值评价的判断准则，技术方案也不能接受。由此可见，对独立常规技术方案应用财务内部收益率评价与应用财务净现值评价均可，其结论是一致的。

财务净现值指标计算简便，显示出了技术方案现金流量的时间分配，但得不出投资过程收益程度的大小，且受外部参数（i_c）的影响；财务内部收益率指标较为麻烦，但能反映投资过程的收益程度，而财务内部收益率的大小不受外部参数影响，完全取决于投资过程中的现金流量。

2.7 确定基准收益率

2.7.1 基准收益率的概念

基准收益率也称基准折现率，是企业或行业投资者以动态的观点所确定的、可接受的技术方案最低标准的收益水平。其在本质上体现了投资决策者对技术方案资金时间价值的判断和对技术方案风险程度的估计，是投资资金应当获得的最低盈利率水平，它是评价和判断技术方案在财务上是否可行和技术方案比选的主要依据。因此基准收益率确定得合理与否，对技术方案经济效果的评价结论有直接的影响，定得过高或过低都会导致投资决策的失误，所以基准收益率是一个重要的经济参数，而根据不同角度编制的现金流量表，计算所需的基准收益率应有所不同。

2.7.2 基准收益率的测定

1）在政府投资项目以及按政府要求进行财务评价的建设项目中采用的行业财务基准收益率，应根据政府的政策导向进行确定。

2）在企业各类技术方案的经济效果评价中参考选用的行业财务基准收益率，应在分析一定时期内国家和行业发展战略、发展规划、产业政策、资源供给、市场需求、资金时间价值、技术方案目标等情况的基础上，结合行业特点、行业资本构成情况等因素综合测定。

3）在中国境外投资的技术方案财务基准收益率的测定，应首先考虑国家风险因素。

4）投资者自行测定技术方案的最低可接受财务收益率，除了应考虑上述第2）条中所涉及的因素外，还应根据自身的发展战略、经营策略、技术方案的特点与风险、资金成本、机会成本等因素综合测定。

① 资金成本是为取得资金使用权所支付的费用，主要包括筹资费和资金的使用费。筹资费是指在筹集资金过程中发生的各种费用，如委托金融机构代理发行股票、债券而支付的注册费和代理费，向银行贷款而支付的手续费等。资金的使用费是指因使用资金而向资金提供者支付的报酬。技术方案实施后所获利润额必须能够补偿资金成本，然后才能有利可图，因此基准收益率的最低限度是不应小于资金成本。

② 投资的机会成本是指投资者将有限的资金用于拟实施技术方案而放弃的其他投资机会所能获得的最大收益。换言之，由于资金有限，当把资金投入拟实施的技术方案时，将失去从其他投资机会中获得收益的机会，机会成本的表现形式也是多种多样的，如货币形式表现的机会成本有销售收入、利润等；由于利率的大小决定了货币的价格，采用不同的利率（折现率）也代表货币有不同的机会成本。我们应当看到机会成本是在技术方案外部形成的，它不可能反映在该技术方案的财务上，必须通过工程经济分析人员的分析比较

才能确定技术方案的机会成本。机会成本虽不是实际支出，但在进行工程经济分析时，应作为一个因素加以认真考虑，这样有助于选择最优方案。

显然，基准收益率应不低于单位资金成本和单位投资的机会成本，这样才能使资金得到最有效的利用，这一要求可用下式表达：

$$i_c \geqslant i_1=\max\{单位资金成本，单位投资机会成本\} \tag{2-10}$$

如技术方案完全由企业自有资金投资时，可参考的行业平均收益水平可以理解为一种资金的机会成本；假如技术方案投资资金来源于自有资金和贷款时，最低收益率不应小于行业平均收益水平（或新筹集权益投资的资金成本）与贷款利率的加权平均值。如果有好几种贷款时，贷款利率应为加权平均贷款利率。

③ 投资风险。在整个技术方案计算期内，存在着发生不利于技术方案的环境变化的可能性，这种变化难以预料，即投资者要冒着一定的风险作决策。为此，投资者自然就要求获得较高的利润，否则他是不愿去冒风险的。所以在确定基准收益率时，仅考虑资金成本、机会成本因素是不够的，还应考虑风险因素，通常以一个适当的风险贴补率i_2来提高i_c值。就是说，以一个较高的收益水平补偿投资者所承担的风险，风险越大，贴补率越高。为了限制对风险大、盈利低的技术方案进行投资，可以采取提高基准收益率的办法来进行技术方案经济效果评价。

一般说来，从客观上看，资金密集型的技术方案，其风险高于劳动密集型的技术方案；资产专用性强的风险高于资产通用性强的风险；以降低生产成本为目的的风险低于以扩大产量、扩大市场份额为目的的风险。从主观上看，资金雄厚的投资主体的风险较低。

④ 通货膨胀。通货膨胀是指由货币（这里指纸币）的发行量超过商品流通所需要的货币量引起的货币贬值和物价上涨的现象。在通货膨胀影响下，各种材料、设备、房屋、土地的价格以及人工费都会上升，为反映和评价拟实施技术方案在未来的经济效果，在确定基准收益率时应考虑这种影响，并结合投入产出价格的选用来决定对通货膨胀因素的处理。

通货膨胀以通货膨胀率来表示，通货膨胀率主要表现为物价指数的变化，即通货膨胀率约等于物价指数变化率。由于通货膨胀年年存在，因此通货膨胀的影响具有复利性质。一般每年的通货膨胀率是不同的，但为了便于研究，常取一段时间的平均通货膨胀率，即在所研究的时期内通货膨胀率可以视为固定的。

综合以上分析，投资者自行测定的基准收益率可确定如下：

若技术方案现金流量是按当年价格预测估算的，则应以年通货膨胀率i_3修正i_c值，即

$$i_c=(1+i_1)(1+i_2)(1+i_3)-1\approx i_1+i_2+i_3 \tag{2-11}$$

技术方案的现金流量是按基准年不变价格预测估算的，预测结果已排除通货膨胀因素的影响，就不再重复考虑通货膨胀的影响去修正i_c值，即

$$i_c=(1+i_1)(1+i_2)-1\approx i_1+i_2 \tag{2-12}$$

上述近似处理的条件i_1、i_2、i_3都为小数。

总之，合理确定基准收益率对于投资决策极为重要。确定基准收益率的基础是资金成本和机会成本，而投资风险和通货膨胀则是必须考虑的影响因素。

2.8 分析偿债能力

2.8.1 偿债资金来源

举债经营已经成为现代企业经营的一个显著特点，企业偿债能力的大小，已成为判断和评价企业经营活动能力的一个标准。举债是筹措资金的重要途径，不仅企业自身要关心偿债能力的大小，债权人更为关心。

债务清偿能力分析，重点是分析判断财务主体——企业的偿债能力。由于金融机构贷款是贷给企业法人而不是贷给技术方案的，金融机构进行信贷决策时，一般应根据企业的整体资产负债结构和偿债能力决定信贷取舍。有时虽然技术方案自身无偿债能力，但是整个企业偿债能力强，金融机构也可能给予贷款；有时虽然技术方案有偿债能力，但企业整体信誉差、负债高、偿债能力弱，金融机构也可能不予贷款。因此，债务清偿能力评价，一定要分析债务资金的融资主体的清偿能力，而不是“技术方案”的清偿能力。对于企业融资方案，应以技术方案所依托的整个企业作为债务清偿能力的分析主体。为了考察企业的整体经济实力，分析融资主体的清偿能力时需要评价整个企业的财务状况和各种借款的综合偿债能力。为了满足债权人的要求，需要编制企业在拟实施技术方案建设期和投产后若干年的财务计划现金流量表、资产负债表、企业借款偿还计划表等报表，以分析企业偿债能力。

根据国家现行财税制度的规定，偿还贷款的资金来源主要包括可用于归还借款的利润、固定资产折旧、无形资产及其他资产摊销费和其他还款资金。

1．利润

用于归还贷款的利润，一般应是提取了盈余公积金、公益金后的未分配利润。如果是股份制企业需要向股东支付股利，那么应从未分配利润中扣除分配给投资者的利润，然后用来归还贷款。技术方案投产初期，如果用规定的资金来源归还贷款的缺口较大，也可暂不提取盈余公积金、公益金，但这段时间不宜过长，否则将影响企业的扩展能力。

2．固定资产折旧

鉴于技术方案投产初期尚未面临固定资产更新的问题，作为固定资产重置准备金性质的折旧基金，在被提取以后暂时处于闲置状态。因此，为了有效地利用一切可能的资金源以缩短还贷期限，加强企业的偿债能力，可以使用部分新增折旧基金作为偿还贷款的来源之一。一般情况下，投产初期可以利用的折旧基金占全部折旧基金的比例较大，随着生产时期的延伸，可利用的折旧基金比例逐步减小。最终，所有被用于归还贷款的折旧基金应由未分配利润归还贷款后的余额垫回，以保证折旧基金从总体上不被挪作他用，在还清贷款后恢复其原有的经济属性。

3．无形资产及其他资产摊销费

摊销费是按现行的财务制度计入企业的总成本费用，但是企业在提取摊销费后，这笔资金没有具体的用途规定，具有“沉淀”性质，因此可以用来归还贷款。

4．其他还款资金

这是指按有关规定可以用减免的税金来作为偿还贷款的资金来源。进行预测时，如果没有明确的依据，可以暂不考虑。

技术方案在建设期借入的全部建设投资贷款本金及其在建设期的借款利息（即资本化利息）构成建设投资贷款总额，在技术方案投产后可由上述资金来源偿还。

在生产期内，建设投资和流动资金的贷款利息，按现行的财务制度，均应计入技术方案总成本费用中的财务费用。

2.8.2 还款方式及还款顺序

技术方案贷款的还款方式应根据贷款资金的不同来源所要求的还款条件来确定。

1．国外借款的还款方式

按照国际惯例，债权人一般对贷款本息的偿还期限均有明确的规定，要求借款方在规定的期限内按规定的数量还清全部贷款的本金和利息。因此，需要按协议的要求计算出在规定的期限内每年需归还的本息总额。

2．国内借款的还款方式

目前虽然借贷双方在有关的借贷合同中规定了还款期限，但在实际操作过程中，主要还是根据技术方案的还款资金来源情况进行测算。一般情况下，按照先贷先还，后贷后还，利息高的先还、利息低的后还的顺序归还国内借款。

2.8.3 分析偿债能力

偿债能力指标主要有：借款偿还期、利息备付率、偿债备付率、资产负债率、流动比率和速动比率。

1．借款偿还期

（1）概念

借款偿还期是指根据国家财税规定及技术方案的具体财务条件，以可作为偿还贷款的收益（利润、折旧、摊销费及其他收益）来偿还技术方案投资借款本金和利息所需的时间，它是反映技术方案借款偿债能力的重要指标。借款偿还期的计算式如下：

$$I_d=\sum_{t=0}^{P_d}(B+D+R_0-B_r)_t \qquad (2\text{-}13)$$

式中：P_d——借款偿还期（从借款开始年计算；当从投产年算起时，应予注明）；

I_d——投资借款本金和利息（不包括已用自有资金支付的部分）之和；

B——第t年可用于还款的利润；

D——第t年可用于还款的折旧和摊销费；

R_0——第t年可用于还款的其他收益；

B_r——第t年企业留利。

（2）计算借款偿还期（P_d）

在实际工作中，借款偿还期可通过借款还本付息计算表推算，以年表示。其具体推算式为

$$P_d=（借款偿还开始出现盈余年份-1）+\frac{盈余当年应偿还借款额}{盈余当年可用于还款的余额} \quad (2\text{-}14)$$

（3）判别准则

借款偿还期满足贷款机构的要求期限时，即认为技术方案是有借款偿债能力的。

借款偿还期指标适用于不预先给定借款偿还期限，且按最大偿还能力计算还本付息的技术方案；它不适用于预先给定借款偿还期的技术方案。对于预先给定借款偿还期的技术方案，应采用利息备付率和偿债备付率指标分析企业的偿债能力。

2．利息备付率

（1）概念

利息备付率（ICR）也称已获利息倍数，是指在技术方案借款偿还期内各年企业可用于支付利息的息税前利润（EBIT）与当期应付利息（PI）的比值。其表达式为

$$\text{ICR}=\frac{\text{EBIT}}{\text{PI}} \quad (2\text{-}15)$$

式中：EBIT——息税前利润，即利润总额与计入总成本费用的利息费用之和；

PI——计入总成本费用的应付利息。

（2）判别准则

利息备付率应分年计算，它从付息资金来源的充裕性角度反映企业偿付债务利息的能力，表示企业使用息税前利润偿付利息的保证倍率。正常情况下利息备付率应当大于1，并结合债权人的要求确定。否则，表示企业的付息能力保障程度不足。尤其是当利息备付率低于1时，表示企业没有足够资金支付利息，偿债风险很大。参考国际经验和国内行业的具体情况，根据我国企业历史数据统计分析，一般情况下利息备付率不宜低于2，而且需要将该利息备付率指标与其他同类企业进行比较，来分析决定本企业的指标水平。

3．偿债备付率

（1）概念

偿债备付率（DSCR）是指在技术方案借款偿还期内，各年可用于还本付息的资金（EBITDA−T_{AX}）与当期应还本付息金额（PD）的比值。其表达式为

$$\text{DSCR}=\frac{\text{EBITDA}-T_{AX}}{\text{PD}} \quad (2\text{-}16)$$

式中：EBITDA——企业息税前利润加折旧和摊销；

T_{AX}——企业所得税；

PD——应还本付息的金额，包括当期应还贷款本金及计入总成本费用的全部利息。融资租赁费用可视同借款偿还；运营期内的短期借款本息也应纳入计算。

如果企业在运行期内有维持运营的投资，可用于还本付息的资金应扣除维持运营的投资。

（2）判别准则

偿债备付率应分年计算，它表示企业可用于还本付息的资金偿还借款本息的保证倍率。正常情况下偿债备付率应当大于1，并结合债权人的要求确定。当指标小于1时，表示企业当年资金来源不足以偿付当期债务，需要通过短期借款偿付已到期债务。参考国际经验和国内行业的具体情况，根据我国企业历史数据统计分析，一般情况下偿债备付率不低于1.3。

拓展与实训

职业能力训练

一、单项选择题

1. 已知技术方案正常年份的净利润为300万元，所得税为100万元，当期应付利息为50万元。项目总投资为5000万元，项目资本金为3000万元，则该技术方案资本金净利润率为（　　）。

A. 8%　　B. 9%　　C. 10%　　D. 11%

2. 关于静态投资回收期特点的说法，正确的是（　　）。

A. 静态投资回收期只考虑了方案投资回收之前的效果

B. 静态投资回收期可以单独用来评价方案是否可行

C. 若静态投资回收期大于基准投资回收期，则表明该方案可以接受

D. 静态投资回收期越长，表明资本周转速度越快

3. 某项目建设投资1000万元，流动资金为200万元，建设当年即投产并达到设计生产能力，年净收益为340万元，则该项目的静态投资回收期为（　　）年。

A. 2.35　　B. 2.94　　C. 3.53　　D. 7.14

4. 技术方案的盈利能力越强，则该技术方案的（　　）越大。

A. 投资回收期　　B. 盈亏平衡产量

C. 速动比率　　D. 财务净现值

5. 某技术方案前5年的财务净现值为210万元，第6年的净现金流量为30万元，基准收益率为10%，则该方案前6年的财务净现值为（　　）万元。

A. 227　　B. 237　　C. 240　　D. 261

6. 使投资项目财务净现值为零的折现率称为（　　）。

A. 利息备付率　　B. 财务内部收益率

C. 财务净现值　　D. 偿债备付率

7．某常规技术方案，FNPV（16%）=160万元，FNPV（18%）=80万元，则该方案的FIRR最可能为（　　）。

A．15.98%　　B．16.21%　　C．17.33%　　D．18.21%

8．企业或行业投资者以动态的观点确定的、可接受的投资方案最低标准的收益水平称为（　　）。

A．基准收益率　　B．社会平均收益率

C．内部收益率　　D．社会折旧率

9．财务内部收益率计算出来后，需要与（　　）进行比较来判断方案在经济上是否可以接受。

A．基准收益率　　B．财务净现值

C．投资回收期　　D．借款偿还期

10．技术方案静态评价指标不包括（　　）。

A．总投资收益率　　B．资本金净利润率

C．财务净现值　　D．借款偿还期

二、多项选择题

1．在下列技术方案经济效果评价指标中，属于投资方案盈利能力评价指标的是（　　）。

A．财务内部收益率　　B．利息备付率

C．财务净现值　　D．总投资收益率

E．投资回收期

2．下列关于财务内部收益率的说法中，正确的有（　　）。

A．财务内部收益率≥0，技术方案经济上可行

B．对于常规技术方案，财务内部收益率就是使技术方案财务净现值为零的折现率

C．财务内部收益率的计算简单且不受外部参数影响

D．财务内部收益率能够反映投资过程的收益程度

E．任何技术方案的财务内部收益率是唯一的

3．投资者自行测定技术方案的最低可接受财务收益率时，应考虑的因素有（　　）。

A．自身的发展策略和经营战略　　B．资金成本

C．技术方案的特点和风险　　D．沉没成本

E．机会成本

4．技术方案偿债能力评价指标有（　　）。

A．财务内部收益率　　B．资产负债率

C．生产能力利用率　　D．借款偿还期

E．流动比率

5．下列关于技术方案经济效果评价指标的说法中，正确的有（　　）。

A．基准收益率应不低于资金成本和机会成本

B．确定基准收益率的基础是投资风险和通货膨胀

C．借款偿还期指标还适用于预先给定借款偿还期的计算方案

D．正常情况下，技术方案的偿债备付率应当大于1

E．利息备付率反映了企业偿付债务利息的能力

6．某投资方案的基准收益率为15%，内部收益率为20%，则该方案（　　）。

A．净现值大于零　　B．净现值小于零

C．不可行　　D．可行

E．无法判断是否可行

7．在技术方案经济效果评价中，当NPV≥0时，下列说法正确的是（　　）。

A．该方案不可行，应拒绝

B．该方案可得到超额利润

C．该方案满足基准收益率

D．该方案现金流入的现值大于现金流出的现值

E．该方案内部收益率≤基准收益率

8．财务净现值指标的缺点有（　　）。

A．不能反映投资的回收速度

B．不能直接说明在技术方案运营期间各年的经营成果

C．基准收益率的确定比较困难

D．不存在或存在多个收益率

E．互斥型方案寿命不等，不能直接进行各个方案之间的比选

9．偿债备付率中可用于还本付息的资金包括（　　）。

A．净利润　　B．所得税

C．折旧　　D．摊销

E．利息费用

10．项目投资者通过分析技术方案有关财务评价指标获取方案的（　　）等信息。

A．盈利能力　　B．技术创新能力

C．清偿能力　　D．抗风险能力

E．生产效率

工程模拟训练

1．某投资工程项目建设期为2年。第1年年初投资1200万元，第2年年初投资1000万元，第3年投产当年年收益100万元，项目生产期为14年。若从第4年起到生产期末的年均收益为390万元，基准收益率为12%，试计算并判断：

1）项目是否可行?

2）若不可行，从第4年起的年均收益须增加多少万元，才能使基准投资收益率为12%?

2．某工程项目建设期为2年，第1年投资450万元，生产期为10年，若投产后年均收益为65万元，生产期末回收残值10万元，基准收益率为10%，试计算并判断:

1）项目是否可行？

2）项目的IRR是多少？

真题链接

1．［单选题］某技术方案建设期为1年，第1年年初投资8000万元，第2年年初开始盈利，运营期为4年，运营期每年年末净收益为3000万元，净残值为零。若基准率为10%，则该投资方案的财务净现值和静态投资回收期分别为（　　）。［2016年一级建造师考试《建设工程经济》真题］

A．1510万元和3.67年　　B．1510万元和2.67年

C．645万元和2.67年　　D．645万元和3.67年

2．［单选题］对于非经营性技术方案，经济效果评价应主要分析拟订方案的（　　）。［2012年一级建造师考试《建设工程经济》真题］

A．盈利能力　　B．偿债能力

C．财务生存能力　　D．抗风险能力

3．［单选题］某技术方案的净现金流量见表2-3，若基准收益率大于0，则该方案的财务净现值可能的范围是（　　）。［2017年一级建造师考试《建设工程经济》真题］

表2-3　某技术方案的净现金流量

计算期/年	0	1	2	3	4	5
净现金流量/万元	—	-300	-200	200	600	600

A．等于1400万元　　B．大于900万元，小于1400万元

C．等于900万元　　D．小于900万元

4．［单选题］技术方案经济效果评价的主要内容是分析论证技术方案的（　　）。［2014年一级建造师考试《建设工程经济》真题］

A．技术先进性和经济合理性　　B．技术可靠性和财务盈利性

C．财务盈利性和抗风险能力　　D．财务可行性和经济合理性

5．［多选题］下列经济效果评价指标中，属于盈利能力动态评价指标的有（　　）。［2014年一级建造师考试《建设工程经济》真题］

A．总投资收益率　　B．财务净现值

C．资本金净利润率　　D．财务内部收益率

E．速动比率

6．［单选题］某技术方案总投资为1500万元，其中债务资金为700万元，技术方案在正常年份利润总额为400万元，所得税为100万元，年折旧费为80万元，则该方案的资本金净利润率为（　　）。［2014年一级建造师考试《建设工程经济》真题］

A．26.7%　　B．37.5%　　C．42.9%　　D．47.5%

7．［单选题］某项目建设投资为5000万元（不含建设期贷款利息），建设期贷款利息为550万元，正常流动资金为450万元，项目投产期年息税前利润为900万元，达到设计生产能力的正常年份时的年息税前利润为1200万元，则该项目的总投资收益率为（　　）。［2016年一级建造师考试《建设工程经济》真题］

A．24%　　B．17.5%　　C．20%　　D．15%

8．［多选题］技术方案经济效果评价中的计算期包括技术方案的（　　）。［2016年一级建造师考试《建设工程经济》真题］

A．投资建设期　　B．投产期

C．投资前策划期　　D．达产期

E．后评价期间

9．［多选题］关于基准收益率的说法，正确的有（　　）。［2012年一级建造师考试《建设工程经济》真题］

A．测定基准收益率不需要考虑通货膨胀因素

B．基准收益率是投资资金获得的最低盈利水平

C．测定基准收益率应考虑资金成本因素

D．基准收益率取值高低应体现对项目风险程度的估计

E．债务资金比例高的项目应降低基准收益率的取值

10．［多选题］下列投资方案的经济效果评价指标中，可用于偿债能力分析的有（　　）。［2013年一级建造师考试《建设工程经济》真题］

A．利息备付率　　B．投资收益率

C．流动比率　　D．借款偿还期

E．投资回收期

任务3

分析技术方案的不确定性

任务概述

不确定性分析是技术方案经济效果评价中的一项重要工作，在对拟实施技术方案未作出最终决策之前，均应进行技术方案不确定性分析。常用的不确定性分析方法有盈亏平衡分析法和敏感性分析法。

本任务主要对技术方案进行盈亏平衡分析和敏感性分析。

课程思政目标

1）通过学习风险与不确定性，分析个人道德素质和企业自律素质的重要性，在此基础上，引导学生理解国家对外部效应实行鼓励或处罚措施的原因。

2）通过案例分析会计信息造假给投资者、社会经济秩序造成的巨大危害，以及造假企业和相关人员最终将受到怎样的法律制裁。引导学生了解党的十八大以来，习近平总书记在不同场合对诚信的重要性作了多次阐述，为诚信在社会生活、外交关系和时代价值上的体现开启了多维视野，提供了基本遵循。诚信，不仅在人与人之间的关系中至关重要，在国与国关系中同样具有举足轻重的地位。通过学习培养学生诚实做人、诚信交往的价值观，并积极践行社会主义核心价值观。

3）通过对销售收入与税金的学习，让学生了解我国营业税改增值税政策的基本精神，了解结构性减免对企业降负的影响。受全球新型冠状病毒肺炎疫情影响，诸多企业效益下滑，生存压力较大，我国从宏观层面实施大规模的减税，帮助企业渡过难关。通过这些知识点，使学生明确减税的同时也为国家财政收入的稳定增长“保驾护航”，培养学生的民族自豪感，增强道路自信、制度自信。

学习目标

1. 知识目标

1）了解不确定性因素产生的原因和不确定性分析的内容。

2）掌握盈亏平衡分析和单因素敏感性分析的概念和相关原理。

3）根据盈亏平衡分析和单因素敏感性分析的概念和相关原理，重点掌握盈亏平衡分析和单因素敏感性分析的计算。

2. 能力目标

1）能够应用盈亏平衡分析法分析技术方案的相关问题。

2）能够应用单因素敏感性分析法分析技术方案的相关问题。

▌学时建议

本任务建议学时为6学时。

▌工程案例导入

某企业进行更新改造，计划购买设备，现市场上有A、B两类设备可供选择，具体情况见表3-1。

表3-1　设备基础数据

设备	购买价格/元	年固定费用/元	单位变动费用/（元/件）
A	80000	40000	0.43
B	60000	45000	0.38

若基准折现率为12%，设备使用年限为8年，试用盈亏平衡分析法确定这两类设备分别适应的最优生产能力，并绘出简图。

3.1　分析不确定性

不确定性不同于风险。风险是指不利事件发生的可能性，其中不利事件发生的概率是可以计量的。而不确定性是指人们事先只知道所采取行动的所有可能后果，而不知道后果出现的可能性；或者对两者均不知道，只能对两者做些粗略的估计。因此，不确定性是难以计量的。

不确定性分析是指研究和分析当影响技术方案经济效果的各项主要因素发生变化时，拟实施技术方案的经济效果会发生什么样的变化，找出最敏感的因素及其临界点，预测方案可能承担的风险，使方案的投资决策建立在较为稳妥的基础上。不确定性分析是技术方案经济效果评价中的一项重要工作，在对拟实施技术方案未作出最终决策之前，均应进行技术方案不确定性分析。

3.1.1　不确定性因素产生的原因

产生不确定性因素的原因很多，一般情况下主要原因有以下几点。

1）依据的基本数据不足或者统计存在偏差。这是指原始统计上的误差、统计样本点的不足、计算式或模型的套用不合理等所造成的误差。比如说，技术方案建设投资和流动资金是技术方案经济效果评价中重要的基础数据，但在实际中，它们的数额往往会由于各种原因而被高估或低估，从而影响技术方案经济效果评价的结果。

2）预测方法存在局限性，预测的假设不准确。

3）未来经济形势的变化会导致不确定性因素的产生。通货膨胀的存在，物价会产生波动，从而会影响技术方案经济效果评价中所用的价格，进而导致如年营业收入、年经营成本等数据与实际数据产生偏差；同样，市场供求结构的变化会影响产品的市场供求状况，进而会对某些指标值产生影响。

4）技术进步对不确定性因素产生影响。技术进步会引起产品和工艺的更新替代，这样根据原有技术条件和生产水平所估计出的年营业收入、年经营成本等指标就会与实际值产生偏差。

5）无法以定量来表示定性因素的影响。

6）其他外部影响因素，如政府政策的变化、新的法律法规的颁布、国际政治经济形势的变化等，均会对技术方案的经济效果产生一定的，甚至是难以预料的影响。

在评价中，要想全面分析这些因素的变化对技术方案经济效果的影响是十分困难的，因此在实际工作中，往往要着重分析和把握那些对技术方案影响较大的关键因素，以期取得较好的效果。

3.1.2 不确定性分析的内容

由于上述种种原因，技术方案经济效果计算和评价所使用的计算参数，如投资、产量、价格、成本、利率、汇率、收益、建设期限、经济寿命等，总是不可避免地带有一定程度的不确定性。不确定性的直接后果是使技术方案经济效果的实际值与评价值相偏离，从而给决策者带来风险。

假定某技术方案的基准收益率i_c定为8%，根据技术方案基础数据求出的技术方案财务内部收益率为10%，由于内部收益率大于基准收益率，根据方案评价准则自然认为技术方案是可行的；但如果凭此就作出决策则是不够的，因为我们还没有考虑不确定性问题，比如说如果在技术方案实施的过程中存在投资超支、建设工期拖长、生产能力达不到设计要求、原材料价格上涨、劳务费用增加、产品售价波动、市场需求量变化、贷款利率变动等，那么这些因素都可能使技术方案达不到预期的经济效果，从而导致财务内部收益率下降，甚至发生亏损。当内部收益率下降多于2%时，技术方案就会变成不可行，则技术方案就会有风险，如果不对这些进行分析，仅凭一些基础数据进行确定性分析并以此为依据来取舍技术方案，就可能会导致决策的失误。

因此，为了有效地减少不确定性因素对技术方案经济效果的影响，提高技术方案的风险防范能力，进而提高技术方案决策的科学性和可靠性，除对技术方案进行确定性分析以外，还有必要对技术方案进行不确定性分析。为此，应根据拟实施技术方案的具体情况，分析各种内外部条件发生变化或者测算数据误差对技术方案经济效果的影响程度，以估计技术方案可能承担不确定性的风险及其承受能力，确定技术方案在经济上的可靠性，并采取相应的对策力争把风险减低到最小限度。这种对影响方案经济效果的不确定性因素进行的分析称为不确定性分析。

3.1.3　不确定性分析的方法

常用的不确定性分析方法有盈亏平衡分析法和敏感性分析法。

1．盈亏平衡分析法

盈亏平衡分析又称量本利分析，对于一个技术方案而言，各种不确定性因素（如投资、成本、销售量、销售价格等）的变化都会影响方案的经济效果，当这些因素的变化达到某一临界值时，就会使方案的经济效果发生质的变化，可能使原来的盈利项目变为亏损项目，影响方案的取舍，这个临界点就是盈亏平衡点。在这个点上，技术方案既不盈利又不亏损。盈亏平衡分析的目的就是寻找这个临界点，以此判断工程项目对不确定性因素变化的承受能力和抵御风险的能力，为决策提供依据。

盈亏平衡分析的基本模型是建立成本与产量、营业收入与产量之间的函数关系式，通过对这两个函数及图形的分析，找出盈亏平衡点。

根据生产成本及销售收入与产销量之间是否呈线性关系，盈亏平衡分析又可进一步分为线性盈亏平衡分析和非线性盈亏平衡分析。通常只要求进行线性盈亏平衡分析。

2．敏感性分析法

敏感性分析则是分析各种不确定性因素发生增减变化时，对技术方案经济效果评价指标的影响，并计算敏感度系数和临界点，找出敏感因素。在具体应用时，要综合考虑技术方案的类型、特点，决策者的要求，相应的人力、财力以及技术方案对经济的影响程度等来选择具体的分析方法。

3.2　分析盈亏平衡

总成本与固定成本、可变成本

3.2.1　总成本与固定成本、可变成本

根据成本费用与产量（或工程量）的关系可以将技术方案总成本费用分解为固定成本、可变成本和半可变（或半固定）成本。

1．固定成本

固定成本是指在技术方案一定的产量范围内不受产品产量影响的成本，即不随产品产量的增减发生变化的各项成本费用，如工资及福利费（计件工资除外）、折旧费、修理费、无形资产及其他资产摊销费，其他费用等。

2．可变成本

可变成本是随技术方案产品产量的增减而成正比例变化的各项成本，如原材料、燃料、动力费，包装费和计件工资等。

3．半可变（或半固定）成本

半可变（或半固定）成本是指介于固定成本和可变成本之间，随技术方案产量增长而增长，但不成正比例变化的成本，如与生产批量有关的某些消耗性材料费用、工模具费及运输费等，这部分可变成本与产量一般呈阶梯形曲线关系。由于半可变（或半固定）成本通常在总成本中所占比例很小，在技术方案经济效果分析中为便于计算和分析，可以根据行业特点情况将产品的半可变（或半固定）成本进一步分解成固定成本和可变成本。长期借款利息应视为固定成本；流动资金借款和短期借款的利息可能部分与产品产量相关，其利息可视为半可变（或半固定）成本，为简化计算，一般也将其作为固定成本。

综上所述，技术方案总成本是固定成本与可变成本之和，它与产品产量的关系也可以近似地认为是线性关系，即

$$C=C_F+C_UQ \tag{3-1}$$

式中：C——总成本；

C_F——固定成本；

C_U——单位产品变动成本；

Q——产量（或工程量）。

3.2.2 销售收入与税金及附加

1．销售收入与产品销量的关系

技术方案的销售收入与产品销量的关系有两种情况：

1）该技术方案的生产销售活动不会明显地影响市场供求状况，假定其他市场条件不变，产品价格不会随该技术方案的销量的变化而变化，可以看作一个常数，则销售收入与销量呈线性关系。

2）该技术方案的生产销售活动明显地影响市场供求状况，随着该技术方案产品销量的增加，产品价格有所下降，这时销售收入与销量之间不再是线性关系。

为简化计算，本任务仅考虑销售收入与销量呈线性关系这种情况。

2．计算方法

由于单位产品的税金及附加是随产品的销售单价变化而变化的，为便于分析，将销售收入与税金及附加合并考虑。

经简化后，技术方案的销售收入是销量的线性函数，即

$$S=pQ-T_UQ \tag{3-2}$$

式中：S——销售收入；

p——单位产品售价；

T_U——单位产品税金及附加（当投入、产出都按不含税价格时，T_U不包括增值税）；

Q——销量。

3.2.3 建立量本利模型

1．量本利模型

企业的经营活动通常以生产数量为起点，以利润为目标。在一定期间把成本总额分解

简化成固定成本和变动成本两部分后，再同时考虑收入和利润，使成本、产销量和利润的关系统一于一个数学模型。这个数学模型的表达形式为

$$B=S-C \tag{3-3}$$

式中：B——利润；

S——销售收入；

C——成本。

为简化数学模型，对线性盈亏平衡分析做如下假设：

1）生产量等于销售量，即当年生产的产品（或提供的服务，下同）当年销售出去。

2）产销量变化，单位可变成本不变，总生产成本是产销量的线性函数。

3）产销量变化，销售单价不变，销售收入是产销量的线性函数。

4）只生产单一产品；或者生产多种产品，但可以换算为单一产品计算，不同产品的生产负荷率的变化应保持一致。

根据上述假设，将式（3-1）、式（3-2）代入式（3-3）可得

$$B=pQ-C_UQ-C_F-T_UQ \tag{3-4}$$

式中：Q——产销量（即生产量等于销售量）。

式（3-4）中明确表达了量本利之间的数量关系，是基本的损益方程式。它含有相互联系的6个变量，给定其中5个，便可求出另一个变量的值。

2．基本的量本利图

将上述关系用坐标图的形式反映，即成为基本的量本利图，如图3-1所示。

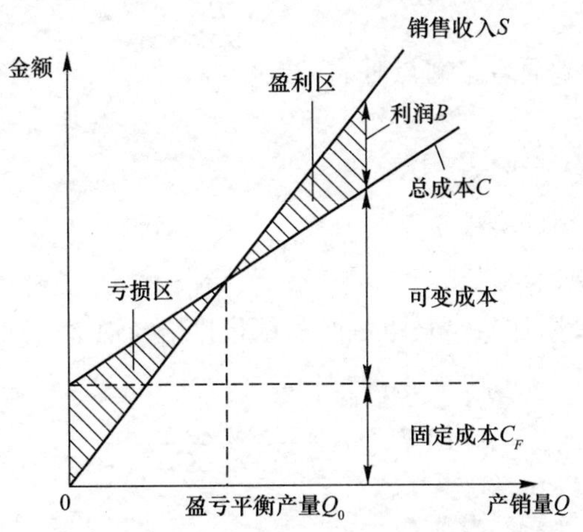

图3-1　基本的量本利图

图3-1中的横坐标为产销量，纵坐标为金额（成本和销售收入）。假定在一定时期内，产品价格不变时，销售收入S随产销量的增加而增加，呈线性函数关系，在图形上就是以零为起点的斜线。产品总成本C是固定总成本和可变总成本之和，当单位产品的可变成本不变时，总成本也随产销量的变化呈线性变化。

从图3-1可知，销售收入线与总成本线的交点是盈亏平衡点（BEP），也叫保本点，

表明技术方案在此产销量下总收入与总成本相等，既没有利润，也不发生亏损。在此基础上，增加产销量，销售收入超过总成本，收入线与成本线之间的距离为利润值，形成盈利区；反之，形成亏损区。这种用图示表达量本利的相互关系，不仅形象直观，一目了然，而且容易理解。

盈亏平衡分析是通过计算技术方案在达产年的盈亏平衡点来分析技术方案成本与收入的平衡关系，判断技术方案对由不确定性因素导致产销量变化的适应能力和抗风险能力。技术方案盈亏平衡点的表达形式有多种，可以用绝对值表示，如以实物产销量、单位产品售价、单位产品的可变成本、年固定总成本以及年销售收入等表示的盈亏平衡点；也可以用相对值表示，如以生产能力利用率表示的盈亏平衡点。其中以产销量和生产能力利用率表示的盈亏平衡点应用最为广泛。盈亏平衡点一般采用公式计算，也可利用盈亏平衡图求得。

3.2.4 分析产销量（工程量）盈亏平衡

分析产销量（工程量）盈亏平衡

从图3-1可见，当企业在小于Q_0的产销量下组织生产，则技术方案亏损；在大于Q_0的产销量下组织生产，则技术方案盈利。显然产销量Q_0是盈亏平衡点的一个重要表达方式。就单一产品技术方案来说，盈亏平衡点的计算并不困难，一般从销售收入等于总成本费用即盈亏平衡方程式中导出。由式（3-4）中利润B=0，即可导出以产销量表示的盈亏平衡点BEP（Q），其计算式为

$$\text{BEP}(Q)=\frac{C_F}{p-C_U-T_U} \tag{3-5}$$

式中：BEP（Q）——达到盈亏平衡点时的产销量；

C_F——固定成本；

C_U——单位产品变动成本；

p——单位产品销售价格；

T_U——单位产品税金及附加。

由于单位产品税金及附加常常是单位产品销售价格与税金及附加的乘积，故式（3-5）又可表示为

$$\text{BEP}(Q)=\frac{C_F}{p(1-r)-C_U} \tag{3-6}$$

式中：r——税金及附加。

对技术方案运用盈亏平衡点分析时应注意：盈亏平衡点要按技术方案投产达到设计生产能力后正常年份的产销量、变动成本、固定成本、产品价格、税金及附加等数据来计算，而不能按计算期内的平均值计算。正常年份一般选择还款期间的第一个达产年和还款后的年份分别计算，以便分别给出最高和最低的盈亏平衡点区间范围。

【例3-1】 某技术方案年设计生产能力为10万台，年固定成本为1200万元，产品单台销售价格为900元，单台产品可变成本为560元，单台产品税金及附加为120元。试求盈

亏平衡点的产销量。

解　根据题意得

$$BEP(Q)=\frac{12000000}{900-560-120}=54545（台）$$

计算结果表明，当技术方案产销量低于54545台时，技术方案亏损；当技术方案产销量大于54545台时，技术方案盈利。

【例3-2】　某企业经销一种产品，每年固定费用为90万元，产品单件变动成本为50元，单价为105元，单位销售税金为5元。企业盈亏平衡点的产量为多少？

解　根据题意得

$$BEP(Q)=\frac{900000}{105-5-50}=18000（件）$$

计算结果表明，当技术方案产销量低于18000件时，技术方案亏损；当技术方案产销量大于18000件时，技术方案盈利。

3.2.5　分析生产能力利用率盈亏平衡

生产能力利用率表示的盈亏平衡点BEP（%），是指盈亏平衡点产销量占技术方案正常产销量的比重。正常产销量是指正常市场和正常开工情况下技术方案的产销数量。在技术方案评价中，一般用设计生产能力表示正常产销量。

$$BEP(\%)=\frac{BEP(Q)}{Q_D}\times 100\% \tag{3-7}$$

式中：Q_D——正常产销量或技术方案设计生产能力。

进行技术方案评价时，生产能力利用率表示的盈亏平衡点常常根据正常年份的产品产销量、变动成本、固定成本、产品价格和税金及附加等数据来计算。即

$$BEP(\%)=\frac{C_F}{S_N-C_V-T}\times 100\% \tag{3-8}$$

式中：BEP（%）——盈亏平衡点时的生产能力利用率；

S_N——年营业收入；

C_V——年可变成本；

T——年税金及附加。

通过式（3-7）可得

$$BEP(Q)=BEP(\%)\times Q_D \tag{3-9}$$

产销量（工程量）表示的盈亏平衡点等于生产能力利用率表示的盈亏平衡点乘以设计生产能力。

【例3-3】　某项目设计生产能力为年产50万件产品。据资料分析，估计单位产品价格为100元，单位产品可变成本为80元，固定成本为300万元。试用产量、生产能力利用率表示该项目的盈亏平衡点。已知该产品销售税金及附加的合并税率为5%。

解 1）用产量表示的BEP（Q）。

$$BEP(Q)=\frac{3000000}{100-80-100\times 5\%}=200000\text{（件）}$$

2）用生产能力利用率表示的BEP（%）。

$$BEP(\%)=\frac{20}{50}\times 100\%=40\%$$

【例3-4】 某公司生产某种结构件，设计年产销量为3万件，每件的售价为300元，单位产品的可变成本为120元，单位产品税金及附加为40元，年固定成本为280万元。

问题：1）该公司不亏不盈时的最低年产销量是多少？

2）达到设计能力时盈利是多少？

3）年利润为100万元时的年产销量是多少？

解 1）计算该公司不亏不盈时的最低年产销量。

$$BEP(Q)=\frac{2800000}{300-120-40}=20000\text{（件）}$$

计算结果表明，当公司生产结构件产销量低于20000件时，公司亏损；当公司产销量大于20000件时，则公司盈利。

2）计算达到设计能力时的盈利。

$$\begin{aligned}B&=PQ-C_UQ-C_FT_UQ\\&=300\times 3-120\times 3-280-40\times 3\\&=140\text{（万元）}\end{aligned}$$

3）计算年利润为100万元时的年产销量。

$$Q=\frac{B+C_F}{p-C_U-T_U}=\frac{1000000+2800000}{300-120-40}=27143\text{（件）}$$

盈亏平衡点反映了技术方案对市场变化的适应能力和抗风险能力。盈亏平衡点越低，达到此点的盈亏平衡产销量就越少，技术方案投产后盈利的可能性越大，适应市场变化的能力越强，抗风险能力也越强。

盈亏平衡分析虽然能够从市场适应性方面说明技术方案风险的大小，但并不能揭示技术方案风险产生的根源。因此，还需采用其他方法来帮助达到这个目标。

3.3 分析敏感性

在技术方案经济效果评价中，各类因素的变化对经济指标的影响程度是不相同的。有些因素可能仅发生较小幅度的变化就能引起经济效果评价指标发生大的变动；而另一些因素即使发生了较大幅度的变化，对经济效果评价指标的影响也不是太大。我们将前一类因素称为敏感性因素，将后一类因素称为非敏感性因素。决策者有必要把握敏感性因素，分

析方案的风险大小。

3.3.1　敏感性分析的内容

技术方案评价中的敏感性分析，就是在技术方案确定性分析的基础上，通过进一步分析、预测技术方案主要不确定性因素的变化对技术方案经济效果评价指标（如财务内部收益率、财务净现值等）的影响，从中找出敏感因素，确定评价指标对该因素的敏感程度和技术方案对其变化的承受能力。敏感性分析有单因素敏感性分析和多因素敏感性分析两种。

单因素敏感性分析是对单一不确定性因素变化对技术方案经济效果的影响进行分析，即假设各个不确定性因素之间相互独立，每次只考察一个因素的变动情况，其他因素保持不变，以分析这个可变因素对经济效果评价指标的影响程度和敏感程度。为了找出关键的敏感性因素，通常只进行单因素敏感性分析。

多因素敏感性分析是假设两个或两个以上互相独立的不确定性因素同时变化时，分析这些变化的因素对经济效果评价指标的影响程度和敏感程度。

3.3.2　分析单因素敏感性

单因素敏感性分析一般按照如下步骤进行：

1．确定分析指标

技术方案评价的各种经济效果指标，如财务净现值、财务内部收益率、静态投资回收期等，都可以作为敏感性分析的指标。

分析指标的确定与进行分析的目标和任务有关，一般根据技术方案的特点、实际需求情况和指标的重要程度来选择。

如果主要分析技术方案状态和参数变化对技术方案投资回收快慢的影响，则可选用静态投资回收期作为分析指标；如果主要分析产品价格波动对技术方案超额净收益的影响，则可选用财务净现值作为分析指标；如果主要分析投资大小对技术方案资金回收能力的影响，则可选用财务内部收益率指标等。

由于敏感性分析是在确定性经济效果分析的基础上进行的，一般而言，敏感性分析的指标应与确定性经济效果评价指标一致，不应超出确定性经济效果评价指标范围而另立新的分析指标。当确定性经济效果评价指标比较多时，敏感性分析可以围绕其中一个或若干个最重要的指标进行。

2．选择需要分析的不确定性因素

影响技术方案经济效果评价指标的不确定性因素很多，但事实上没有必要对所有的不确定性因素都进行敏感性分析，而只需选择一些主要的影响因素。在选择需要分析的不确定性因素时主要考虑以下两条原则：第一，预计这些因素在其可能变动的范围内对经济效果评价指标的影响较大；第二，对在确定性经济效果分析中采用该因素的数据的准确性把握不大。

选定不确定性因素时应当把这两条原则结合起来进行。对于一般技术方案来说，通常从以下几方面选择敏感性分析中的影响因素：

1）从收益方面来看，主要包括产销量与销售价格、汇率。许多产品，其生产和销售受国内外市场供求关系变化的影响较大，市场供求难以预测，价格波动也较大，而这种变化不是技术方案本身所能控制的，因此产销量与销售价格、汇率是主要的不确定性因素。

2）从费用方面来看，包括成本（特别是与人工费、原材料、燃料、动力费及技术水平有关的变动成本）、建设投资、流动资金占用、折现率、汇率等。

3）从时间方面来看，包括技术方案建设期、生产期，生产期又可考虑投产期和正常生产期。

此外，选择的因素要与选定的分析指标相联系。否则，当不确定性因素变化一定幅度时，并不能反映评价指标的相应变化，达不到敏感性分析的目的。比如折现率因素对静态评价指标不起作用。

3．分析每个不确定性因素的波动程度及其对分析指标可能带来的增减变化情况

首先，对所选定的不确定性因素，应根据实际情况设定其变动幅度，其他因素固定不变。可以按照一定的变化幅度（如±5%、±10%、±15%、±20%等；对于建设工期可采用延长或压缩一段时间的方式表示）改变因素变动的数值。

其次，计算不确定性因素每次变动对技术方案经济效果评价指标的影响。

对每一因素的每一变动，均重复以上计算。然后，把因素变动及相应指标变动结果用敏感性分析表（表3-2）和敏感性分析图（图3-2）的形式表示出来，以便于测定敏感因素。

4．确定敏感性因素

敏感性分析的目的在于寻求敏感因素，这可以通过计算敏感度系数和临界点来判断。

（1）敏感度系数

敏感度系数（S_{AF}）表示技术方案经济效果评价指标对不确定性因素的敏感程度。计算式为

$$S_{AF}=\frac{\Delta A/A}{\Delta F/F} \tag{3-10}$$

式中：S_{AF}——敏感度系数；

$\Delta A/A$——不确定性因素F发生ΔF变化时，评价指标A的相应变化率（%）；

$\Delta F/F$——不确定性因素F的变化率（%）。

通过计算敏感度系数来判别敏感因素的方法是一种相对测定法，即根据不同因素相对变化对技术方案经济效果评价指标影响的大小，可以得到各个因素的敏感性程度排序。

$S_{AF}>0$，表示评价指标与不确定性因素同方向变化；$S_{AF}<0$，表示评价指标与不确定性因素异方向变化。

$|S_{AF}|$越大，表明评价指标A对于不确定性因素F越敏感；反之，则不敏感。据此可以找出哪些因素是最关键的因素。

敏感度系数提供了各不确定性因素变动率与评价指标变动率之间的比例，但不能直接显示变化后评价指标的值。为了弥补这种不足，有时需要编制敏感性分析表，列示各因素变动率及相应的评价指标值，见表3-2。

表3-2　单因素变化对×××评价指标的影响

项目	变化幅度						
	−20%	−10%	0	10%	20%	平均+1%	平均−1%
投资额							
产品价格							
经营成本							
⋮							

敏感性分析表的缺点是不能连续表示变量之间的关系，为此人们又设计了敏感性分析图，如图3-2所示。图中横轴代表各不确定性因素变化幅度（变动百分比），纵轴代表评价指标，图3-2中以财务净现值为例。根据原来的评价指标值和不确定性因素变动后的评价指标值画出直线。这条直线反映不确定性因素不同变化水平时所对应的评价指标值。每一条直线的斜率反映技术方案经济效果评价指标对该不确定性因素的敏感程度，斜率越大敏感度越高。一张图可以同时反映多个因素的敏感性分析结果。

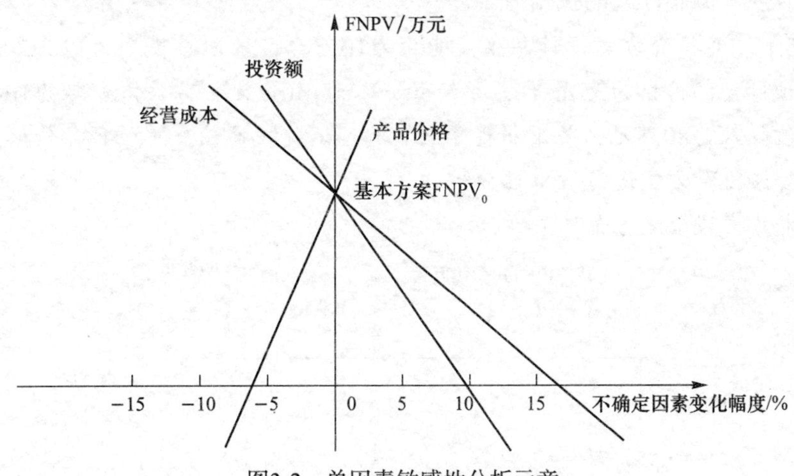

图3-2　单因素敏感性分析示意

（2）临界点

临界点是指技术方案允许不确定性因素向不利方向变化的极限值，如图3-3所示。超过极限，技术方案的经济效果指标将不可行。例如，当产品价格下降到某一值时，财务内部收益率将刚好等于基准收益率，此点称为产品价格下降的临界点。临界点可用临界点百分比或者临界值分别表示某一变量的变化达到一定的百分比或者一定数值时，技术方案的经济效果指标将从可行转变为不可行。临界点可用专用软件的财务函数计算，也可由敏感性分析图直接求得近似值。采用图解法时，每条直线与判断基准线的相交点所对应的横坐标上的不确定性因素变化率即为该因素的临界点。利用临界点判别敏感因素的方法是一种绝对测定法，技术方案能否被接受的判断依据是各经济效果评价指标能否达到临界值。如果某因素可能出现的变动幅度超过最大允许变动幅度，则表明该因素是技术方案的敏感因素。把临界点与未来实际可能发生的变化幅度相比较，就可大致分析该技术方案的风险情况。

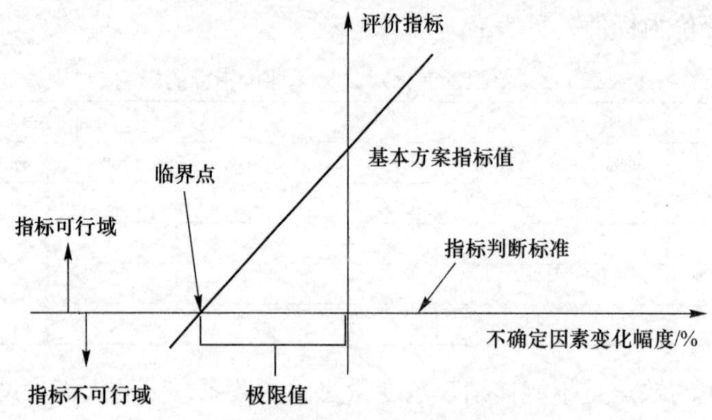

图3-3　单因素敏感性分析临界点示意

在实践中常常把分析敏感度系数和分析临界点两种方法结合起来确定敏感因素。

5. 选择方案

如果进行敏感性分析的目的是对不同的技术方案进行选择，一般应选择敏感程度小、承受风险能力强、可靠性大的技术方案。

【例3-5】　某投资方案设计年生产能力为10万台，计划总投资为1200万元，期初一次性投入，预计产品价格为35元/台，年经营成本为140万元，方案寿命期为10年，到期时预计设备残值收入为80万元，基准折现率为10%，试就投资额、单位产品价格、经营成本等影响因素对该投资方案进行敏感性分析。

解　技术方案现金流量如图3-4所示。

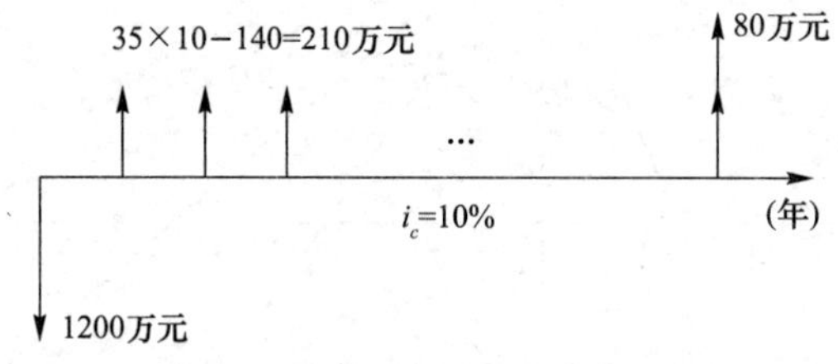

图3-4　例3-5技术方案现金流量图

$$\begin{aligned}FNPV&=-1200+210\times(P/A,\ 10\%,\ 10)+80\times(P/F,\ 10\%,\ 10)\\&=121.21\ (\text{万元})\end{aligned}$$

单因素敏感性分析表见表3-3。

表3-3　单因素敏感性分析表　　单位：万元

项目	变化幅度						
	−20%	−10%	0	10%	20%	平均+1%	平均−1%
投资额	361.21	241.21	121.21	1.21	−118.79	−9.90%	9.90%
产品价格	−308.91	−93.85	121.21	336.28	551.34	17.75%	−17.75%
经营成本	293.26	207.24	121.21	35.19	−50.83	−7.10%	7.10%

敏感度排序：产品价格＞投资额＞经营成本。

例3-5单因素敏感性分析示意图如图3-5所示。

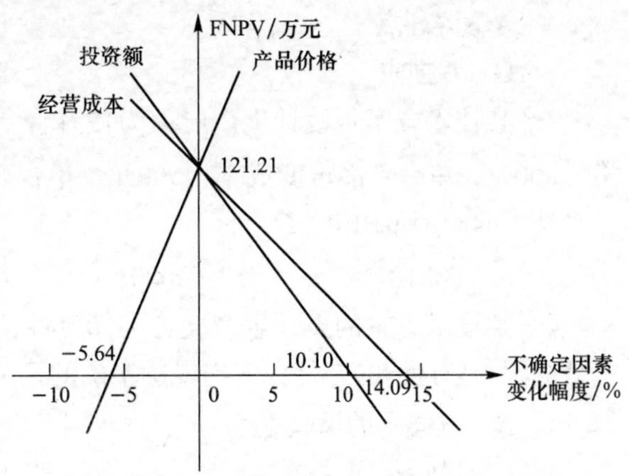

图3-5　例3-5单因素敏感性分析示意

可以看出，在各个变量因素变化率相同的情况下，产品价格的变动对净现值的影响程度最大，当其他因素均不发生变化时，产品价格每下降1%，净现值下降17.75%；并且还可以看出，当产品价格下降幅度超过5.64%时，净现值将由正变负，即项目由可行变为不可行。

需要说明的是：单因素敏感性分析虽然对于技术方案分析中不确定性因素的处理是一种简便易行、具有实用价值的方法。但它以假定其他因素不变为前提，这种假定条件，在实际经济活动中是很难实现的，因为各种因素的变动都存在着相关性，一个因素的变动往往引起其他因素也随之变动。比如产品价格的变化可能引起需求量的变化，从而引起市场销售量的变化。所以，在分析技术方案经济效果受多种因素同时变化的影响时，要用多因素敏感性分析使其更接近于实际过程。多因素敏感性分析由于要考虑可能发生的各种因素不同变动情况的多种组合，计算起来要比单因素敏感性分析复杂得多。

综上所述，敏感性分析在一定程度上对不确定性因素的变动对技术方案经济效果的影响作了定量的描述，有助于明确技术方案对不确定性因素的不利变动所能容许的风险程度，有助于鉴别哪个是敏感因素，从而能够及早排除对那些无足轻重的变动因素的注意力，把进一步深入调查研究的重点集中在那些敏感因素上，或者针对敏感因素制定出管理和应变对策，以达到尽量减少风险、增加决策可靠性的目的。但敏感性分析也有其局限性，它主要依靠分析人员凭借主观经验来分析判断，难免存在片面性。在技术方案的计算期内，各不确定性因素相应发生变动幅度的概率不会相同，这意味着技术方案承受风险的大小不同。而敏感性分析在分析某一因素的变动时，并不能说明不确定性因素发生变动的可能性是大还是小。对于此类问题，还要借助于概率分析等方法。

拓展与实训

职业能力训练

一、单项选择题

1．可变成本是随产品产量的增减而成正比例变化的各项成本。下列不属于可变成本费用的是（　　）。

A．原材料消耗　　B．燃料动力费

C．计件工资　　D．管理人员工资

2．在基本的盈亏平衡中，销售收入线与总成本线的交点是盈亏平衡点，也称（　　）。

A．盈利点　　B．临界点

C．亏损点　　D．保本点

3．某技术方案年设计生产能力为15万台，年固定成本为1500万元，产品单台销售价格为800元，单台产品可变成本为500元，单台产品销售税金及附加为80元，该技术方案盈亏平衡点的产销量BEP（Q）为（　　）。

A．58010台　　B．60000台　　C．60100台　　D．68181台

4．某技术方案的设计生产能力为10万件，有两个可实施方案甲和乙，其盈亏平衡点产量分别为1万件和9万件，下列说法正确的是（　　）。

A．方案甲的风险大　　B．方案乙的风险大

C．风险相同　　D．方案甲产品降价后的风险大

5．根据图3-6所示的单因素敏感性分析图，投资额、产品价格、经营成本三个不确定性因素对方案的影响程度由高到低依次为（　　）。

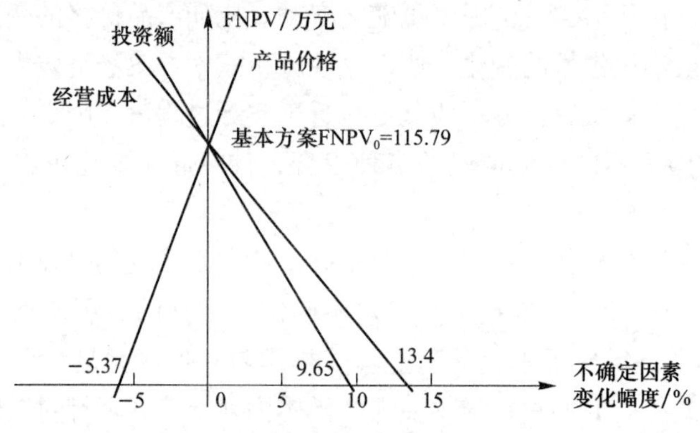

图3-6　题5单因素敏感性分析图

A．产品价格→投资额→经营成本　　B．投资额→产品价格→经营成本

C．投资额→经营成本→产品价格　　D．经营成本→投资额→产品价格

6．如果进行敏感性分析的目的是对不同的技术方案进行选择，一般应选择的技术方案是（　　）。

A．敏感程度大、承受风险能力强、可靠性大的

B．敏感程度小、承受风险能力强、可靠性大的

C．敏感程度大、承受风险能力弱、可靠性大的

D．敏感程度小、承受风险能力弱、可靠性大的

7．某技术方案有两个可实施方案，在设计产量相同的情况下，根据对不同方案的盈亏平衡产量分析，投资者选择方案的依据应是（　　）。

A．盈亏平衡点低　　B．敏感程度大

C．盈亏平衡点高　　D．敏感程度小

8．盈亏平衡点越低，表明项目（　　）。

A．适应市场变化能力越强　　B．适应市场变化能力较差

C．适应市场变化能力一般　　D．适应市场变化能力越弱

9．单因素敏感性分析图中，影响因素之一——直线斜率（　　），说明该因素越敏感。

A．为正　　B．为负

C．绝对值越大　　D．绝对值越小

10．某工厂的投资方案实现后，生产一种产品，产品售价为120元，年固定成本为160万元，单位变动成本为40元，当达到年设计生产能力4万件时，企业利润是（　　）万元。

A．160　　B．320　　C．480　　D．200

二、多项选择题

1．常用的不确定分析的方法有盈亏平衡分析法和敏感性分析法，具体选择哪种分析方法应综合考虑的因素是（　　）。

A．技术方案的类型和特点　　B．未来经济形势的变化

C．决策者的要求　　D．相应的人力、财力

E．技术方案对经济的影响程度

2．关于盈亏平衡分析，下列说法正确的是（　　）。

A．通过计算技术方案达产年的盈亏平衡点，分析技术方案成本与收入的平衡关系

B．用来判断技术方案对不确定性因素导致产销量变化的适应能力和抗风险能力

C．可以用绝对值表示，如以实物产销量、单位产品售价等表示的盈亏平衡点

D．以产销量和生产能力利用率表示的盈亏平衡点应用最为广泛

E．只能用绝对值表示，不可以用相对值表示

3．在进行盈亏平衡分析中，关于总成本、固定成本、可变成本的说法正确的是（　　）。

A．技术方案总成本是固定成本与可变成本、半可变成本之和

B．固定成本是不随产品产量的增减发生变化的各项成本费用

C．可变成本是随技术方案产品产量的增减而成正比例变化的各项成本

D．短期借款利息可视为可变成本

E．长期借款利息应视为固定成本

4．关于盈亏平衡点，下列说法正确的是（　　）。

A．盈亏平衡点反映了技术方案对市场变化的适应能力和抗风险能力

B．盈亏平衡点越低，技术方案投产后盈利的可能性越大

C．盈亏平衡点越高，适应市场变化的能力越强

D．盈亏平衡点越低，抗风险能力越强

E．盈亏平衡分析不能揭示产生技术方案风险的根源

5．敏感度系数提供了各个不确定性因素变动率与评价指标变动率之间的比例，正确表述敏感度系数的说法是（　　）。

A．敏感度系数的绝对值越小，表明评价指标对于不确定性因素越敏感

B．敏感度系数的绝对值越大，表明评价指标对于不确定性因素越敏感

C．敏感度系数大于零，评价指标与不确定性因素同方向变化

D．敏感度系数小于零，评价指标与不确定性因素同方向变化

E．敏感度系数越大，表明评价指标对于不确定性因素越敏感

6．在单因素敏感性分析时，常选择的不确定性因素主要是（　　）。

A．内部收益率　　B．技术方案总投资

C．产品价格　　D．经营成本

E．产销量

7．下列关于不确定性分析的说法中，正确的是（　　）。

A．影响项目经济效果的各种经济要素的未来值是不确定的

B．不确定性的直接后果是使方案经济效果的实际值与预测值相偏离

C．不确定性等同于风险

D．不确定性分析方法包括盈亏平衡分析法、敏感性分析法和概率分析法

E．不确定性分析是研究和分析当影响技术方案经济效果的各种因素发生变化时，拟实施技术方案的经济效果会发生什么样的变化

8．变动成本是随技术方案产品产量的增减而成正比例变化的各项成本，包括（　　）。

A．原材料费用　　B．燃料、动力费

C．计件工人工资　　D．无形资产摊销

E．应付债券利息

9．某技术方案年设计生产能力为10万件，年固定成本为300万元，产品售价为120元（不含税），单位变动成本为60元，则下列说法正确的是（　　）。

A．该技术方案最低产量水平应达到5万件

B．该技术方案产品保本售价是90元

C．盈亏平衡时的生产能力利用率是50%

D．当达到年设计生产能力时，利润为900万元

E．要保证盈利600万元，则产量至少达到15万件

10．关于量本利图，下列说法正确的是（　　）。

A．销售收入线与总成本线的交点是盈亏平衡点

B．在盈亏平衡点的基础上，满足设计生产能力增加产销量，将出现亏损

C．产品总成本是固定总成本和变动总成本之和

D．盈亏平衡点的位置越高，适应市场变化的能力越强

E．盈亏平衡点的位置越高，项目投产后盈利的可能性越小

工程模拟训练

某土石方公司考虑配备一种施工机械，该机械的定额年产量为5000个单位，据测算，需一次性投资20万元，年运营费用为5万元，使用年限为10年，期末无残值，预计该机械单位产量的收益为18元。以投资内部收益率为评价指标的分析对象，选择一次性投资、年运营费用、年收益、使用年限为影响评价指标的主要变量因素，假定每种因素的变化幅度分别是增加20%、增加10%、减少10%、减少20%，试进行各因素的敏感性分析。问题：

1）确定经济效果评价的指标是什么？

2）选择的不确定性因素是哪些？

3）按照预先给定不确定性因素的变化幅度，计算各因素变动导致IRR变动的数量结果（填表3-4）。

表3-4　各因素变动导致IRR变动的数量结果计算

项目	变化幅度				
	−20%	−10%	0	10%	20%
一次性投资					
年运营费用					
年收益					
使用年限					

真题链接

1．［单选题］某公司生产单一产品，设计年生产能力为3万元，单位产品的售价为380元/件，单位产品可变成本为120元/件，单位产品税金及附加为70元/件，年固定成本为285万元。该公司盈亏平衡点的产销量为（　　）。［2017年一级建造师考试《建设工程经济》真题］

A．20000　　B．19000　　C．15000　　D．7500

2．［单选题］在建设项目敏感性分析中，确定敏感性因素可以通过计算敏感度系数和（　　）来判断。［2017年一级建造师考试《建设工程经济》真题］

A．盈亏平衡点　　B．评价指标变动率

C．临界点　　D．不确定性因素变动概率

3．［单选题］某技术方案，年设计生产能力为8万台，年固定成本为100万元，单位产品售价为50元，单位产品变动，成本为售价的55%，单位产品销售税金及附加为售价的5%，则达到盈亏平衡点时的生产能力利用率为（　　）。［2016年一级建造师考试《建设工程经济》真题］

A．62.52%　　B．55.50%　　C．60.00%　　D．41.67%

4．［单选题］某技术方案进行单因素敏感性分析的结果是：产品售价下降10%时内部收益率的变化率为55%；原材料价格上涨10%时内部收益率的变化率为39%；建设投资上涨10%时内部收益率的变化率为50%；人工工资上涨10%时内部收益率的变化率为30%。则该技术方案的内部收益率对（　　）最敏感。［2016年一级建造师考试《建设工

程经济》真题］

A．人工工资　　B．产品售价

C．原材料价格　　D．建设投资

5．［单选题］某项目设计年生产能力为50万件，年固定成本为300万元，单位产品可变成本为80元，单位产品税金及附加为5元。则以单位产品价格表示的盈亏平衡点是（　　）元。［2015年一级建造师考试《建设工程经济》真题］

A．91　　B．86　　C．95　　D．85

6．［单选题］关于敏感度系数SAF的说法，正确的是（　　）。［2015年一级建造师考试《建设工程经济》真题］

A．SAF越大，表示评价指标*A*对于不确定性因素*F*越敏感

B．SAF＞0表示评价指标*A*与不确定性因素*F*同方向变化

C．SAF表示不确定性因素*F*的变化额与评价指标*A*的变化额之间的比例

D．SAF可以直接显示不确定性因素*F*变化后评价指标*A*的值

7．［多选题］项目盈亏平衡分析中，若其他因素不变，可以降低盈亏平衡点产量的有（　　）。［2013年一级建造师考试《建设工程经济》真题］

A．提高设计生产能力　　B．降低固定成本

C．降低产品售价　　D．降低单位产品变动成本

E．提高税金及附加

8．［单选题］为了进行盈亏平衡分析，需要将技术方案的运行成本划分为（　　）。［2014年一级建造师考试《建设工程经济》真题］

A．历史成本和现实成本　　B．过去成本和现在成本

C．预算成本和实际成本　　D．固定成本和可变成本

9．［多选题］某技术方案经济评价指标对甲、乙、丙三个不确定性因素的敏感度系数分别为−0.1、0.05、0.09，据此可以得出的结论有（　　）。［2014年一级建造师考试《建设工程经济》真题］

A．经济评价指标对于甲最敏感

B．甲因素下降10%，方案达到盈亏平衡

C．经济评价指标与丙因素反方向变化

D．经济评价指标对于乙因素最不敏感

E．丙因素上升9%，方案由可行转为不可行

10．［单选题］单因素敏感性分析过程包括：①确定敏感因素；②确定分析指标；③确定需要分析的不确定性因素；④分析每个不确定性因素的波动程度及其对分析指标可能带来的增减变化情况，正确的步骤排列顺序是（　　）。［2011年一级建造师考试《建设工程经济》真题］

A．③—②—④—①　　B．①—②—③—④

C．②—④—③—①　　D．②—③—④—①

任务4

编制技术方案现金流量表

任务概述

技术方案主要通过经济效果评价来分析判断技术方案的经济性，而技术方案的经济效果评价又主要通过相应现金流量表来实现。投资、经营成本、营业收入和税金等既是经济指标，又是导出其他经济效果评价指标的依据，所以它们是构成技术方案现金流量的基本要素，也是进行工程经济分析最重要的基础数据。

本任务主要围绕编制投资现金流量表、资本金现金流量表、投资各方现金流量表和财务计划现金流量表，以及分析营业收入、投资、经营成本和税金等基本要素进行。

课程思政目标

1）通过本任务的学习，让学生充分认识做好基础工作既是专业的要求，更是职业的使命。通过工程模拟训练，帮助学生树立爱岗敬业的职业精神、实事求是的科学精神、协作共进的团队精神等职业道德和职业精神，为委托人提供科学评价结论，为决策提供详实依据。

2）通过反面典型案例教育，从决策失败的工程案例中探寻现金流归集的错误、基础数据的主观判断、工程经济评价的败笔、决策建议的疏忽等导致失败的缘由，警示工程经济评价这个面上工作、文本工作对于现实工程、真金白银的影响，激发钻研奋进、精益求精、追求卓越的意识，埋下工匠精神的种子。

3）在现实工程背景基础上，让学生站在职业者（咨询工程师）视角，根据工程经济学理论，依据国家规范、标准和行业惯例，解析真实案例，提出务实方案，得出科学结论，提出合理建议。着眼于职业，立足于工程场景，面向有效履职，矢志于从竞争中脱颖而出，更加贴近职业需求。

学习目标

1. 知识目标

1）了解技术方案现金流量表的作用。

2）掌握营业收入、投资、经营成本和税金等经济指标内容。

3）根据营业收入、投资、经营成本和税金等经济指标内容，重点掌握技术方案现金流量表的编制及指标计算。

2．能力目标

1）能够根据技术方案现金流量表，对技术方案进行分析。

2）能够对技术方案营业收入、投资、经营成本和税金内容进行识别。

3）能够编制技术方案现金流量表，并完成指标计算。

学时建议

本任务建议学时为4学时。

工程案例导入

某企业拟全部使用自有资金建设一个市场急需产品的工业项目。建设期为1年，运营期为6年。项目投产第一年收到当地政府扶持该产品生产的启动经费100万元，其他基本数据如下：

1）建设投资1000万元。预计全部形成固定资产，固定资产使用年限为10年，按直线法折旧，期末残值为100万元，固定资产余值在项目运营期末收回。投产当年又投入资本金200万元作为运营期的流动资金。

2）正常年份年营业收入为800万元，经营成本为300万元，产品营业税及附加税率为6%，所得税率为25%，行业基准收益率为10%；基准投资回收期为6年。

3）投产第一年仅达到设计生产能力的80%，预计这一年的营业收入、经营成本和总成本均达到正常年份的80%。以后各年均达到设计生产能力。

4）运营3年后，预计需花费20万元更新新型自动控制设备配件，才能维持以后的正常运营需要，该维持运营投资按当期费用计入年度总成本。

问题：

① 编制拟建项目投资现金流量表。

② 计算项目的静态投资回收期。

③ 计算项目的财务净现值。

④ 计算项目的财务内部收益率。

⑤ 从财务角度分析拟建项目的可行性。

4.1 技术方案现金流量表的组成及编制

技术方案现金流量表由现金流入、现金流出和净现金流量构成，其具体内容随技术方案经济效果评价的角度、范围和方法不同而不同，其中主要有投资现金流量表、资本金现金流量表、投资各方现金流量表和财务计划现金流量表。

4.1.1 编制投资现金流量表

投资现金流量表是以技术方案为一独立系统进行设置的。它以技术方案建设所需的总投资作为计算基础，反映技术方案在整个计算期（包括建设期和生产运营期）内现金的流

入和流出，其现金流量表构成见表4-1。

表4-1　投资现金流量表　　单位：万元

序号	项目	合计	计算期					
			1	2	3	4	…	n
1	现金流入							
1.1	营业收入							
1.2	补贴收入							
1.3	回收固定资产余值							
1.4	回收流动资金							
2	现金流出							
2.1	建设投资							
2.2	流动资金							
2.3	经营成本							
2.4	税金及附加							
2.5	维持运营投资							
3	所得税前净现金流量（1-2）							
4	累计税前净现金流量							
5	调整所得税							
6	所得税后净现金流量（3-5）							
7	累计所得税后净现金流量							

计算指标：　　所得税前　　所得税后
投资财务内部收益率（%）：
投资财务净现值（i_c=%）：
静态投资回收期：

通过投资现金流量表可计算技术方案的财务内部收益率、财务净现值和静态投资回收期等经济效果评价指标，并可考察技术方案融资前的盈利能力，为各个方案进行比较建立共同的基础。根据需要，可从所得税前（即息税前）和（或）所得税后（即息税后）两个角度进行考察，选择计算所得税前和（或）所得税后指标。但要注意，这里所指的“所得税”是根据息税前利润（计算时其原则上不受融资方案变动的影响，即不受利息多少的影响）乘以所得税率计算的，称为“调整所得税”。这区别于利润与利润分配表、资本金现金流量表和财务计划现金流量表中的“所得税”。

4.1.2　编制资本金现金流量表

资本金现金流量表从技术方案权益投资者整体（即项目法人）角度出发，以技术方案资本金作为计算的基础，把借款本金偿还和利息支付作为现金流出，用以计算资本金财务内部收益率，反映在一定融资方案下投资者权益投资的获利能力，用以比选融资方案，为投资者进行投资决策、融资决策提供依据。资本金现金流量表构成见表4-2。

表4-2　资本金现金流量表　　单位：万元

序号	项目	合计	计算期					
			1	2	3	4	…	n
1	现金流入							
1.1	营业收入							
1.2	补贴收入							
1.3	回收固定资产余值							
1.4	回收流动资金							
2	现金流出							
2.1	技术方案资本金							
2.2	借款本金偿还							
2.3	借款利息支付							
2.4	经营成本							
2.5	税金及附加							
2.6	所得税							
2.7	维持运营投资							
3	净现金流量（1-2）							

计算指标：
资本金财务内部收益率（%）：

注：技术方案资本金包括用于建设投资、建设期利息和流动资金的资金。

4.1.3　编制投资各方现金流量表

投资各方现金流量表是分别从技术方案各个投资者的角度出发，以投资者的出资额作为计算的基础，用以计算技术方案投资各方财务内部收益率的表格。投资各方现金流量表构成见表4-3。

一般情况下，技术方案投资各方按股本比例分配利润和分担亏损及风险，因此投资各方的利益一般是均等的，没有必要计算投资各方的财务内部收益率。只有技术方案投资者中各方有股权之外的不对等的利益分配时（契约式的合作企业常常会有这种情况），投资各方的收益率才会有差异，此时常常需要计算投资各方的财务内部收益率，以看出各方收益是否均衡，或者其非均衡性是否在一个合理的水平，有助于促成技术方案投资各方在合作谈判中达成平等互利的协议。

表4-3　投资各方现金流量表　　单位：万元

序号	项目	合计	计算期					
			1	2	3	4	…	n
1	现金流入							
1.1	实分利润							
1.2	资产处置收益分配							
1.3	租赁费收入							

续表

序号	项目	合计	计算期					
			1	2	3	4	…	n
1.4	技术转让或使用收入							
1.5	其他现金收入							
2	现金流出							
2.1	实缴资本							
2.2	租赁资产支出							
2.3	其他现金流入							
3	净现金流量（1−2）							

计算指标：
投资各方财务内部收益率（%）：

注：本表可按不同投资方分别编制。

1）投资各方现金流量表既适用于内资企业，也适用于外资企业；既适用于合资企业，也适用于合作企业。

2）投资各方现金流量表中的现金流入是指出资方因该技术方案的实施将实际获得的各种收入，现金流出是指出资方因该技术方案的实施将实际投入的各种支出。表中科目应根据技术方案具体情况调整。

① 实分利润是指投资者由技术方案获取的利润。

② 资产处置收益分配是指对有明确的合营期限或合资期限的技术方案，在期满时对资产余值按股比或约定比例的分配。

③ 租赁费收入是指出资方将自己的资产租赁给技术方案使用所获得的收入，此时应将资产价值作为现金流出，列为租赁资产支出科目。

④ 技术转让或使用收入是指出资方将专利或专有技术转让或允许该技术方案使用所获得的收入。

4.1.4　编制财务计划现金流量表

财务计划现金流量表反映技术方案计算期各年的投资、融资及经营活动的现金流入和流出，用于计算累计盈余资金，分析技术方案的财务生存能力。财务计划现金流量表构成见表4-4。

表4-4　财务计划现金流量表　　单位：万元

序号	项目	合计	计算期					
			1	2	3	4	…	n
1	经营活动净现金流量（1.1−1.2）							
1.1	现金流入							
1.1.1	营业收入							
1.1.2	增值税销项税额							
1.1.3	补贴收入							
1.2	现金流出							
1.2.1	经营成本							
1.2.2	增值税进项税额							
1.2.3	税金及附加							
1.2.4	增值税							
1.2.5	所得税							

续表

序号	项目	合计	计算期					
			1	2	3	4	…	n
1.2.6	其他流出							
2	投资活动净现金流量（2.1−2.2）							
2.1	现金流入							
2.2	现金流出							
2.2.1	建设投资							
2.2.2	维持运营投资							
2.2.3	流动资金							
2.2.4	其他流出							
3	筹资活动净现金流量（3.1−3.2）							
3.1	现金流入							
3.1.1	技术方案资本金投入							
3.1.2	建设投资借款							
3.1.3	流动资金借款							
3.1.4	债券							
3.1.5	短期借款							
3.1.6	其他流入							
3.2	现金流出							
3.2.1	各种利息支出							
3.2.2	偿还债务本金							
3.2.3	应付利润（股利分配）							
3.2.4	其他流出							
4	净现金流量（1+2+3）							
5	累计盈余资金							

4.2 确定技术方案现金流量表的构成要素

在工程经济分析中，经济效果评价指标起着重要的作用，而经济效果评价的主要指标实际上又是通过技术方案现金流量表计算导出的。从表4-1到表4-4可知，必须在明确考察角度和系统范围的前提下正确区分现金流入与现金流出。对于一般性技术方案的经济效果评价来说，经营成本、投资、营业收入和税金等本身既是经济指标，又是导出其他经济效果评价指标的依据，所以它们是构成技术方案现金流量的基本要素，也是进行工程经济分析最重要的基础数据。

4.2.1　营业收入和补贴收入

1．营业收入

营业收入是指技术方案实施后各年销售产品或提供服务所获得的收入，即

营业收入=产品销售量（或服务量）×产品单价（或服务单价）　　（4-1）

主副产品（或不同等级产品）的销售收入应全部计入营业收入；所提供的不同类型服务收入也应同时计入营业收入。营业收入是现金流量表中现金流入的主体，也是利润表的主要项目。营业收入是经济效果分析的重要数据，其估算的准确性极大地影响着技术方案经济效果的评价。因此，营业收入的计算既需要正确估计以各年生产能力利用率（或称生产负荷或开工率）为基础的年产品销售量（或服务量），也需要合理确定产品（或服务）的价格。

（1）产品年销售量（或服务量）的确定

在技术方案营业收入估算中，应首先根据市场需求预测并确定技术方案产品（或服务量）的市场份额，进而合理确定企业的生产规模，再根据企业的设计生产能力和各年的运营负荷确定年产量（服务量）。为计算简便，假定年生产量即为年销售量，不考虑库存，即当期的产出（扣除自用量后）当期全部销售，也就是当期产品产量等于当期销售量。但须注意年销售量应按投产期与达产期分别测算。

技术方案各年的运营负荷一般是开始投产时负荷较低，以后各年逐步提高，提高的幅度应根据技术的成熟度、市场的开发程度、产品的寿命期、需求量的增减变化等因素，结合行业和技术方案特点，通过制订运营计划合理确定。有些技术方案的产出寿命期较短、更新快，达到一定负荷后，企业在适当的年份开始减少产量，甚至适时终止生产。

（2）产品（或服务）价格的选择

经济效果分析采用以市场价格体系为基础的预测价格，有要求时可考虑价格变动因素。它取决于产品的销售去向和市场需求，故应根据国内外产品价格变化趋势来确定产品价格水平。产品销售价格一般采用出厂价格，即

产品出厂价格=目标市场价格−运杂费　　（4-2）

1）对于国内市场销售的产品，可在现行市场价格的基础上换算为产品的出厂价格；也可根据预计成本、利润和税金确定价格。

2）对于供出口的产品，应先按国际目标市场价格扣减海外运杂费并考虑其他因素影响后，确定离岸价格，然后换算为出厂价格；如果其销售价格选择离岸价格，则应同时将由技术方案所在地到口岸的运杂费计入成本。

3）对适用增值税的技术方案，运营期经济效果评价所用的价格可以是含增值税的价格，也可以是不含增值税的价格，但需要在分析中予以说明。

总之，在选择产品（或服务）的价格时，要分析所采用的价格基点、价格体系、价格预测方法，特别应对采用价格的合理性进行说明。

（3）生产多种产品和提供多项服务的营业收入计算

对生产多种产品和提供多项服务的，应分别计算各种产品及服务的营业收入。对不便于按详细的品种分类计算营业收入的，可采取折算为标准产品（或服务）的方法计算营业收入。

2．补贴收入

对于某些经营性的公益事业、基础设施技术方案，如城市轨道交通项目、垃圾处理项目、污水处理项目等，政府在项目运营期给予一定数额的财政补助，以维持正常运营，使投资者能获得合理的投资收益。对这类技术方案应按有关规定估算企业可能得到的与收益相关的政府补助（与资产相关的政府补助不在此处核算，与资产相关的政府补助是指企业取得的、用于购建或以其他方式形成长期资产的政府补助），包括先征后返的增值税、按销量或工作量等依据国家规定的补助定额计算并按期给予的定额补贴，以及属于财政扶持而给予的其他形式的补贴等，应按相关规定合理估算，记作补贴收入。

补贴收入同营业收入一样，应列入技术方案投资现金流量表、资本金现金流量表和财务计划现金流量表。以上补贴收入，应根据财政、税务部门的规定，分别计入或不计入应税收入。

4.2.2　投资

投资是投资主体为了特定的目的，以达到预期收益的价值垫付行为。技术方案经济效果评价中的总投资是建设投资、建设期利息和流动资金之和。

1．建设投资

建设投资是指技术方案按拟定建设规模（分期实施的技术方案为分期建设规模）、产品方案、建设内容进行建设所需的投入。在技术方案建成后，建设投资中的各分项按有关规定将分别形成固定资产、无形资产和其他资产。形成的固定资产原值可用于计算折旧费，技术方案寿命期结束时，固定资产的残余价值（一般指当时市场上可实现的预测价值）对于投资者来说是一项在期末可回收的现金流入。形成的无形资产和其他资产原值可用于计算摊销费。

建设投资的分期使用计划应根据技术方案的进度计划安排，应明确各期投资额以及其中的外汇和人民币额度。

2．建设期利息

在建设投资分年计划的基础上可设定初步融资方案，对采用债务融资的技术方案应估算建设期利息。建设期利息是指筹措债务资金时在建设期内发生并按规定允许在投产后计入固定资产原值的利息，即资本化利息。

建设期利息包括银行借款和其他债务资金的利息，以及其他融资费用。其他融资费用是指某些债务融资中发生的手续费、承诺费、管理费、信贷保险费等融资费用，一般情况下应将其单独计算并计入建设期利息。

分期建成投产的技术方案，应按各期投产时间分别停止借款费用的资本化，此后发生

的借款利息应计入总成本费用。

3．流动资金

流动资金是指运营期内被长期占用并周转使用的营运资金，不包括运营中需要的临时性营运资金。

流动资金的估算基础是经营成本和商业信用等，它是流动资产与流动负债的差额。流动资产的构成要素一般包括存货、库存现金、应收账款和预付账款，流动负债的构成要素一般只考虑应付账款和预收账款。

投产第一年所需的流动资金应在技术方案投产前安排，为了简化计算，技术方案经济效果评价中的流动资金可从投产第一年开始安排。

在技术方案寿命期结束时，投入的流动资金应予以回收。

4．技术方案资本金

（1）技术方案资本金的特点

技术方案的资本金（即技术方案权益资金）是指在技术方案总投资中，由投资者认缴的出资额，对技术方案来说是非债务性资金，技术方案权益投资者整体（即项目法人）不承担这部分资金的任何利息和债务；投资者可按其出资的比例依法享有所有者权益，也可转让其出资，但一般不得以任何方式抽回。

资本金是确定技术方案产权关系的依据，也是技术方案获得债务资金的信用基础，因为技术方案的资本金后于负债受偿，可以降低债权人的债权回收风险。资本金没有固定的按期还本付息压力。股利是否支付和支付多少，视技术方案投产运营后的实际经营效果而定，因此，项目法人的财务负担较小。

技术方案资本金主要强调的是作为技术方案实体而不是企业所注册的资金。注册资金是指企业实体在工商行政管理部门登记认缴的注册资金，通常指营业执照登记的资金总额，即会计上的“实收资本”或“股本”，是企业投资者按比例投入的资金。在我国，注册资金又称为企业资本金。因此，技术方案资本金是有别于注册资金的。

（2）技术方案资本金的出资方式

技术方案的资本金是由技术方案的发起人、股权投资人以获得技术方案财产权和控制权的方式投入的资金。资本金的出资形态可以是现金，也可以是实物、工业产权、非专利技术、土地使用权、资源开采权作价出资，但必须经过有资格的资产评估机构评估作价。通常企业未分配利润以及从税后利润提取的公积金可投资于技术方案，成为技术方案的资本金。以工业产权和非专利技术作价出资的比例一般不超过技术方案资本金总额的20%（经特别批准，部分高新技术企业可以达到35%以上）。为了使技术方案保持合理的资产结构，应根据投资各方及技术方案的具体情况选择技术方案资本金的出资方式，以保证技术方案能顺利建设并在建成后能正常运营。

5．技术方案资本金现金流量表中的投资借款

从技术方案投资主体的角度看，技术方案投资借款是现金流入，但同时将借款用于技术方案投资则构成同一时点、相同数额的现金流出，两者相抵，对净现金流量的计算无影

响。因此，在技术方案资本金现金流量表中，投资只计技术方案资本金。另外，现金流入又是因技术方案全部投资所获得，故应将借款本金的偿还及利息支付计入现金流出。

6. 维持运营投资

某些技术方案在运营期需要进行一定的固定资产投资才能得以维持正常运营，如设备更新费用、油田的开发费用、矿山的井巷开拓延伸费用等。不同类型和不同行业的技术方案投资的内容可能不同，但发生维持运营投资时应估算其投资费用，并在现金流量表中将其作为现金流出，参与财务内部收益率等指标的计算。同时，也应反映在财务计划现金流量表中，参与财务生存能力分析。

维持运营投资是否能予以资本化，按照《企业会计准则——固定资产》，取决于其是否能为企业带来经济利益且该固定资产的成本是否能够可靠地计量。技术方案经济效果评价中，如果该投资的投入延长了固定资产的使用寿命，或使产品质量实质性提高，或使成本实质性降低等，使可能流入企业的经济利益增加，那么该维持运营投资应予以资本化，即应计入固定资产原值，并计提折旧。否则该投资只能费用化，不形成新的固定资产原值。

4.2.3 经营成本

1. 总成本

在技术方案运营期内，各年的总成本费用按生产要素构成如式（4-3）所示。

总成本费用=外购原材料、燃料及动力费+工资及福利费+修理费+折旧费
+摊销费+利息支出（财务费用）+其他费用 （4-3）

式（4-3）中各分项的内容和估算要点如下：

（1）外购原材料、燃料及动力费

对耗用量大的主要原材料、燃料及动力应分别按照其年消耗量和供应单价进行估算，然后汇总，即

外购原材料、燃料及动力费=$\sum$年消耗量×原材料、燃料及动力供应单价 （4-4）

其他耗用量不大，但是种类繁多的原材料、燃料及动力成本可以参照类似企业统计资料计算的其他材料、燃料及动力成本占主要原材料、燃料及动力成本的比率进行估算。

原材料、燃料及动力价格是在选定价格体系下的预测价格，该价格应按到厂价格计，并考虑运输及仓储损耗。采用的价格时点和价格体系应与营业收入的估算一致。外购原材料、燃料及动力费估算要充分体现行业特点和技术方案具体情况。

（2）工资及福利费

工资及福利费是指企业为获得职工提供的服务而给予各种形式的报酬以及其他相关支出，通常包括职工工资、奖金、津贴和补贴，职工福利费，以及医疗、养老、失业、工伤、生育等社会保险费和住房公积金中由职工个人缴付的部分。工资及福利费一般按照技术方案建成投产后各年所需的职工总数即劳动定员数和人均年工资及福利费水平测算，即

工资及福利费=企业职工定员数×人均年工资及福利费 （4-5）

确定工资及福利费水平时需考虑技术方案性质、技术方案地点、行业特点等因素。依托老企业的技术方案，还要考虑原企业工资水平。

也可按照不同人员类型和层次分别估算不同档次职工的工资及福利费，然后汇总；同时可以根据工资及福利费的历史数据并结合工资及福利费的现行增长趋势确定一个合理的年增长率，在各年的工资及福利费水平中反映出这种增长趋势。

（3）修理费

修理费是指为保持固定资产的正常运转和使用，充分发挥使用效能，对其进行必要修理所发生的费用。按修理范围的大小和修理时间间隔的长短可以分为大修理和中小修理。技术方案评价中可直接按固定资产原值（扣除所含的建设期利息）或折旧额的一定百分数估算，百分数的选取应考虑行业的技术方案特点。修理费可按下式计算：

$$修理费=固定资产原值\times 计提比率 \tag{4-6}$$

或

$$修理费=固定资产折旧额\times 计提比率 \tag{4-7}$$

式中，计提比率以百分率计。

修理费允许直接在成本中列支，如果当期发生的修理费用数额较大，可采用预提或摊销的办法。在生产运营的各年中，修理费率的取值一般采用固定值。根据技术方案特点也可以间断性地调整修理费率，开始取较低值，以后取较高值。

（4）折旧费

固定资产折旧费，可以分类计算，也可以综合计算。

（5）摊销费

摊销费是指无形资产和其他资产在技术方案投产后一定期限内分期摊销的费用。

按照有关规定，无形资产从开始使用之日起，在有效使用期限内平均摊入成本。法律和合同规定了法定有效期限或者受益年限的，摊销年限从其规定，否则摊销年限应注意符合税法的要求。无形资产的摊销一般采用平均年限法，不计残值。

其他资产的摊销可以采用平均年限法，不计残值，摊销年限应注意符合税法的要求。

（6）利息支出

按照会计法规，企业为筹集所需资金而发生的费用称为借款费用，又称财务费用，包括利息支出（减利息收入）、汇兑损失（减汇兑收益）以及相关的手续费等。在技术方案的经济效果分析中，通常只考虑利息支出。利息支出的估算包括长期借款利息、流动资金借款利息和短期借款利息三部分。建设投资贷款在生产期间的利息支出应根据不同的还款方式和条件采用不同的计息方法；流动资金借款利息按照每年年初借款余额和预计的年利率计算。需要引起注意的是，生产运营期中的利息是可以进入总成本的，因而每年计算的利息不再参与以后各年利息的计算。

（7）其他费用

其他费用包括其他制造费用、其他管理费用和其他营业费用这三项费用，是指制造费用、管理费用和营业费用中分别扣除工资及福利费、折旧费、摊销费、修理费以后的其余部分，应计入生产总成本费用的其他所有费用。产品出口退税和减免税项目按规定不能抵扣的进项税额也可包括在内。

2．经营成本

经营成本是工程经济分析中的专用术语，用于技术方案经济效果评价的现金流量分析。

在经济效果评价中，现金流量表反映技术方案在计算期内逐年发生的现金流入和流出。由于建设投资已按其发生的时间作为一次性支出被计入现金流出，在技术方案建成后，建设投资形成固定资产、无形资产和其他资产。折旧是建设投资所形成的固定资产的补偿价值，如将折旧随成本计入现金流出，会造成现金流出的重复计算。同样，由于无形资产及其他资产摊销费也是建设投资所形成资产的补偿价值，只是技术方案内部的现金转移，而非现金支出，故为避免重复计算也不予考虑。

贷款利息是使用借贷资金所要付出的代价，对于技术方案来说是实际的现金流出，但在评价技术方案总投资的经济效果时，并不考虑资金来源问题，故在这种情况下也不考虑贷款利息的支出。在资本金现金流量表中由于已将利息支出单列，经营成本中也不包括利息支出。由此可见，经营成本作为技术方案现金流量表中运营期现金流出的主体部分，是从技术方案本身考察的，在一定期间（通常为一年）内由于生产和销售产品及提供服务而实际发生的现金支出。经营成本按下式计算：

经营成本=总成本费用−折旧费−摊销费−利息支出　（4-8）

或

经营成本=外购原材料、燃料及动力费+工资及福利费+修理费+其他费用　（4-9）

经营成本与融资方案无关。因此在完成建设投资和营业收入估算后，就可以估算经营成本，为技术方案融资前分析提供数据。

经营成本估算的行业性很强，不同行业在成本构成的科目和名称上都可能有较大的不同。经营成本估算应按行业规定，没有规定的也应注意反映行业特点。

4.2.4　税金

税金是国家凭借政治权力参与国民收入分配和再分配的一种货币形式。在技术方案经济效果评价中合理计算各种税费，是正确计算技术方案效益与费用的重要基础。

技术方案经济效果评价涉及的税费主要包括关税、增值税、消费税、所得税、资源税、城市维护建设税和教育费附加等，有些行业还包括土地增值税。

税金一般属于财务现金流出。在进行税金计算时应说明税种、税基、税率、计税额等，这些内容应根据相关税法和技术方案的具体情况确定。

1．增值税

经国务院批准，自2016年5月1日起，在全国范围内全面推开营业税改征增值税试点，由缴纳营业税改为缴纳增值税。技术方案经济效果分析应按规定计算增值税，计算式为

应纳增值税额=当期销项税额−当期进项税额　（4-10）

在式（4-10）中，销项税额是指纳税人发生应税行为按照销售额和规定的增值税税率计算并收取的增值税额，计算式为

$$销项税额=销售额\times增值税税率 \tag{4-11}$$

增值税是价外税，由纳税人负责交税，最终由消费者负担。因此一般计税方法的销售额不包括销项税额；纳税人采用销售额和销项税额合并定价方法的，按照下式计算销售额：

$$销售额=\frac{含税销售额}{1+增值税税率} \tag{4-12}$$

对允许抵扣购置固定资产的进项税额，应注意相关的规定。可以抵扣的进项税额计算式为

$$可以抵扣的进项税额=\frac{固定资产、无形资产、不动产净值}{1+适用税率}\times适用税率 \tag{4-13}$$

当期销项税额小于当期进项税额而不足抵扣时，其不足部分可以结转下期继续抵扣。另须注意涉及出口退税（增值税）时的计算及与相关报表的联系。

2．消费税

消费税是针对特定消费品征收的税金。在经济效果评价中，对适用消费税的产品，消费税实行从价定率、从量定额，或者从价定率和从量定额复合计税（简称复合计税）的办法计算应纳税额。

（1）实行从价定率办法

$$应纳消费税额=销售额\times比例税率 \tag{4-14}$$

（2）实行从量定额办法

$$应纳消费税额=销售数量\times定额税率 \tag{4-15}$$

（3）实行复合计税办法

$$应纳消费税额=销售额\times比例税率+销售数量\times定额税率 \tag{4-16}$$

3．资源税

资源税是国家对开采规定的矿产品或者生产盐的单位和个人在应税产品的销售或自用环节征收的税种。

目前，根据资源不同，资源税分别实行从价定率和从量定额的办法计算应纳资源税额。

1）对煤炭、原油和天然气、稀土、钨、钼以及列入资源税税目的金属矿、非金属矿、海盐等采用从价定率的方法征税，计算式为

$$应纳资源税额=销售额\times比例税率 \tag{4-17}$$

2）对经营分散、多为现金交易且难以控管的黏土、砂石，按照便利征管原则，仍实行从量定额计征，即按应课税资源的产量（课税数量）乘以单位税额计算，计算式为

$$应纳资源税额=课税数量\times单位税额 \tag{4-18}$$

根据《财政部、国家税务总局关于全面推进资源税改革的通知》（财税〔2016〕53

号），国家将积极创造条件，逐步对水、森林、草场、滩涂等自然资源开征资源税。2016年7月1日起财政部、国家税务总局、水利部在河北省实施从量计征水资源税的改革试点。

4. 土地增值税

土地增值税是对有偿转让房地产取得的增值额征收的税种。房地产开发项目应按规定计算土地增值税。土地增值税按四级超率累进税率计算，计算式为

$$土地增值税税额=增值额\times适用税率 \tag{4-19}$$

适用税率根据增值额是否超过扣除项目金额的比率及相应范围确定。

5. 附加税

附加税

技术方案经济效果评价涉及的附加税主要是城市维护建设税和教育费附加、地方教育附加。

城市维护建设税是一种为了加强城市的维护建设，扩大和稳定城市维护建设资金来源的地方附加税；教育费附加是国家为发展地方教育事业，扩大地方教育经费来源，计征用于教育的政府性基金，是地方收取的专项费用；地方教育附加是各省、自治区、直辖市根据国家有关规定，为实施“科教兴省”战略，增加地方教育的资金投入，开征的一项地方政府性基金，主要用于各地方的教育经费的投入补充。

城市维护建设税和教育费附加、地方教育附加，以增值税和消费税为税基乘以相应的税率计算。其中，城市维护建设税税率根据技术方案所在地不同有三个等级，即市区为7%，县城和镇为5%，市区、县城和镇以外为1%；教育费附加率为3%；地方教育附加率为2%。城市维护建设税和教育费附加、地方教育附加分别与增值税和消费税同时缴纳。

在经济效果分析中，消费税、土地增值税、资源税和城市维护建设税、教育费附加、地方教育附加均可包含在税金及附加中。

6. 关税

关税是以进出口的应税货物为纳税对象的税种。技术方案经济效果评价中涉及引进设备、技术和进口原材料时，应按有关税法和国家的税收优惠政策，正确估算进口关税。进口货物关税以从价计征、从量计征或者国家规定的其他方式征收。

1）从价计征时，应纳税额计算式为

$$应纳关税额=完税价格\times关税税率 \tag{4-20}$$

2）从量计征时，应纳税额计算式为

$$应纳关税额=货物数量\times单位税额 \tag{4-21}$$

我国仅对少数货物征收出口关税，而对大部分货物免征出口关税。若技术方案的出口产品属征税货物，应按规定估算出口关税。

7. 所得税

技术方案经济效果评价中的所得税是指企业所得税，即针对企业应纳税所得额征收的税种。企业所得税按有关税法扣除所得税前项目计算应纳税所得额，并采用适宜的税率计算。计算式为

所得税

应纳所得税额=应纳税所得额×适用税率−减免税额−抵免税额 （4-22）

上述各税费如有减征、免征和抵免的优惠，应说明政策依据以及减免、抵免的方式并按相关规定估算减免、抵免金额。

拓展与实训

职业能力训练

一、单项选择题

1. 不属于建设工程项目总投资中建设投资的是（ ）。

A. 直接费　　B. 土地使用费

C. 铺底流动资金　　D. 涨价预备费

2. 在下列各项中，属于资本金财务现金流量表中现金流出的是（ ）。

A. 折旧费　　B. 摊销费

C. 应付账款　　D. 所得税

3. 属于资本金现金流量表中现金流出构成的是（ ）。

A. 建设投资　　B. 借款本金偿还

C. 流动资金　　D. 调整所得税

4. 某技术方案建设期为3年，生产经营期为17年。建设投资为5500万元，流动资金为500万元。建设期第1年年初贷款为2000万元，年利率为9%，贷款期限为5年，每年复利计息一次，到期一次还本付息。该技术方案的总投资为（ ）万元。

A. 6000　　B. 6540

C. 6590　　D. 7077

5. 在现金流量表中，以经营成本代替总成本费用列为现金流出，其目的是（ ）。

A. 减少现金流出　　B. 增减现金流出

C. 避免计算重复　　D. 避免计算遗漏

6. 一个技术方案总投资为2500万元，其中业主资本金投入900万元，计算期为20年，建设期为2年。已知以下数据：① 工程建设投资支出第一年为1500万元（其中资本金投入300万元），第二年为1000万元（其中资本金投入600万元）；② 银行贷款第1年年末累计金额为1200万元，第2年年末累计余额为1600万元，第3年新增银行贷款为180万元。以项目为考察对象，其第2年年末的净现金流量是（ ）万元。

A. −2800　　B. −1500

C. −1000　　D. −400

7. 技术方案财务计划现金流量表主要用于分析项目的（ ）。

A. 偿债能力　　B. 财务生存能力

C. 财务盈利能力　　D. 不确定性

8. 一个技术方案在某个期间发生的经营活动如下：① 支付工资54万元；② 赊购材料790万元；③ 银行贷款进账367万元；④ 支付设备购置费240万元；⑤ 设备折旧24万元。

对该项目进行现金流量分析时，上列属于该期间现金流量的是（　　）。

A．②③④　　B．①③④

C．②②③　　D．①③⑤

9．资本金现金流量表是以技术资本金作为计算的基础，站在（　　）的角度编制的。

A．项目发起人　　B．债务人

C．项目法人　　D．债权人

二、多项选择题

1．项目经济评价时，若以总成本费用为基础计算经营成本，则应从总成本费用中扣除的费用项目有（　　）。

A．折旧费用　　B．销售费用

C．管理费用　　D．摊销费用

E．利息支出

2．在经济分析中，下列各项中属于经营成本的有（　　）。

A．外购原材料、燃料费　　B．工资及福利费

C．修理费　　D．折旧费

E．利息支出

3．在用于项目经济评价的现金流量表中，属于现金流出范围的有（　　）。

A．固定资产投资　　B．固定资产折旧

C．流动资金　　D．经营成本

E．应付款项

4．建筑安装工程税金是指按国家规定应计入建筑安装工程造价的（　　）。

A．土地使用税　　B．印花税

C．增值税　　D．车船使用税

E．城市维护建设税

5．评价计算方案经济效果的现金流量表包括（　　）。

A．投资现金流量表　　B．资本金现金流量表

C．投资各方现金流量表　　D．财务增量现金流量表

E．财务计划现金流量表

6．经营成本与融资方案无关，因此在完成建设投资和营业收入估算后，就可以估算经营成本，为技术方案融资前分析提供数据。在估算经营成本时，不应计入的项目是（　　）。

A．修理费　　B．折旧费

C．燃料及动力费　　D．摊销费

E．利息支出

7．通过技术方案投资现金流量表可以计算（　　）。

A．财务净现值　　B．财务内部收益率
C．资产负债率　　D．投资回收期
E．偿债备付率

8．在技术方案资本金现金流量表中，属于现金流出的有（　　）。
A．流动资金　　B．借款本金偿还
C．借款利息支付　　D．固定资产余值
E．息税前利润

9．在技术方案投资中，可以在寿命期末收回的有（　　）。
A．流动资金　　B．资本金
C．无形资产价值　　D．固定资产余值
E．建设期利息

10．流动资产包括（　　）。
A．应收账款　　B．存货
C．预付账款　　D．货币资金
E．应付账款

工程模拟训练

某企业投资一技术方案，预计寿命周期为12年，其中建设期为2年，生产期为10年。全部投资见表4-5（表中数据均按发生在期末计）。基准动态投资回收期为9年，折现率按当地银行贷款利率（年利率为12%）计算。

表4-5　投资现金流量表　　单位：万元

序号	项目	建设期		生产期									
		1	2	3	4	5	6	7	8	9	10	11	12
1	现金流入												
1.1	营业收入			2100	3000	3000	3000	3000	3000	3000	3000	3000	2100
1.2	补贴收入												
1.3	回收固定资产余值												
1.4	回收流动资金												
2	现金流出												
2.1	固定资产投资	1200	1800										
2.2	流动资金			500	200								
2.3	经营成本			1200	1700	1700	1700	1700	1700	1700	1700	1700	1200
2.4	税金			165	240	240	240	240	240	240	240	240	165
3	净现金流量												
4	累计净现金流量												

续表

序号	项目	建设期		生产期									
		1	2	3	4	5	6	7	8	9	10	11	12
5	折现系数												
6	折现净现金流量												
7	累计折现净现金流量												

问题：

1）请将表中的现金流入、现金流出、净现金流量、累计净现金流量数据填写完整。

2）计算折现净现金流量和累计折现净现金流量。

3）计算静态投资回收期。

真题链接

1．［单选题］以技术方案的总投资作为计算基础，反映技术方案在整个计算期内现金流入和流出的现金流量表是（　　）。［2017年一级建造师考试《建设工程经济》真题］

A．资本金现金流量表　　B．投资各方现金流量表

C．财务计划现金流量表　　D．投资现金流量表

2．［单选题］根据国家财税规定，企业可以用来偿还投资借款的资金来源是（　　）。［2016年一级建造师考试《建设工程经济》真题］

A．利润、折旧、应交税金　　B．利润、折旧、摊销款

C．折旧、摊销费、应付工资　　D．未分配利润、应付工资、折旧

3．［单选题］某技术方案有三个投资者共同投资，若要比较三个投资者的财务内部收益率是否均衡，则适宜采用的现金流量表是（　　）。［2016年一级建造师考试《建设工程经济》真题］

A．投资现金流量表　　B．资本金现金流量表

C．投资各方现金流量表　　D．财务计划现金流量表

4．［单选题］可据以计算累计盈余资金、分析技术方案财务生存能力的现金流量表是（　　）。［2015年一级建造师考试《建设工程经济》真题］

A．财务计划现金流量表　　B．投资各方现金流量表

C．资本金现金流量表　　D．投资现金流量表

5．［单选题］某垃圾处理项目得到政府300万元的政府补贴，则这300万元应计入财务计划现金流量表中的（　　）。［2013年一级建造师考试《建设工程经济》真题］

A．经营活动现金流量　　B．投资活动现金流量

C．筹资活动现金流量　　D．营业收入

6．［多选题］技术方案经济评价时，若以总成本费用为基础计算经营成本，应从总成本费用中扣除的费用项目有（　　）。［2013年一级建造师考试《建设工程经济》真题］

A．折旧费用　　B．销售费用
C．摊销费　　D．管理费用
E．利息支出

7．［单选题］在资本金现金流量表中，列入现金流出项目的是（　　）。［2014年一级建造师考试《建设工程经济》真题］

A．政府补贴　　B．借款本金偿还
C．回收固定资产余值　　D．增值税销项税额

8．［单选题］以技术方案建设所需的总投资作为计算基础，反映技术方案在整个计算期内现金流入和流出的现金流量表是（　　）。［2014年一级建造师考试《建设工程经济》真题］

A．财务计划现金流量表　　B．投资各方现金流量表
C．资本金现金流量表　　D．投资现金流量表

9．［多选题］下列成本费用中，属于经营成本的有（　　）。［2012年一级建造师考试《建设工程经济》真题］

A．修理费　　B．外购原材料费
C．外购燃料及动力费　　D．折旧费
E．利息支出

10．［多选题］资本金现金流量表中，作为现金流出的项目有（　　）。［2013年一级建造师考试《建设工程经济》真题］

A．借款本金偿还　　B．回收固定资产余值
C．回收流动资金　　D．借款利息支付
E．经营成本

任务5

分析设备更新

任务概述

分析设备磨损与补偿，确定设备更新方案的选择原则和选择方法，解决工程实践中方案选择时遇到的问题。

阐述设备更新的目的和意义，设备磨损与补偿的含义，设备经济寿命的确定方法；说明设备更新方案比较的原则、设备更新的经济分析方法等。

课程思政目标

1）通过学习设备折旧与设备更新方案的比选，培养学生科学的质疑精神，养成严谨诚信的职业精神。

2）通过新设备案例分析，让学生了解我国盾构机制造技术从零到世界第一，打破垄断，成为全球领先技术，培养学生创新意识，增强民族自信。

3）通过设备更新方案的确定的学习与实训，培养学生勇于创新的精神，在未来工作中要勇于使用新设备、新工艺、新技术，推动行业不断创新与进步。

学习目标

1. 知识目标

1）理解设备磨损的类型及补偿方式。

2）理解设备更新方案的选择原则。

3）掌握设备更新方案的选择方法。

2. 能力目标

能够确定设备更新方案的选择原则，正确地进行设备更新方案的选择。

学时建议

本任务建议学时为4学时。

工程案例导入

某设备目前的净残值为8000元，还能继续使用4年，保留使用的情况见表5-1。

表5-1　某设备保留使用情况

保留使用年数	年末净残值/元	年使用费/元
1	6500	3000
2	5000	4000
3	3500	5000
4	2000	6000

新设备的原始价值为35000元，经济寿命为10年，第10年年末的净残值为4000元，平均年使用费为500元，基准折现率为12%。问旧设备是否需要更新？如需更新，何时更新为宜？

5.1　分析设备更新概述

设备更新是指对在技术上或经济上不宜继续使用的设备，用新的设备更换或用先进的技术对原有设备进行局部改造。或者说是以结构先进、技术完善、效率高、耗能少的新设备，来代替物质上无法继续使用，或经济上不宜继续使用的陈旧设备。

更新设备并非因为设备损坏。事实上，经济或运营环境的改变，常常促使企业淘汰一些实质上并不旧的设备。一般而言，淘汰旧设备的原因如下：

1）现有设备已无法应付目前或预期日益增加的产品需求。

2）新式设备出现，使得生产作业较原有设备的生产作业更有效率，或者使生产作业产生更低的作业成本或维护成本。

3）消费者已不需要原有设备所生产的产品。

4）现有设备由于一次意外或长期使用而损坏。

淘汰旧设备、更新新设备不是同一个概念，淘汰旧设备并不意味着企业会以另一新设备取代旧设备。在某些情况下，企业只是淘汰旧的设备而不换新。例如，企业想逐渐缩减某一产品的产量，甚至于结束该项业务，此时逐渐淘汰设备而不予以换新。当然，一般情况下有淘汰就有更新，因此除非有必要另行说明，将以“更新”一词统称淘汰旧设备和更新新设备。

企业在分析更新时，事实上包括两个主题：其一为是否应更新，其二为何时更新。

5.2　分析设备磨损与补偿

随着使用时间的增长，设备的技术状况会逐渐劣化，其价值和使用价值也会随时间逐渐降低，这种现象称为磨损。磨损是设备陈旧的主要原因，本章的主线就是分析设备磨损的类型和如何选择设备磨损的补偿方式。

5.2.1　设备磨损的类型

设备磨损包括有形磨损（又称物理磨损）、无形磨损、综合磨损3种形式。

1. *有形磨损*

（1）有形磨损的分类

设备在使用（或闲置）过程中所发生的实体的磨损称为有形磨损。有形磨损按形成原因分为两种。

1）设备在使用过程中，在外力的作用下实体产生的磨损、变形和损坏，称为第一种有形磨损。这种磨损的程度与使用强度和使用时间长短有关，即用坏了。这种有形磨损可分为3个阶段：第一阶段是新的或大修理后的设备磨损发生较多的“初期磨损”阶段；第二阶段是磨损量发生较小的“正常磨损”阶段；第三阶段是磨损量增长较快的“剧烈磨损”阶段。通常表现为：

① 设备零部件的原始尺寸甚至形状发生变化。

② 公差配合性质改变，精度降低。

③ 零部件损坏。

2）设备在闲置过程中受自然力的作用而产生的实体磨损，如金属件生锈、腐蚀，橡胶件老化等，称为第二种有形磨损。这种磨损与闲置的时间长短和所处环境有关，即放坏了。

上述两种有形磨损都会造成设备的性能、精度等降低，使得设备的运行费用和维修费用增加，效率低下，反映了设备使用价值的降低。

（2）有形磨损程度的计算方法

确定有形磨损的程度有两种方法。

1）用修理费估计。确定设备有形磨损的程度可用式（5-1）进行计算。

$$a_p=\frac{R}{K_1} \tag{5-1}$$

式中：a_p——设备有形磨损的程度；

R——修复全部磨损零件所用的修理费用；

K_1——设备磨损时该种设备的再生产价值。这个价值简单来说就是，当前新生产这种设备所需的费用。

2）在计算各零件磨损程度的基础上确定。

① 零件磨损程度a的计算式为

$$a=实际磨损量/允许磨损量$$

② 整个设备平均磨损程度$\bar{a}$的计算式（采用了经济指标的度量方法）为

$$\bar{a}=全部磨损零件磨损掉的价值/全部零件的总价值$$

总之，从经济的角度分析，设备有形磨损的程度指标不能超过1，否则修理比买新的还贵，不合算。

2. 无形磨损

（1）无形磨损的分类

设备无形磨损不是由生产过程中使用或自然力的作用造成的，而是由于社会经济环境变化造成的设备价值贬值，是技术进步的结果，无形磨损又有以下两种形式：

1）第一种无形磨损是指设备的技术结构和性能并没有变化，但由于技术进步，设备制造工艺不断改进，社会劳动生产率水平提高，同类设备的再生产价值降低，设备的市场价格也降低了，原设备相对贬值。这种无形磨损的后果只是现有设备原始价值部分贬值，设备本身的技术特性和功能即使用价值并未发生变化，故不会影响现有设备的使用。因此，不产生提前更换现有设备的问题。

2）第二种无形磨损是指由于科学技术的进步，不断创新出结构更先进、性能更完善、效率更高、耗费原材料和能源更少的新型设备，原有设备相对陈旧落后，其经济效益相对降低而发生贬值。第二种无形磨损会使原有设备价值降低，而且技术上更先进的新设备的发明和应用还会使原有设备的使用价值局部或全部丧失，这就产生了是否用新设备代替现有陈旧落后设备的问题。

有形和无形两种磨损都引起设备原始价值的贬值，这一点两者是相同的。不同的是，遭受有形磨损的设备，特别是有形磨损严重的设备，在修理之前，常常不能工作；而遭受无形磨损的设备，并不表现为设备实体的变化和损坏，即使无形磨损很严重，其固定资产物质形态也可能没有磨损，仍然可以使用，只不过继续使用它在经济上是否合算需要分析研究。

（2）无形磨损的计算方法

1）第一种形式：相同设备再生产。

$$a_1=1-\frac{K_1}{K_0} \tag{5-2}$$

式中：K_1——当前再生产同样设备的价值；

K_0——设备原值。

2）第二种形式：更合理设备出现。

$$a_1=\frac{K_0-K_1}{K_0}=1-\frac{K_1}{K_0}$$

有形磨损与无形磨损同时引起设备价值下降；不同之处在于，有形磨损严重的设备，在大修之前不能正常工作，而无形磨损的设备却可正常使用。

3. 综合磨损

设备的综合磨损是指同时存在有形磨损和无形磨损的损坏和贬值的综合情况。对任何特定的设备来说，这两种磨损必然同时发生和同时互相影响。某些方面的技术要求可能加快设备有形磨损的速度，如高强度、高速度、大负荷技术的发展，必然使设备的有形磨损加剧。同时，某些方面的技术进步又可提供耐热、耐磨、耐腐蚀、耐振动、耐冲击的新材料，使设备的有形磨损减缓、无形磨损加快。

综合磨损计算方法如下：

$$a=1-(1-a_p)(1-a_1) \quad (5\text{-}3)$$

式中：a——设备的综合磨损程度；

a_p——设备的有形磨损程度；

a_1——设备的无形磨损程度。

由此可推导出设备的残余价值，其计算式为

$$O=K_1-R \quad (5\text{-}4)$$

式中：O——残余价值；

K_1——当前再生产同样设备的价值；

R——修理费用。

5.2.2 设备磨损的补偿方式

设备发生磨损后，需要进行补偿，以恢复设备的生产能力。由于设备遭受磨损的形式不同，补偿磨损的方式也不一样。补偿分为局部补偿和完全补偿。设备有形磨损的局部补偿是修理，设备无形磨损的局部补偿是现代化改装。设备有形磨损和无形磨损的完全补偿是更新，如图5-1所示。

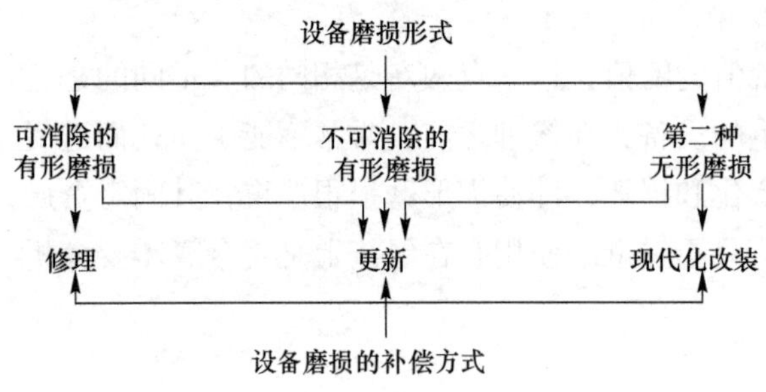

图5-1 设备磨损对应的补偿的方式

设备总是同时遭受到有形磨损和无形磨损，因此对其综合磨损后的补偿形式应进行更深入的研究，以确定恰当的补偿方式。对于陈旧落后的设备，即消耗高、性能差、使用操作条件不好、对环境污染严重的设备，应当用较先进的设备尽早替代；对整机性能尚可、有局部缺陷、个别技术经济指标落后的设备，应选择适应技术进步的发展需要，吸收国内外的新技术，不断地加以改造和进行现代化改装。在设备磨损补偿工作中，最好的方案是有形磨损期与无形磨损期相互接近，这是一种理想的“无维修设计”（也就是说，当设备需要进行大修理时，恰好到了更换的时刻）。但是对于大多数的设备，通常通过修理可以使有形磨损期达到20～30年甚至更长，但无形磨损期却比较短。在这种情况下，就存在如何对待已经存在无形磨损但物质上还可使用的设备的问题。此外还应看到，第二种无形磨损虽使设备贬值，但它是社会生产力发展的反映，这种磨损越大，表示社会技术进步越快。因此应该充分重视对设备磨损规律性的研究，加快技术进步的步伐。

1．修理

修理是指更换部分已磨损的零部件和调整设备，以恢复设备的生产功能和效率为主。由式（5-4）演化得到的$R<K_1-O$的实质是对设备的有形磨损进行补偿，手段是修复或者更换，目标是恢复设备性能。

设备在使用过程中不断地经受着有形磨损，性能上是逐渐恶化的，可以借助于修理的方法得到局部或完全的补偿，但修理是有限度的。随着技术进步的加快，修理的经济性质将发生变化，长期进行修理，并不能保持设备的原有性能，其精度、效率总是越来越低，性能总是越来越差，修理周期越来越短，使用费用、生产成本总是越来越大，产品质量总是越来越差。基于上述原因，必须确定修理的经济界限。

2. 现代化改造

现代化改造是对设备的结构作局部的改进和技术上的革新，如增添新的、必需的零部件，以增加设备的生产功能和效率为主。这两者都属于局部补偿。

3. 更新

更新是对整个设备进行更换，属于全部补偿。

在引起设备原始价值降低这一点上，有形磨损和无形磨损是相同的，不同之处是有形磨损的设备，特别是有形磨损严重的设备，在进行大修理之前常常不能使用，而无形磨损设备的继续使用却不受影响。

设备在使用过程中，由于零部件的磨损和材料的疲劳、老化，性能逐渐退化，这种性能上的退化虽可部分通过修理得到补偿，但是有其限度，如图5-2所示。

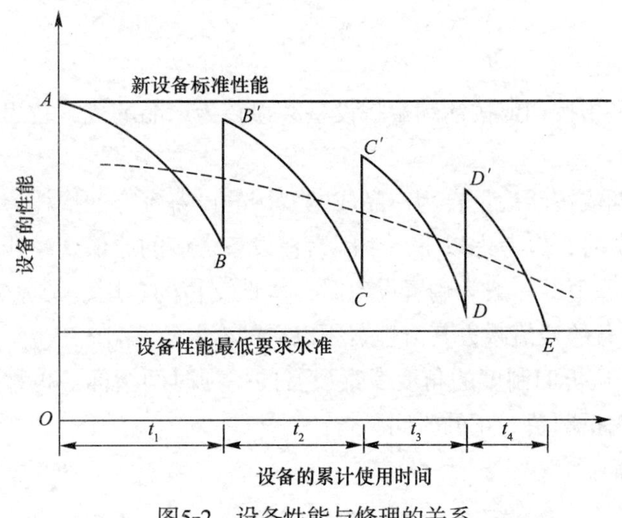

图5-2 设备性能与修理的关系

图5-2中的曲线AB是性能下降曲线；BB'是通过修理使性能恢复的过程；到B'点后（一般要比A点略低）开始启用，性能因使用时间的延长而下降，呈$B'C$趋势；到C点后又再次修理，性能又恢复到C'点……如此继续下去，直到修复后性能低于最低要求水准，停止使用为止。从图上可以看到：首先，每次修复后性能不会恢复到原来水平；其次，两次修复间的使用时间t越来越少，即$t_1>t_2>t_3>\cdots$（而且一般修复的费用是逐次增加的）。因此，设备的性能退化曲线如图中虚线所示，故设备的修复有一定的限度，降到极限时，设备应当报废。

此外，还存在另外一种报废情况：由于技术革命出现了高效率、高经济性的替代设备，提高了设备性能的最低要求水准，旧设备提前被更换。

设备进行更新时，旧设备应报废处理或降级使用。凡属下列情况的设备，一般应考虑予以报废。

1）服役超过经济寿命，损耗严重，大修后性能仍不能满足生产要求的设备。

2）技术性能落后，技术经济效果不好，并无法进行技术改造的设备。

3）存在严重缺陷，不符合国家环保要求及安全规定的设备。

4）能耗大，属国家限期淘汰的设备。

5）因厂房改建、工艺改革需拆除而不能拆迁的设备。

6）机型陈旧，备品配件有困难的杂旧设备。

7）有其他原因，确实需要报废的设备。

已报废的设备除了尚可使用的辅助机器、附件及零部件可回收利用外，一般不得作价外调，继续使用。

设备折旧

5.3 设备折旧

1．设备资产折旧

设备资产折旧是指按期或按活动量将设备磨损转为产品的成本费用的方式。

2．折旧费

折旧费是指按期或按活动量转为产品成本费用的设备资产的损耗价值。

计算设备折旧费时，应考虑以下三个因素：设备资产的原值、净残值和折旧年限。

1）设备资产的原值：一般为购置设备时一次性支付的费用，又称初始费用。

2）净残值：设备的残值减去其清理费用以后的余额。

3）折旧年限：从折旧制度的角度考察设备的一项时间指标，也称为折旧寿命，指设备从投入使用到提满折旧费为止的时间。

3．直线折旧额

$$D=\frac{P-S}{N_D} \tag{5-5}$$

式中：D——每期折旧费；

S——折旧期末资产净残值；

P——资产的原值；

N_D——资产的折旧期。

其中，

$$S=S_0-S_c \tag{5-6}$$

式中：S_0——折旧期末资产预计残值；

S_c——折旧期末的预计清理费用。

【例5-1】 某设备的资产原值为10000元，估计报废时的残值为1000元，清理费用为

0元，折旧年限为10年。试计算其年折旧额。

解 年折旧额为

$$D=\frac{P-S}{N_D}=\frac{10000-1000}{10}=900\text{（元）}$$

要维持企业再生产的正常进行，必须对设备的磨损进行补偿，要支出相应的补偿费用，以抵偿相应贬值的部分，其目的在于减轻设备的物质、技术劣化，保持设备良好的技术状态，防止设备发生故障、停机等造成损失。

5.4 确定设备更新方案的选择原则

5.4.1 设备更新的概念与形式

1．设备更新的概念

设备更新是对旧设备的整体更换，就其本质可分为原型设备更新和新型设备更新。原型设备更新是简单更新，就是用结构相同的新设备去更换有形磨损严重而不能继续使用的旧设备。这种更新主要是解决设备的损坏问题，不具有更新技术的性质。新型设备更新是以结构更先进、技术更完善、效率更高、性能更好、能源和原材料消耗更少的新型设备来替换那些技术上陈旧、在经济上不宜继续使用的旧设备。通常所说的设备更新主要是指后一种，它是技术发展的基础。因此，就实物形态而言，设备更新是用新的设备替换陈旧落后的设备；就价值形态而言，设备更新是设备在运动中消耗掉的价值的重新补偿。设备更新是消除设备有形磨损和无形磨损的重要手段，目的是为了提高企业生产的现代化水平，尽快地形成新的生产能力。

2．设备更新的不同形式

由于对设备更新的要求不同，在实际工作中可以采用不同的设备更新形式。

1）设备的原型更新（或称简单更新），是指设备已磨损到不能继续使用的程度时，以相同的设备进行替换。

2）设备的技术改造（或称现代化改造），是指采用先进技术改变现有设备的结构或给旧设备装上自动上下料、自动测量、自动控制等装置，以改善现有设备的性能，使之达到或局部达到新设备的水平。

3）设备的技术更新，是指以技术上更加先进、经济上更加合理的新设备，换下工艺落后、技术陈旧的老设备。

上述设备更新的三种形式，都有它存在的条件，因此它们之间是互相补充的关系。但是，其中以技术改造与技术更新为主要形式。在设备更新过程中，要把设备的更新改造同加强对原有设备的维护修理结合起来。在一般情况下，现有设备是完成生产任务的主力，因此要加强对现有设备的管理，做好维护修理工作。在设备更新时，要合理地处理老设备。因设备更新而退役的老设备，凡降级转用的，必须符合新用途的工艺要求，不得造成产品质量下降和消耗增加；不宜转用的老设备应当报废。

5.4.2 设备更新策略

设备更新分析是企业生产发展和技术进步的客观需要，对企业的经济效益有着重要的影响。过早的设备更新，无论是由于设备暂时出现故障就报废的草率决定，还是片面追求现代化购买最新式设备的决定，都将造成资金的浪费，失去其他的收益机会；而一个资金十分紧张的企业又可能走向另一个极端，即拖延设备的更新，这将造成生产成本的迅速上升，失去竞争的优势。因此，在决定设备更新策略时，既要考虑技术发展的需要，又要考虑经济方面的效益。这就需要建造师做好设备更新的分析工作，采取适宜的设备更新策略。

设备更新策略应在系统全面了解企业现有设备的性能、磨损程度、服务年限、技术进步等情况后，分轻重缓急，有重点、有区别地选择。凡修复比较合理的，不应过早更新；可以修中有改进，通过改进工装就能使设备满足生产技术要求的，不要急于更新；更新个别关键零部件就可达到要求的，不必更换整台设备；更换单机就能满足要求的，不必更换整条生产线。通常优先考虑更新的设备有以下几种：

1）损耗严重，大修后性能、精度仍不能满足规定工艺要求的设备。

2）损耗虽在允许范围之内，但技术已经陈旧落后，能耗高、使用操作条件不好、对环境污染严重，技术经济效果很不好的设备。

3）设备役龄长，大修虽然能恢复精度，但在经济效果方面不如更新的设备。

5.4.3 设备更新方案的具体选择原则

确定设备更新必须进行技术经济分析。设备更新方案比选的基本原理和评价方法与互斥性投资方案比选相同。但在实际设备更新方案比选时，应遵循如下原则。

1．设备更新分析应站在客观的立场上考虑问题

设备更新分析的要点是站在客观的立场上，而不是站在旧设备的立场上考虑问题。若要保留旧设备，首先要付出相当于旧设备当前市场价值的投资，才能取得旧设备的使用权。

2．不考虑沉没成本

沉没成本是既有企业过去投资决策发生的、非现在决策能改变（或不受现在决策影响）的、已经计入过去投资费用回收计划的费用。由于沉没成本是已经发生的费用，不管企业生产什么和生产多少，这项费用都不可避免地要发生，因而现在决策对它不起作用。在进行设备更新方案比选时，原设备的价值应按目前实际价值计算，而不考虑其沉没成本。

例如，某设备4年前的原始成本是80000元，目前的账面价值是30000元，现在的市场价值仅为18000元。在进行设备更新分析时，旧设备往往会产生一笔沉没成本，即

$$沉没成本=设备账面价值-当前市场价值 \tag{5-7}$$

或

$$沉没成本=（设备原值-历年折旧费）-当前市场价值$$

则本例旧设备的沉没成本为12000元（即30000元-18000元），它是过去投资决策发生的，而与现在更新决策无关，目前该设备的价值等于市场价值18000元。

3. 逐年滚动比较

该原则是指在确定最佳更新时机时，应首先计算现有设备的剩余经济寿命和新设备的经济寿命，然后利用逐年滚动计算的方法进行比较。

如果不遵循这些原则，方案比选结果或更新时机的确定可能发生错误。

5.5 确定设备更新方案的选择方法

5.5.1 设备寿命的概念及影响因素

设备寿命的概念及影响因素

设备的寿命在不同需要的情况下有不同的内涵和意义。现代设备的寿命，不仅要考虑自然寿命，还要考虑设备的技术寿命和经济寿命。

1. 设备寿命的概念

（1）设备的自然寿命

设备的自然寿命，又称物质寿命。它是指设备从投入使用开始，直到因物质磨损严重而不能继续使用、报废为止所经历的全部时间。它主要是由设备的有形磨损所决定的。做好设备维修和保养可延长设备的物质寿命，但不能从根本上避免设备的磨损，任何一台设备磨损到一定程度时，都必须进行更新。因为随着设备使用时间的延长，设备不断老化，维修所支出的费用也逐渐增加，从而出现恶性使用阶段，即经济上不合理的使用阶段，因此，设备的自然寿命不能成为设备更新的估算依据。

（2）设备的技术寿命

科学技术迅速发展，一方面对产品的质量和精度的要求越来越高，另一方面也不断涌现出技术上更先进、性能上更完善的机械设备，这就使得原有设备虽还能继续使用，但已不能保证产品的精度、质量和技术要求而被淘汰。因此，设备的技术寿命就是指设备从投入使用到因技术落后而被淘汰所延续的时间，即设备在市场上维持其价值的时间，故又称有效寿命。例如，一台计算机，即使完全没有使用过，它的功能也会被更为完善、技术更为先进的计算机所取代，这时它的技术寿命可以认为等于零。由此可见，技术寿命主要是由设备的无形磨损所决定的，它一般比自然寿命要短，而且科学技术进步越快，技术寿命越短。所以，在估算设备寿命时，必须考虑设备技术寿命期限的变化特点及设备使用的限制或影响。

（3）设备的经济寿命

经济寿命是指设备从投入使用开始，到继续使用在经济上不合理而被更新所经历的时间。它是由设备维护费用的提高和使用价值的降低决定的。设备使用年限越长，所分摊的设备年资产消耗成本越少。但是，随着设备使用年限的增加，一方面需要更多的维修费维持原有功能；另一方面设备的操作成本及原材料、能源的耗费也会增加，年运行时间、生产效率、质量将下降。因此，年资产消耗成本的降低，会被年度运行成本的增加或收益的下降所抵消。在整个变化过程中存在着某一年份的设备年平均使用成本最低，经济效益最好。如图5-3所示，在N_0年时，设备年平均使用成本达到最低值。一般将设备从开始使用到其年平均使用成本最小（或年盈利最高）的使用年限N_0称为设备的经济寿命。所以，设备的经济寿命就是从经济观点（即成本观点或收益观点）确定的设备更新的最佳时刻。

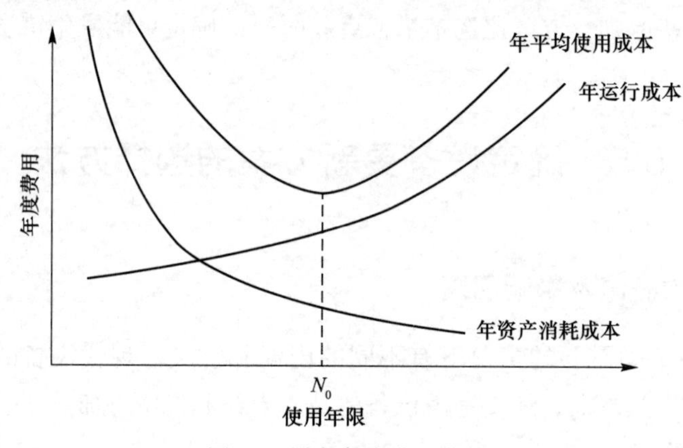

图5-3　设备年度费用曲线

2．设备寿命期限的影响因素

影响设备寿命期限的因素较多，其中主要有以下几点。

1）设备的技术构成，包括设备的结构及工艺性，技术进步。

2）设备成本。

3）加工对象。

4）生产类型。

5）工作班次。

6）操作水平。

7）产品质量。

8）维护质量。

9）环境要求。

5.5.2　设备经济寿命的估算

设备更新的中心内容是确定设备的经济寿命。

1．设备经济寿命的确定原则

确定设备经济寿命的原则如下：

1）使设备在经济寿命内平均每年净收益（纯利润）达到最大。

2）使设备在经济寿命内一次性投资和各种经营费用的总和达到最小。

2．设备经济寿命的确定方法

确定设备经济寿命的方法可以分为静态模式和动态模式两种。下面仅介绍静态模式下设备经济寿命的确定方法。

静态模式下设备经济寿命的确定，就是在不考虑资金时间价值的基础上计算设备年平均使用成本$\overline{C}_N$，使$\overline{C}_N$最小的N_0就是设备的经济寿命。

$$\overline{C}_N=\frac{P-L_N}{N}+\frac{1}{N}\sum_{t=1}^{N}C_t \tag{5-8}$$

式中：$\overline{C}_N$——N年内设备的年平均使用成本；

P——设备目前实际价值，如果是新设备则包括购置费和安装费，如果是旧设备则包括旧设备现在的市场价值和继续使用旧设备追加的投资；

C_t——第t年的设备运行成本，包括人工费、材料费、能源费、维修费、停工损失、废次品损失等；

L_N——第N年年末的设备净残值。

在式（5-8）中，$\frac{P-L_N}{N}$为设备的平均年度资产消耗成本，而$\frac{1}{N}\sum_{t=1}^{N}C_t$为设备的平均年度运行成本。

在式（5-8）中，如果使用年限N为变量，则当N_0（$0<N_0\leqslant N$）为经济寿命时，应满足$\overline{C}_N$最小。

【例5-2】 某设备目前实际价值为30000元，有关统计资料见表5-2，求其经济寿命。

表5-2　设备有关统计资料

继续使用年限t	1	2	3	4	5	6	7
年运行成本/元	5000	6000	7000	9000	11500	14000	17000
年末残值/元	15000	7500	3750	1875	1000	1000	1000

解　由统计资料可知，该设备在不同使用年限时的年平均成本见表5-3。

由计算结果可以看出，该设备在使用5年时，其平均使用成本13500元为最低。因此，该设备的经济寿命为5年。

表5-3　设备在不同使用年限时的静态年平均成本　　单位：元

使用年限N	资产消耗成本（$P-L_N$）	平均年资产消耗成本（3）=（2）/（1）	年度运行成本C_t	运行成本累计$\sum C_t$	平均年度运行成本（6）=（5）/（1）	年平均使用成本$\overline{C}_N$（7）=（3）+（6）
（1）	（2）	（3）	（4）	（5）	（6）	（7）
1	15000	15000	5000	5000	5000	20000
2	22500	11250	6000	11000	5500	16750
3	26250	8750	7000	18000	6000	14750
4	28125	7031	9000	27000	6750	13781
5	29000	5800	11500	38500	7700	13500
6	29000	4833	14000	52500	8750	13583
7	29000	4143	17000	69500	9929	14072

由式（5-8）和表5-3可以看到，采用设备的年平均使用成本$\overline{C}_N$来估算设备的经济寿命的过程是：在已知设备现金流量的情况下，逐年计算出从寿命1年到N年全部使用期的年平均使用成本$\overline{C}_N$，从中找出年平均使用成本$\overline{C}_N$的最小值及其所对应的年限，从而确定设备的经济寿命。

设备使用时间越长，设备的有形磨损和无形磨损就越剧烈，从而导致设备的维护修理费用增加更多，这种逐年递增的费用ΔC_t称为设备的低劣化。用低劣化值表示设备损耗的方法称为低劣化数值法。如果每年设备的低劣化值是均等的，即$\Delta C_t=\lambda$，每年的低劣化值呈线性增长，假设评价基准年（即评价第1年）设备的运行成本为C_1，则平均每年的设备使用成本$\overline{C}_N$可表示为

$$\begin{aligned}\overline{C}_N &= \frac{P-L_N}{N}+\frac{1}{N}\sum_{t=1}^{N}C_t\\ &=\frac{P-L_N}{N}+C_1+\frac{1}{N}[\lambda+2\lambda+3\lambda+\cdots+(N-1)\lambda]\\ &=\frac{P-L_N}{N}+C_1+\frac{1}{2N}[N(N-1)\lambda]\\ &=\frac{P-L_N}{N}+C_1+\frac{1}{2}[(N-1)\lambda]\end{aligned}$$

要使$\overline{C}_N$最小，设L_N为常数（如果L_N不为常数且无规律可循时，需用列表法计算），对上式的N进行一阶求导，并令其导数为零，据此可以简化经济寿命的计算，即

$$N_0=\sqrt{\frac{2(P-L_N)}{\lambda}} \tag{5-9}$$

式中：N_0——设备的经济寿命；

λ——设备的低劣化值。

【例5-3】 设有一台设备，目前实际价值P=8000元，预计残值L_N=800元，第1年的设备运行成本C_1=600元，每年设备的低劣化值是均等的，年低劣化值λ=300元，求该设备的经济寿命。

解 设备的经济寿命为

$$N_0=\sqrt{\frac{2\times(8000-800)}{300}}=7（年）$$

将各年的计算结果列表（见表5-4），进行比较后，也可得到同样的结果。

表5-4 用低劣化数值法计算设备最优更新期 单位：元

使用年限N	平均年资产消耗成本 $(P-L_N)/N$	年度运行成本 C_t	运行成本累计 $\sum C_t$	平均年度运行成本 (5)=(4)/(1)	年平均使用成本$\overline{C}_N$ (6)=(2)+(5)
(1)	(2)	(3)	(4)	(5)	(6)
1	7200	600	600	600	7800

续表

使用年限N	平均年资产消耗成本$(P-L_N)/N$	年度运行成本C_t	运行成本累计$\sum C_t$	平均年度运行成本(5)=(4)/(1)	年平均使用成本$\overline{C}_N$(6)=(2)+(5)
2	3600	900	1500	750	4350
3	2400	1200	2700	900	3300
4	1800	1500	4200	1050	2850
5	1440	1800	6000	1200	2640
6	1200	2100	8100	1350	2550
7	1029	2400	10500	1500	2529
8	900	2700	13200	1650	2550
9	800	3000	16200	1800	2600

5.5.3　选择设备更新方案

设备更新有两种情况：一种是设备在其整个使用期内并不会过时，即在一定时期内还没有更先进的设备出现；另一种是在技术不断进步的条件下，由于无形磨损的作用，很可能在设备尚未使用到其经济寿命期，就已出现了重置价格很低的同型设备或工作效率更高和效益更好的新型同类设备，这时就要在继续使用原设备和购置新设备的两种方案中进行选择，确定设备是否更新。

设备更新常用的方法有年费用法和现值费用法。

设备更新方案的比选就是对新设备方案与旧设备方案进行比较分析，也就是决定现在马上购置新设备、淘汰旧设备，还是至少保留使用旧设备一段时间，再用新设备替换旧设备。新设备原始费用高，营运费用和维修费用低；旧设备目前净残值低，营运费用和维修费用高。因此，必须进行权衡判断，才能作出正确的选择，一般情况下要进行逐年比较。

在静态模式下进行设备更新方案比选时，可按如下步骤进行：

1）计算新旧设备方案不同使用年限的静态年平均使用成本和经济寿命。

2）确定设备更新时机。设备更新即便在经济上是有利的，却也未必应该立即更新。换言之，设备更新分析还包括更新时机选择的问题。现有的已用过一段时间的旧设备究竟在什么时机更新最经济？

① 如果旧设备继续使用1年的年平均使用成本低于新设备的年平均使用成本，即

$$\overline{C}_N(\text{旧})<\overline{C}_N(\text{新})$$

此时，不更新旧设备，继续使用旧设备1年。

② 当新旧设备方案出现下列情况：

$$\overline{C}_N(\text{旧})>\overline{C}_N(\text{新})$$

此时，应更新现有设备，这就是设备更新的时机。

总之，以经济寿命为依据的更新方案比较，使设备都使用到最有利的年限进行分析。

拓展与实训

职业能力训练

一、单项选择题

1．决定设备合理更新期的依据是（　　）。

A．自然寿命　　B．物质寿命

C．技术寿命　　D．经济寿命

2．设备的经济寿命主要是由（　　）决定的。

A．设备的有形磨损　　B．设备的维修费用和使用价值

C．设备的价值　　D．设备的无形磨损

3．由于技术进步出现生产效率更高和性能更加完善的设备，原有设备贬值，这种磨损是设备的（　　）。

A．第一种有形磨损　　B．第二种有形磨损

C．第一种无形磨损　　D．第二种无形磨损

4．以下设备的寿命形式中，哪种寿命是由设备的有形磨损和无形磨损共同决定的？（　　）

A．自然寿命　　B．物质寿命

C．经济寿命　　D．技术寿命

5．可消除的有形磨损的补偿方式为（　　）。

A．修理　　B．更新

C．现代化改装　　D．更换

6．某人多年前购买了一台台式计算机，目前还可用。由于笔记本计算机的出现，他想用笔记本计算机更换台式计算机，这种更新属于（　　）引起的。

A．第一种有形磨损　　B．第二种有形磨损

C．第一种无形磨损　　D．第二种无形磨损

7．由于工作要求，某人对已有的台式计算机新安装了宽带装置，这种补偿方法属于（　　）补偿方法。

A．小修理　　B．更新

C．现代化改装　　D．大修理

8．某人的半自动洗衣机，经过多次修理仍无法使用，其准备购买全自动的新洗衣机，这一措施属于（　　）。

A．有形磨损的局部补偿　　B．有形磨损的完全补偿

C．无形磨损的局部补偿　　D．无形磨损的完全补偿

9．假设有一台设备，原始费用为800元，不论使用多久，其残值都是零，而其使

用费在第一年为200元，以后每年增加100元，暂不计利息，则该设备的经济寿命是（　　）年。

A．3　　B．4　　C．5　　D．6

10．设备的经济寿命是指设备从开始使用到（　　）最小的使用年限。

A．等值年成本　　B．年度使用费

C．资金恢复费用　　D．年营运费用

二、多项选择题

1．以下有关设备经济寿命的说法，正确的有（　　）。

A．设备使用年限越短，每年所分摊的设备购置费越少

B．设备经济寿命是由维护费用的提高和使用价值的降低决定的

C．经济寿命是指设备从投入使用开始，到因继续使用在经济上不合理而被更新所经历的时间

D．设备的经济寿命就是从经济观点确定的设备更新的最佳时刻

E．设备的自然寿命又称物质寿命，它主要是由设备的无形磨损决定的

2．以下有关新技术、新工艺和新材料的说法，正确的有（　　）。

A．新技术、新工艺和新材料所涉及的“新”只是相对的、有条件的、可变的

B．新技术、新工艺和新材料是根据特定的需要，针对一定的条件研制、发展而成的，对不同的对象有不同的适宜性和条件性

C．多种新技术、新工艺和新材料在相当长时期内能够同时并存、竞相发展

D．新技术、新工艺和新材料应用方案的技术经济分析方法包括事前进行的技术经济分析和事后进行的技术经济分析

E．选择新技术、新工艺和新材料方案时应遵循技术上先进、可靠、适用，经济上合理的原则

3．设备更新的两种形式有（　　）。

A．设备的原型更新（或称简单更新）

B．设备的技术改造（或称现代化改造）

C．设备的技术更新

D．设备的更换

4．下列哪种情形属于有形磨损？（　　）

A．设备零部件的原始尺寸甚至形状发生变化

B．公差配合性质改变，精度降低

C．零部件损坏

D．金属件生锈、腐蚀，橡胶件老化等

5．下列哪种情形属于无形磨损？（　　）

A．同类设备的再生产价值降低，致使原设备相对贬值

B．新设备在技术上更加完善，经济上更加合理，原有设备显得陈旧落后，产生

经济磨损（或经济效益相对降低）而贬值

C．公差配合性质改变，精度降低

D．零部件损坏

6．设备磨损的补偿方式有（　　）。

A．外形补偿　　B．改装补偿

C．局部补偿　　D．完全补偿

E．更新补偿

7．设备的有形磨损，致使设备（　　）。

A．性质、精度的降低　　B．运行和维修费用的增加

C．使用价值的降低　　D．设备自然寿命的延长

E．使用效率的降低

8．设备发生第二种无形磨损的补偿方式有（　　）。

A．更新　　B．大修理

C．现代化改装　　D．小修理

E．中修理

9．在对设备更新方案进行比选时，应该遵循的原则是（　　）。

A．不考虑沉没成本

B．必要时考虑沉没成本

C．按新旧设备方案的直接现金流量进行比较

D．不能简单地按照新旧设备方案的直接现金流量进行比较

E．逐年滚动比较使用效率的降低

10．设备经济寿命的估算可采用（　　）方法。

A．静态分析　　B．动态分析

C．统计分析　　D．理论分析

工程模拟训练

1．某建筑公司有一台旧设备，如现在转让，价格为25000元，次年将贬值10000元，以后每年将贬值5000元；由于性能退化，这台设备今年的使用费为80000元，预计今后每年将增加10000元，这台设备将在4年后报废，残值为0。现有一台新型的同类设备，可以完成与现在设备相同的工作，购置费为160000元，年平均使用费为60000元，经济寿命为7年，期末残值为15000元，并预计该设备在7年内不会有大的改进。设基准折现率为12%，问是否需要更新现有设备？如需要，应该在什么时间内更新？

2．某厂6年前以8400元购置一台设备，预计可使用12年，残值为1200元，年使用费为2100元；现由于设备的加工能力不足，需要增加设备以满足生产的需要，经研究，形成两个方案：甲方案，购置原型设备，现价为9600元，使用寿命和年使用费与原设备相同，残值为1600元；乙方案，现有设备可折价3000元转让，再购进生产同样产品的另一型号

设备，生产能力为原设备的两倍，购置费为17000元，使用寿命为10年，年使用费为3100元，残值为4000元。试对两方案进行比较。

真题链接

1.［多选题］对设备可消除性的有形磨损进行补偿的方式有（　　）。［2012年一级建造师考试《建设工程经济》真题］

A．更新　　B．现代化改装

C．大修理　　D．日常保养

E．淘汰

2.［单选题］关于设备技术寿命的说法，正确的是（　　）。［2017年一级建造师考试《建设工程经济》真题］

A．完全未使用的设备技术寿命不可能等于零

B．设备的技术寿命一般短于自然寿命

C．科学技术进步越快，设备的技术寿命越长

D．设备的技术寿命主要由其有形磨损决定

3.［单选题］某企业2005年年初以3万元的价格购买了一台新设备，设备使用7年后发生故障不能正常使用，且市场上出现了技术更先进、性能更加完善的同类设备，但原设备经修理后又继续使用，至2015年年末不能继续修复使用而报废，则该设备的自然寿命为（　　）年。［2016年一级建造师考试《建筑工程经济》真题］

A．7　　B．10　　C．12　　D．11

4.［多选题］下列生产设备磨损形式中，属于无形磨损的有（　　）。［2016年一级建造师考试《建设工程经济》真题］

A．长期超负荷运转，造成设备的性能下降、加工精度降低

B．出现了加工性能更好的同类设备，使现有设备相对落后而贬值

C．因设备长期封存不用，设备零部件受潮腐蚀，使设备维修费用增加

D．技术特性和功能不变的同类设备的再生产价值降低，致使现有设备贬值

E．出现效率更高、耗费更少的新型设备，使现有设备经济效益相对降低而贬值

5.［多选题］关于确定设备经济寿命的说法，正确的有（　　）。［2015年一级建造师考试《建设工程经济》真题］

A．使设备的自然寿命期间内一次性投资最小

B．使设备的经济寿命期与自然寿命、技术寿命尽可能保持一致

C．使设备的经济寿命期平均每年净收益达到最大

D．使设备的经济寿命期年平均使用成本最小

E．使设备在可用寿命期内总收入达到最大

任务6

比选分析设备租赁与购买方案

任务概述

阐述设备租赁与购买的影响因素、经济分析方法；比选分析设备租赁与购买方案，确定最优方案。

课程思政目标

1）通过本任务的学习，引导学生追求绿色生活、反对铺张浪费，树立勤俭节约的消费观念，遏制奢侈浪费，弘扬中华传统美德，激发学生爱国、爱家、爱校的情感。

2）通过设备租赁方案分析，让学生理解优化要素配置、集约化管理的优越性，认识到社会的精细化分工是当今社会发展的趋势，有利于提高设备的利用效率和经济效益。

学习目标

1. 知识目标

1）了解设备租赁的概念。

2）熟悉设备租赁与购买的主要影响因素。

3）掌握设备经营租赁与购置方案的经济比选方法。

2. 能力目标

能够运用设备租赁分析方法解决实际问题，熟练计算设备租金。

学时建议

本任务建议学时为4学时。

工程案例导入

某厂需要一台设备，设备的价格为18万元，使用寿命为10年，预计设备的净残值为5000元。该设备每年预计的营运费用为2.3万元，可能的各种维修费用平均每年需要3000元。若向租赁公司租用，每年租金为2.5万元。企业的基准折现率为10%。试问租赁和购买哪种方式对企业有利？

6.1　确定设备租赁与购买的影响因素

在企业生产经营的管理过程中，设备租赁问题常见于设备投资决策中。在什么情况下企业选择租赁设备或直接购买设备，取决于投资决策者对两者的费用与风险的全面综合比较与分析。

6.1.1　设备租赁的概念

1. 设备租赁的定义

设备租赁是设备使用者（承租人）按照合同规定，按期向设备所有者（出租人）支付一定费用而取得设备使用权的一种经济活动。设备租赁一般有融资租赁和经营租赁两种方式。在融资租赁中，租赁双方承担确定时期的租让和付费义务，而不得任意中止和取消租约，贵重的设备（如重型机械设备等）宜采用这种方法；而在经营租赁中，租赁双方的任何一方都可以随时以一定方式在通知对方后的规定期限内取消或中止租约，临时使用的设备（如车辆、仪器等）通常采用这种方式。

租赁具有把融资和融物结合起来的特点，这使得租赁能够提供及时而灵活的资金融通方式，是企业取得设备进行生产经营的一个重要手段。

2. 设备租赁的优缺点

（1）设备租赁的优点

对于承租人来说，设备租赁与设备购买相比的优越性在于：

1）在资金短缺的情况下，既可用较少资金获得生产急需的设备，也可以引进先进设备，加速技术进步的步伐。

2）可获得良好的技术服务。

3）可以保持资金的流动状态，防止呆滞，也不会使企业资产负债状况恶化。

4）可避免通货膨胀和利率波动的冲击，减少投资风险。

5）设备租金可在所得税前扣除，企业能享受税费上的利益。

（2）设备租赁的缺点

设备租赁的不足之处在于：

1）在租赁期间承租人对租用设备无所有权，只有使用权，故承租人无权随意对设备进行改造，不能处置设备，也不能将设备用于担保、抵押贷款。

2）承租人在租赁期间所交的租金总额一般比直接购置设备的费用要高。

3）长年支付租金，形成长期负债。

4）融资租赁合同规定严格，毁约要赔偿损失，罚款较多等。

正是由于设备租赁有利有弊，在租赁前要进行慎重的决策分析。

3．设备租赁的形式

（1）融资租赁

融资租赁，又称财务租赁，是指出租人根据承租人对租赁物件的特定要求和对供货人的选择，出资向供货人购买租赁物件，并租给承租人使用，承租人则分期向出租人支付租金。在租赁期内租赁物件的所有权归出租人所有，承租人拥有租赁物件的使用权。租期届满，租金支付完毕并且承租人根据融资租赁合同的规定履行完全部义务后，对租赁物的归属没有约定的或者约定不明的，可以协议补充。不能达成补充协议的，按照合同有关条款或者交易习惯确定；仍然不能确定的，租赁物件所有权归出租人所有。简单地说，融资租赁是指租赁双方承担确定时期的租让和付费义务，而不得任意中止和取消租约；贵重的设备（如重型机械设备等）宜采用这种方法，它是一种融资和融物相结合的方法。

（2）经营租赁

经营租赁是为满足承租人临时或季节性使用资产的需要而采取的“不完全支付”式租赁。它是一种纯粹的、传统意义上的租赁。承租人租赁资产只是为了满足经营上短期的、临时的或季节性的需要，并没有添置资产上的企图。经营租赁泛指融资租赁以外的其他一切租赁形式。租赁开始日的租赁资产剩余经济寿命低于其预计经济寿命25%的租赁，也视为经营租赁，而无论其是否具备融资租赁的其他条件。

租赁双方的任何一方可以随时以一定方式在通知对方后的规定期限内取消或中止租约，临时使用的设备（如车辆、仪器等）通常采用这种方式。这种租赁方式带有临时性，因而租金较高。

1）经营租赁的形式。经营租赁是由大型生产企业的租赁部门或专业租赁公司向用户出租本厂产品的一种租赁业务。出租人一般拥有自己的出租物仓库，一旦承租人提出要求，即可直接把设备出租给用户使用，同时出租人还可为承租人提供设备的保养维修服务。用户按租约交租金，在租用期满后退还设备。这种租赁方式适用于租赁期较短、技术更新较快的项目，且在租约期内可中止合同，退还设备，不过租金相对要高些。这种租赁方式下出租人必须连续多次出租设备才能收回设备的投资并获取利润，故经营租赁为“非全额清偿”的租赁。

2）经营租赁的特征。经营租赁是一项可撤销的、不完全支付的短期租赁业务（融资租赁不得随意撤销）。其业务特征表现为：租赁物件的选择由出租人决定；租赁物件一般是通用设备或技术含量很高、更新速度较快的设备；租赁目的主要是短期使用设备；出租人既提供租赁物件，又同时提供必要的服务；出租人始终拥有租赁物件的所有权，并承担有关的一切利益与风险；租赁期限短，中途可解除合同；租赁物件的使用有一定的限制条件。

6.1.2 设备租赁与购买的主要影响因素

企业在决定进行设备投资之前，必须进行多方面考虑。因为，决定企业租赁或购买的关键在于能否为企业节约尽可能多的支出费用，实现最好的经济效益。为此，首先需要考虑影响设备投资的因素，然后分析影响设备租赁与购买的因素。

1．影响设备投资的因素

影响设备投资的因素较多，其主要包括：

1）项目的寿命期。

2）企业是需要长期占有设备，还是只希望短期占有这种设备。

3）设备的技术性能和生产效率。

4）设备对工程质量（产品质量）的保证程度，如对原材料、能源的消耗量，以及生产的安全性。

5）设备的成套性、灵活性、耐用性、环保性和维修的难易程度。

6）设备的经济寿命。

7）技术过时风险的大小。

8）设备的资本预算计划、资金可获得量（包括自有资金和融通资金），融通资金时借款利息或利率高低。

9）提交设备的进度。

2．影响设备租赁的因素

对于采用设备租赁的，除考虑上述“1.”因素外，还应考虑如下影响因素：

1）租赁期长短。

2）设备的租金额，包括总租金额和每个租赁期的租金额。

3）租金的支付方式，包括租赁期起算日、支付日期、支付币种和支付方法等。

4）企业经营费用减少与折旧费和利息减少的关系，租赁的节税优惠。

5）预付资金（定金）、租赁保证金和租赁担保费用。

6）维修方式，即是由企业自行维修，还是由租赁机构提供维修服务。

7）租赁期满资产的处理方式。

8）租赁机构的信用度、经济实力、与承租人的配合情况。

3．影响设备购买的因素

对于采用设备购买形式的，除考虑上述“1.”的因素外，也应考虑如下影响因素：

1）设备的购置价格、设备价款的支付方式，支付币种和支付利率等。

2）设备的年运转费用和维修方式、维修费用。

3）保险费，包括购买设备的运输保险费，设备在使用过程中的各种财产保险费。

总之，企业作出租赁或购买决定的关键在于方案的技术经济可行性分析。因此，企业在决定进行设备投资之前，必须充分考虑影响设备租赁与购买的主要因素，才能获得最佳的经济效益。

6.2　具体方案的比选分析

具体方案的比选分析应取决于这两种方案在技术经济上的比较，比较的原则和方法与一般的互斥投资方案的比选相同。

6.2.1 设备租赁与购置方案比选的步骤

设备租赁与购置方案比选的步骤如下：

1）根据企业生产经营目标和技术状况，提出设备更新的投资建议。

2）拟定若干设备投资、更新方案，包括购置方案（分为一次性付款和分期付款购买）和租赁方案。

3）定性分析筛选方案，包括分析企业财务能力，分析设备技术风险、使用维修特点。

① 分析企业财务能力。如果企业不能一次筹集并支付全部设备价款，则去掉一次性付款购置方案。

② 分析设备技术风险、使用维修特点。对技术过时风险大、保养维护复杂、使用时间短的设备，可以考虑经营租赁方案；对技术过时风险小、使用时间长的大型专用设备，融资租赁方案或购置方案均是可以考虑的。

4）定量分析并优选方案，结合其他因素作出租赁还是购买的投资决策。

6.2.2 设备经营租赁与购置方案的经济比选方法

进行设备经营租赁与购置方案的经济比选，必须详细地分析各方案寿命期内各年的现金流量情况，据此分析方案的经济效果，确定以何种方式投资才能获得最佳效益。

1. 设备经营租赁方案的净现金流量

采用设备经营租赁的方案，租赁费可以直接计入成本，但为了与设备购置方案具有可比性，特将租赁费用从经营成本中分离出来，则现金流量见表6-1，其任一期的净现金流量可表示为

净现金流量=营业收入-租赁费用-经营成本-与营业相关的税金-所得税 （6-1）

或

净现金流量=营业收入-租赁费用-经营成本-与营业相关的税金-所得税税率×（营业收入-租赁费用-经营成本-与营业相关的税金） （6-2）

式中的租赁费用主要包括租赁保证金、担保费、租金。

表6-1 设备经营租赁方案现金流量表 单位：万元

序号	项目	合计	计算期					
			1	2	3	4	…	n
1	现金流入							
1.1	营业收入							
2	现金流出							
2.1	租赁费用							
2.2	营业成本							

续表

序号	项目	合计	计算期					
			1	2	3	4	…	n
2.3	税金及附加							
2.4	所得税							
3	净现金流量（1−2）							
4	累计净现金流量							

（1）租赁保证金

为了确认租赁合同并保证其执行，承租人必须先交纳租赁保证金。当租赁合同结束时，租赁保证金将被退还给承租人或在偿还最后一期租金时加以抵消。租赁保证金一般按合同金额的一定比例计，或是按某一基期数的金额（如一个月的租金额）计。

关于租赁保证金，作以下说明。

1）租赁保证金并不是为融资租赁合同的正式订立而支付的，也不是融资租赁合同成立的证据，因此它不是立约定金。

2）租赁保证金的支付，并不是融资租赁合同生效的唯一条件，因此它不是成约定金。

3）租赁保证金通常在融资租赁合同完全履行时返还，因此它不是解约定金。

4）在融资租赁合同中，在某方违约时，并不是以租赁保证金收受方没收该保证金的方式解决，更不是以向支付方双倍返还该保证金的方式解决，而是由违约方按合同的约定赔偿损失，因此租赁保证金也不是违约定金。

5）固然，租赁保证金可用于冲抵应付租金或延迟利息或损失赔偿金，但也就仅仅是冲抵而已。损失赔偿额的确定仍需依合同的约定或法院或仲裁机构的裁定。

综上所述，租赁保证金应视为某种形式的承租人预付款，是其自行承担该融资租赁项目中的风险的基金。

（2）担保费

出租人一般要求承租人请担保人对该租赁交易进行担保，当承租人由于财务危机付不起租金时，由担保人代为支付租金。一般情况下，承租人需要付给担保人一定数目的担保费。

（3）租金

租金是签订租赁合同的一项重要内容，直接关系出租人与承租人双方的经济利益。出租人要从取得的租金中得到出租资产的补偿和收益，即要收回租赁资产的购进原价、贷款利息、营业费用和一定的利润。承租人则要比照租金核算成本。影响租金的因素很多，如设备的价格、融资的利息及费用、各种税金、租赁保证金、运费、租赁利差、各种费用的支付时间，以及租金采用的计算公式等。

对于租金的计算主要有附加率法和年金法。

1）附加率法。附加率法是在租赁资产的设备货价或概算成本上再加上一个特定的比率来计算租金的，每期租金A的表达式为

$$A=P\frac{(1+Ni)}{N}+Pr \tag{6-3}$$

式中：P——租赁资产的价格；

N——租赁期数，可按月、季、半年、年计；

i——与租赁期数相对应的利率或折现率；

r——附加率。

附加率法

【例6-1】 租赁公司拟出租给某企业一台设备，设备的价格为68万元，租期为5年，每年年末支付租金，折现率为10%，附加率为4%，问每年租金为多少？

解 根据式（6-3）得

$$R=68\times\frac{1+5\times10\%}{5}+68\times4\%=23.12\text{（万元）}$$

2）年金法。年金法是将一项租赁资产价值按动态等额分摊到未来各租赁期间内的租金计算方法。年金法计算分为期末支付租金和期初支付租金。

① 期末支付方式是在每期期末等额支付租金。其支付方式的现金流量如图6-1（a）所示。期末等额支付租金计算是等额系列现值计算的逆运算，可得每期期末支付的租金额A_a的表达式，即

$$A_a=P\frac{i(1+i)^N}{(1+i)^N-1} \tag{6-4}$$

式中：P——租赁资产的价格；

N——租赁期数，可按月、季、半年、年计；

i——与租赁期数相对应的利率或折现率。

$\frac{i(1+i)^N}{(1+i)^N-1}$——等额系列资金回收系数，用符号（$A/P$，$i$，$N$）表示。

租金—年金法

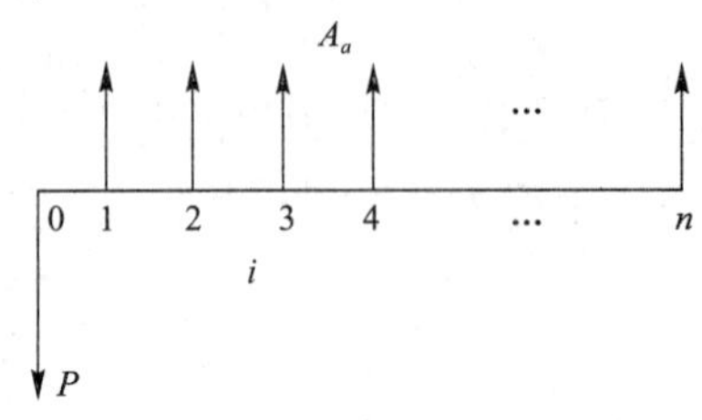

(a) 期末支付方式

(b) 期初支付方式

图6-1 年金法计算租金现金流量示意图

② 期初支付方式是在每期期初等额支付租金。期初支付要比期末支付提前一期支付租金，其支付方式的现金流量如图6-2（b）所示。每期期初支付的租金额A_b的表达式为

$$A_b=P\frac{i(1+i)^{N-1}}{(1+i)^N-1} \tag{6-5}$$

【例6-2】 折现率为12%，其余数据与例6-1相同，试分别按每年年末支付、每年年初支付的方式计算租金。

解 若按每年年末支付方式，可得

$$A_a=68\times\frac{12\%\times(1+12\%)^5}{(1+12\%)^5-1}=68\times0.2774=18.86（万元）$$

若按每年年初支付方式，可得

$$A_b=68\times\frac{12\%\times(1+12\%)^{5-1}}{(1+12\%)^5-1}=68\times0.2477=16.84（万元）$$

2．购买设备方案的净现金流量

在与租赁设备方案相同的条件下，购买设备方案的现金流量见表6-2，则任一期净现金流量可表示为

净现金流量=营业收入−设备购置费−营业成本−贷款利息−与营业相关的税金−所得税　（6-6）

或

净现金流量=营业收入−设备购置费−营业成本−贷款利息−与营业相关的税金−所得税税率×（营业收入−营业成本−折旧−贷款利息−与营业相关的税金）　（6-7）

表6-2　购买设备方案现金流量表　　单位：万元

序号	项目	合计	计算期					
			1	2	3	4	…	*n*
1	现金流入							
1.1	营业收入							
2	现金流出							
2.1	设备购置费							
2.2	营业成本							
2.3	贷款利息							
2.4	税金及附加							
2.5	所得税							
3	净现金流量（1−2）							
4	累计净现金流量							

3．设备经营租赁与购买方案的经济比较

由于每个企业都要依据利润大小缴纳所得税，按财务制度规定，租赁设备的租金允许计入成本，购买设备每期计提的折旧费也允许计入成本；若用借款购买设备，其每期支付的利息也可以计入成本。在其他费用保持不变的情况下，计入成本越多，则利润总额越少，企业交纳的所得税也越少。因此在充分考虑各种方式的税收优惠影响下，应该选择税后收益更大或税后成本更小的方案。

对于承租人来说，关键的问题是决定租赁设备，还是购买设备。而设备租赁与购置的

经济比选也是互斥型方案的选优问题，一般寿命相同时可以采用净现值（或费用现值）法，设备寿命不同时可以采用净年值（或年成本）法。无论用净现值法，还是用净年值法，均以收益效果较大（或成本较少）的方案为宜。

在工程经济互斥型方案分析中，为了简化计算，常常只需比较它们之间的差异部分。而设备租赁与购置方案的经济比选，最简单的方法是假设所得到设备的营业收入相同，将租赁方案和购买方案的费用进行比较。根据互斥型方案比选的增量原则，只需比较它们之间的差异部分。从式（6-2）和式（6-7）两式可以看出，只需比较下列算法即可：

设备租赁：　　所得税税率×租赁费用-租赁费用　　（6-8）

设备购置：　　所得税税率×（折旧+贷款利息）-设备购置费-贷款利息　　（6-9）

拓展与实训

职业能力训练

一、单项选择题

1．进行设备租赁与购买的方案比选，需要分析设备技术风险、使用维修特点，其中对（　　）的设备，可以考虑租赁设备的方案。

A．技术过时风险小　　B．保养维修简单

C．保养维修复杂　　D．使用时间长

2．某企业从设备租赁公司租借一台设备，该设备的价格为48万元，租期为6年，折现率为12%。若按年金法计算，则该企业每年年末等额支付和每年年初等额支付的租金分别为（　　）万元。

A．15.79和14.10　B．11.67和10.42　C．10.42和9.31　D．8.96和8.00

3．对于承租人来说，设备租赁与设备购买相比的优越性在于（　　）。

A．承租人在租赁期间所交的租金的净现值一般比直接购置设备的费用低

B．长年支付租金，形成长期负债，保持资金的流动状态

C．可获得良好的技术支持

D．承租人对租赁设备有使用权

4．租赁双方的任何一方可以随时以一定方式在通知对方后的规定期限内取消或中止租约的设备租赁方式是（　　）。

A．经营租赁　　B．股份租赁

C．融资租赁　　D．合伙租赁

5．设备租赁一般有融资租赁和经营租赁两种方式，以下说法正确的是（　　）。

A．如果租赁车皮、重型机械设备等，建议采用经营租赁的方式

B．如果租赁车辆、仪器等，建议采用融资租赁的方式

C．融资租赁中双方承担确定时期的租让和付费义务，不得任意中止和取消合约

D．融资租赁中，承租方可以随时以一定方式在通知对方后的规定期限内取消或中止租约

6．下列关于租赁的说法中错误的是（　　）。

A．经营租赁适合于临时使用的设备　B．可以保持资金的流动性

C．租赁设备不能用于抵押贷款　D．承租人可以对设备随意改造

7．某企业从设备租赁公司租借一台设备，该设备的价格为48万元，租期为6年，折现率为12%。若按年金法计算，则该企业每年年末等额支付和每年年初等额支付的租金分别为（　　）万元。

A．15.79和14.10　B．11.67和10.42

C．10.42和9.31　D．8.96和8.00

8．关于设备租赁与购买方案的经济比选的说法错误的是（　　）。

A．一般寿命不同时可以采用净现值法

B．无论用净现值法，还是年值法，均以收益效果较大或成本较小的方案为宜

C．在假设所得到设备的收入相同的条件下，最简单的方法是将租赁成本和购买成本进行比较

D．根据互斥型方案比选的增量原则，只需比较它们之间的差异部分

9．某施工企业拟租赁一施工设备，租金按附加率法计算，每年年末支付。已知设备的价格为95万元，租期为6年，折现率为8%，附加率为5%，则该施工企业每年年末应付租金为（　　）万元。

A．17.89　B．20.58　C．23.43　D．28.18

10．关于设备租赁的说法，错误的是（　　）。

A．融资租赁通常适用于长期使用的贵重设备

B．临时使用的设备适宜采用经营租赁方式

C．经营租赁的任何一方可以以一定方式在通知对方后的规定期限内取消租约

D．租赁期内，融资租赁承担人拥有租赁设备的所有权

二、多项选择题

1．企业采用融资租赁设备方式，可以（　　）。

A．随时以一定方式在通知对方后的规定期限内取消或终止租约

B．适合长期使用的贵重设备

C．减少投资风险

D．用租赁设备抵押贷款

E．保持资金处于流动状态

2．企业采用经营租赁方式租赁设备，可以（　　）。

A．任意终止和取消租约　B．适用于临时使用设备的租赁

C．获得税费上的利益　D．根据生产需要改造租赁设备

E．融通资金

3．企业进行设备的租赁方案与购买方案的选择，当（　　）情况发生时，应优先选择租赁方案。

A．设备经济寿命较短　　B．项目寿命期较长
C．技术进步速度较快　　D．生产任务波动较大
E．资产负债较大

4．企业采用设备租赁方案，在计算净现金流量时，考虑的项目有（　　）。
A．销售收入　　B．设备折旧费
C．所得税　　D．租赁费
E．贷款利息

5．计算设备租赁费用应考虑的项目主要包括（　　）。
A．租金　　B．担保费
C．租赁保证金　　D．贷款利息
E．设备折旧

6．设备购买与租赁比较分析时，如果按增量原则进行比选，需比较的内容包括（　　）。
A．设备的租赁费　　B．经营成本
C．折旧与贷款利息　　D．销售收入
E．与销售相关的税金

7．企业采用租赁设备进行生产经营，设备租金大小取决于（　　）。
A．租赁保证金　　B．租赁设备的价格
C．租赁设备资产原值　　D．折旧率
E．租期

8．购买设备与租赁设备相比，其缺点在于（　　）。
A．企业承担技术落后的风险
B．企业不能根据生产需要对设备进行改造
C．增加企业资产负债
D．企业不能随时处置设备
E．企业可以用设备抵押和担保

9．租赁设备与购买设备相比，优点在于（　　）。
A．可以避免第一种无形磨损
B．可以避免第二种无形磨损
C．企业可以根据需要随时处置设备
D．企业可以用租赁设备进行抵押贷款
E．企业可以根据生产要求改造设备

10．企业在进行设备购买与租赁的选择时，应考虑的主要因素有（　　）。
A．租赁设备的年租赁费与购买设备年占用资金及贷款利息
B．所得税差异
C．项目的寿命期和设备的经济寿命

D．销售收入与经营成本的变化

E．与销售相关的税金

工程模拟训练

某企业需要某种设备，其购置费为20万元，可贷款10万元，贷款利率为8%，在贷款期3年内每年年末等额还本付息（即采用等额还款付息方式）。设备使用期为5年，期末设备残值为5000元。同时，这种设备也可以租赁得到，若采用租赁方式，则每年年末租赁费为56000元。企业所得税税率为33%，采用直线折旧，基准折现率为10%。试为企业选择方案。

真题链接

1．［单选题］设备融资租赁与经营租赁的主要不同点是（　　）。［2012年一级建造师考试《建设工程经济》真题］

A．租金的支付方式　　B．可用于租赁的设备

C．租赁双方的根本目的　　D．租赁双方承担义务的约束力

2．［单选题］某建筑公司融资租赁一台施工设备，设备价格为300万元，租期为6年，每年年末支付租金，折现率为6%，附加率为3%，租赁保证金为30万元，租赁保证金在租赁期满时退还；担保费为2万元，租赁保证金和担保费的时间价值忽略不计，则按附加率法计算的年租金为（　　）万元。［2012年一级建造师考试《建设工程经济》真题］

A．68.0　　B．77.0　　C．79.0　　D．81.6

3．［单选题］企业拟向租赁公司承租一台施工机械，机械价格为100万元，租期为4年，每年年末支付租金，折现率为8%，附加率为3%，按照附加率法计算，该企业每年应支付的租金为（　　）万元。［2016年一级建造师考试《建设工程经济》真题］

A．36　　B．32　　C．33　　D．44

4．［多选题］融资租赁的租金应由（　　）构成。［2016年一级建造师考试《建设工程经济》真题］

A．租赁资产的成本

B．出租人承办租赁业务的费用

C．租赁资产的运行成本

D．租赁资产成本的利息

E．出租人提供租赁服务的利润

5．［单选题］施工企业拟向租赁公司承租一台设备，设备价格为120万元，租期为6年，年末支付租金，折现率为10%，附加率为4%，按照附加率法计算，应付租金为（　　）万元。［2015年一级建造师考试《建设工程经济》真题］

A．25.0　　B．27.5　　C．33.5　　D．36.8

任务7

应用价值工程原理控制工程建设项目的投资

任务概述

阐述价值工程的基本原理以及利用价值工程原理分析问题、解决工程问题的方法。价值工程原理的应用对于降低工程造价、优化工程方案有显著作用，是现代工程经济学中不可缺少的组成部分。

课程思政目标

1）通过本任务的学习，使学生领会人们为了项目“有效性”不断进取、不断创新、不断发展的历史进程，感悟从局部入手到系统推进的哲学思想、系统观点、整体思路。从把握功能分析这个价值工程核心中，学会工作优化的系统的观点、哲学思维和整体方案。

2）培养学生今后在工作中要学会“弹钢琴”“牵牛鼻子”的思维模式，不能“眉毛胡子一把抓”，更不能养成“捡了芝麻，丢了西瓜”的思维习惯。学会在工作方案优化创新上从局部做起，积累经验、完善方案，再从整体上推进的工作方法。

3）通过对建设项目投资的学习，使学生深刻理解我国“新基建”对“引爆”以数字经济、纳米技术和新能源为代表的新一代技术革命浪潮具有不可或缺的基础性作用。“新基建”蕴含的巨大投资规模和产业协同效应，为锻造中国经济的强度和韧性提供了前所未有的机遇，也为实现关键技术和关键产品的自主创新这一目标提供了有利条件。增强学生对我国社会主义制度优越性的认识，增强学生制度自信、民族自信、道路自信。

学习目标

1．知识目标

1）熟悉价值工程的定义、特点、分析思路与方法。

2）掌握价值工程分析对象选择的方法。

3）掌握产品或作业的功能分析和功能评价常用的方法。

4）掌握新方案的评价方法。

2．能力目标

能够利用价值工程管理方法发现并解决简单、改善期望值大的工程技术、设计、施工中遇到的问题。

学时建议

本任务建议学时为6学时。

工程案例导入

造价工程师在某开发公司的某幢公寓建设工程中，采用价值工程的方法对该工程的设计方案和施工方案进行了全面的技术经济评价，取得了良好的经济效益和社会效益。该建设工程有4个设计方案A、B、C、D，经有关专家对上述方案根据评价指标F_1～F_5进行技术经济分析和论证，得出如下资料（见表7-1和表7-2）。

表7-1　功能重要性评分表

方案功能	F_1	F_2	F_3	F_4	F_5
F_1	—	4	2	3	1
F_2	0	—	1	0	2
F_3	2	3	—	3	3
F_4	1	4	1	—	1
F_5	3	7	1	3	—

表7-2　方案功能评分及单方造价

方案功能	方案功能评分			
	A	B	C	D
F_1	9	10	9	8
F_2	10	10	8	9
F_3	9	9	10	9
F_4	8	8	8	7
F_5	9	7	9	6
单方造价/（元/m^2）	1420	1230	1150	1360

问题：

计算功能系数、价值系数并选择最优设计方案。

7.1　分析提高价值的途径

7.1.1　价值工程的概念

1. 价值工程的含义

价值工程又称价值分析，是一种把功能与成本、技术与经济结合起来进行技术经济评价的方法。它不仅广泛应用于产品设计和产品开发中，而且也应用于工程建设中。

价值工程是以提高产品（或作业）价值和有效利用资源为目的，通过有组织的创造性工作，寻求用最低的寿命周期成本，可靠地实现使用者所需功能，以获得最佳的综合效益的一种管理技术。价值工程中“工程”的含义是指为实现提高价值的目标，所进行的一系列分析研究的活动。价值工程中所述的“价值”也是一个相对的概念，是指作为某种产品（或作业）所具有的功能与获得该功能的全部费用的比值。它不是对象的使用价值，也不是对象的交换价值，而是对象的比较价值，是评价事物有效程度的一种尺度。这种尺度可以表示为

$$V=\frac{F}{C} \tag{7-1}$$

式中：V——价值；

F——研究对象的功能，广义是指产品或作业的功用和用途；

C——成本，即寿命周期成本。

为实现物品功能耗费的成本，包括劳动占用和劳动消耗，是指产品的寿命周期的全部费用，是产品的科研、试验、设计、试制、生产、销售、使用、维修直到报废所花费用的总和。

“价值工程”定义中的“产品”泛指以实物形态存在的各种产品，如材料、制成品、设备、建设工程等；“作业”是指提供一定功能的工艺、工序、作业、活动等。

2．价值工程与其他管理技术的区别

价值工程是一门管理技术，又不同于一般的工业工程和全面质量管理技术。诞生于20世纪初的工业工程，着重于研究作业、工序、时间等从材料到工艺流程等问题，这种管理技术主要是为了降低加工费用。20世纪20年代创始的全面质量管理是按照设计图纸把产品可靠地制造出来，是从结果分析问题原因、帮助消除不良产品的一种管理技术。但它们都是以产品设计图纸已给定的技术条件为前提的，因此降低产品成本都有局限性。而价值工程改变了过去以物品或结构为中心的思考方法，从产品的功能出发，在设计过程中重新审核设计图纸，对产品作设计改进，把与用户需求功能无关的构配件消除掉，更改具有过剩功能的材质和构配件，设计出价值更高的产品。它冲破了原来设计图纸的界限，故能大幅度地降低成本。

价值工程与一般的投资决策理论也不同。一般的投资决策理论研究的是项目的投资效果，强调的是项目的可行性，而价值工程是研究如何以最少的人力、物力、财力和时间获得必要功能的技术经济分析方法，强调的是产品的功能分析和功能改进。

价值工程废弃了会计制度上沿用的事后成本和与产品费用无关的计算成本办法，采用以产品功能为中心分析成本的事前成本计算方法，保证了成本的正确可靠性。

总之，价值工程是采用系统的工作方法，通过各相关领域的协作，对研究对象在功能与成本、效益与费用之间进行系统分析，不断创新，旨在改进研究对象价值的思想方法和提高管理技术水平。

7.1.2 价值工程的特点

由价值工程的概念可知，价值工程涉及价值、功能和寿命周期成本三个基本要素，它

具有以下特点。

1）价值工程的目标，是以最低的寿命周期成本使产品具备它所必须具备的功能。产品的寿命周期成本由生产成本和使用及维护成本组成。

如图7-1所示，产品生产成本C_1是指发生在生产企业内部的成本，也是用户购买产品的费用，包括产品的科研、试验、设计、试制、生产、销售及税金等；而产品使用及维护成本C_2是指用户在使用过程中支付的各种费用的总和，它包括使用过程中的能耗费用、维修费用、人工费用、管理费用等，有时还包括报废拆除所需费用（扣除残值）。

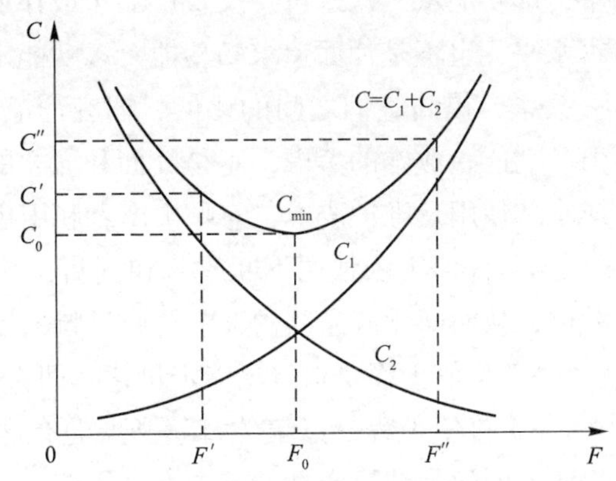

图7-1　产品功能与成本关系图

在一定范围内，产品的生产成本与使用及维护成本存在此消彼长的关系。随着产品功能水平的提高，产品的生产成本C_1增加，使用及维护成本C_2降低；反之，产品功能水平降低，其生产成本C_1降低但是使用及维护成本C_2增加。因此，当产品功能水平逐步提高时，寿命周期成本$C=C_1+C_2$，呈马鞍形变化，如图7-1所示。在F'点，产品功能较少，此时虽然生产成本较低，但由于不能满足使用者的基本需要，使用及维护成本较高，使用寿命周期成本也较高；在F''点，虽然使用及维护成本较低，但由于存在着多余的功能，生产成本较高，同样寿命周期成本也较高。只有在F_0点，产品功能能满足用户的需求。此时，产品成本C_1和使用及维护成本C_2两条曲线叠加所对应的寿命周期成本为最小值C_{min}，体现了比较理想的功能与成本的关系。由此可见，工程产品的寿命周期成本与其功能是辩证统一的关系。寿命周期成本的降低，不仅关系到生产企业的利益，同时也与满足用户的要求及社会节约程度密切相关。因此，价值工程的活动应贯穿于生产和使用的全过程，要兼顾生产者和用户的利益，以获得最佳的社会综合效益。

2）价值工程的核心，是对产品进行功能分析。价值工程中的功能是指对象能够满足某种要求的一种属性，具体来说功能就是某种特定效能、功用或效用。对于一个具体的产品来说，“它是干什么用的”问题的答案就是产品的功能。任何产品都具备相应的功能，假如产品不具备功能则产品就将失去存在的价值。例如，手表有计时、显时的功能，电冰箱具有冷藏、冷冻的功能，住宅有提供居住空间的功能等。用户向生产企业购买产品，是要求生产企业提供这种产品的功能，而不是产品的具体结构。企业生产的目的，也是通过生产获得用户所期望的功能，而结构、材质等是实现这些功能的手段，目的是主要的，手段可以广泛选择。因此，应用价值工程分析产品，首先不是分析它的结构，而是分析它的功能，是在分析功能的基础之上再去研究结构、材质等问题，在保证用户所需功能的同时降低成本，实现价值提高的目的。

3）价值工程将产品价值、功能和成本作为一个整体同时来考虑。在现实中，人们一般对产品（或作业）有“性价比”的要求。“性”反映产品（或作业）的性能和质量水平，即功能水平；“价”反映产品（或作业）的成本水平。价值工程并不是单纯追求低成本水平，也不是片面追求高功能、多功能水平，而是力求正确处理好功能与成本的对立统一关系，提高它们之间的比值，研究产品功能和成本的最佳配置。因此，价值工程对价值、功能、成本的考虑，不是片面和孤立的，而是在确保产品功能的基础上综合考虑生产成本和使用及维护成本，兼顾生产者和用户的利益，创造出总体价值最高的产品。

4）价值工程强调不断改革和创新，开拓新构思和新途径，获得新方案，创造新功能载体，从而简化产品结构，节约原材料，提高产品的技术经济效益。

5）价值工程要求将功能定量化，即将功能转化为能够与成本直接相比的量化值。

6）价值工程是以集体智慧开展的有计划、有组织、有领导的管理活动。由于价值工程研究的问题涉及产品的整个寿命周期，涉及面广，研究过程复杂，如产品价值的提高涉及产品的设计、生产、采购和销售等过程。这不能单靠个别人员和个别部门，而要经过许多部门和环节的配合，才能收到良好的效果。因此，企业在开展价值工程活动时，必须集中人才，组织科研、设计、生产、管理、采购、供销、财务，甚至用户等各方面有经验的人员参加，以适当的组织形式组成一个智力结构合理的集体，共同研究，发挥集体智慧、经验和积极性，排除片面性和盲目性，博采众长，有计划、有领导、有组织地开展活动，以达到提高方案价值的目的。

7.1.3　提高价值的途径

由于价值工程以提高产品价值为目的，这既是用户的需要，又是生产经营者追求的目标，两者的根本利益是一致的。因此，企业应当研究产品功能与成本的最佳匹配。价值工程的基本原理公式$V=F/C$，不仅深刻地反映出产品价值与产品功能和实现此功能所耗成本之间的关系，而且也为如何提高价值提供了以下五种途径。

1．双向型

在提高产品功能的同时，又降低产品成本，这是提高价值最为理想的途径，也是对资源最有效的利用。但对生产者要求较高，往往要借助技术的突破和管理的改善才能实现。例如：重庆轻轨较新线一期工程，根据城市的自身特点，引进跨座式单轨技术。其梁轨一体化的构造，决定了施工要求的高精度，易造成工程返工甚至混凝土预制（PC）轨道梁报废的难题。国外长期采用“先墩后梁”的模式组织建设，缺点是建设周期太长。为实现建设目标，重庆轻轨在项目上打破常规，成功运用了“墩梁并举”的技术与管理模式，大幅缩短了工期（仅为4年工期，远短于常规7～10年的工期）；各项精度水平均有大幅提高，确保了建设质量；缩短了资金积压时间，降低了工程融资成本和工程总造价；同时，缩短了占用城市道路施工的时间，方便了市民出行，减少了堵车，既节省了宝贵的资源，又降低了环境污染。

2．改进型

在产品成本不变的条件下，通过改进设计，提高产品的功能，提高利用资源的成果或

效用（如提高产品的性能、可靠性、寿命、维修性），增加某些用户希望的功能等，达到提高产品价值的目的。例如，人防工程，若仅仅考虑战时的隐蔽功能，平时闲置不用，将需要投入大量的人力、财力予以维护；若在设计时，考虑战时能发挥隐蔽功能，平时能发挥多种功能，则可将人防工程平时利用为地下商场、地下停车场等，这就显著提高了人防工程的功能，并增加了经济效益。

3．节约型

在保持产品功能不变的前提下，通过降低成本达到提高价值的目的。从发展趋势上看，科学技术水平以及劳动生产率是在不断提高的，因此消耗在某种功能水平上的产品或系统的费用应不断降低。新设计、新材料、新结构、新技术、新施工方法和新型高效管理方法无疑会提高劳动生产率，在功能不发生变化的条件下，降低产品或系统的费用。例如，某市一电影院，由于夏季气温高，需设计空调系统进行降温，以满足人们对气温舒适度的要求。经过价值分析，决定采用人防地道风降温系统替代机械制冷系统。该系统实施后，在满足电影院降温要求的前提下，不仅降低了造价，而且节约了运行费和维修费。

4．投资型

产品功能有较大幅度提高，产品成本有较小提高。即成本虽然增加了一些，但功能的提高超过了成本的提高，因此价值还是提高了。例如，电视塔的主要功能是发射电视节目信号和广播节目信号，若只考虑塔的单一功能，塔建成后只能用于发射电视节目信号和广播节目信号，每年国家还要拿出数百万元对塔及内部设备进行维护和更新，经济效益很差。但从价值工程应用来看，若利用塔的高度，在塔的上部增加综合利用机房，可为气象、环保、交通、消防、通信等部门服务；在塔的上部增加观景厅和旋转餐厅等，工程造价虽增加了一些，但功能大增，每年的综合服务和游客的游览收入显著增加，既可加快投资回收，又可实现“以塔养塔”。

5．牺牲型

在产品功能略有下降、产品成本大幅度降低的情况下，也可达到提高产品价值的目的。这是一种灵活的企业经营策略，去除一些用户不需要的功能，从而较大幅度地降低费用，能够更好地满足用户的要求。例如，老年人手机，在保证接听、拨打电话等基本功能的基础上，根据老年人的实际需求，保留或增加有别于普通手机的大字体、大按键、大音量、一键亲情拨号、收音机、一键求救、手电筒、监护定位、助听等功能，减少普通手机的办公、游戏、拍照、多媒体娱乐、数据应用等功能，从总体来看老年手机功能比普通手机降低了些，但仍能满足老年顾客对手机特定功能的要求，且整体生产成本可大大降低。在实际中，对这种牺牲型途径要持慎重态度。

总之，在产品形成的各个阶段都可以应用价值工程提高产品的价值。但在不同的阶段进行价值工程活动，其经济效果的提高幅度却是大不相同的。对于建设工程，应用价值工程的重点是在规划和设计阶段，因为这两个阶段是提高技术方案经济效果的关键环节。一旦设计完成并施工，建设工程的价值就基本决定了，这时再进行价值工程分析就变得更加复杂，不仅原来的许多工作成果要付诸东流，而且变更可能会造成很大的浪费，使价值工程活动的技术经济效果大大下降。当然，在施工阶段建造师也可开展大量的价值工程活动，以寻求技术、经济、管理的突破，获得最佳的综合效果。如对施工项目展开价值工程活动，可以更加明确业主的要求，更加熟悉设计要求、结构特点和项目所在地的自然地理条件，从而更利于施工方案的制定，更能有效地组织和控制项目施工；通过价值工程活动，可以在保证质量的前提下，为用户节约投资，提高功能，降低寿命周期成本，从而赢得业主的信任，有利于各方协作，同时提高自身的社会知名度，增强市场竞争能力；对施工项目进行价值工程活动，对提高项目组织的素质，改善内部组织管理，降低不合理消耗等，也有积极的直接影响。

目前，价值工程在我国建筑业中的应用还处于比较初级的阶段。但从世界范围来看，建筑业一直是价值工程实践的热点领域，究其原因是它能适应建筑业发展的自身需求，在降低工程成本、保证业主投资效益方面具有显著的功效。在美国，建筑业应用价值工程的统计结果表明：一般情况下应用价值工程可以降低整个建设项目初始投资的5%～10%，同时可以降低项目建成后运行费用的5%～10%。而在某些情况下这一节约的比例更是可以高达35%以上。而整个价值工程研究的投入经费仅为项目建设成本的0.1%～0.3%。因此，推动价值工程在我国建筑业中的发展和应用，不仅可以获得良好的经济效益，而且可以提高我国建筑业的整体经营管理水平。

7.2 分析价值工程在工程建设应用中的实施步骤

7.2.1 价值工程的工作程序

价值工程也像其他技术一样具有一套自己独特的工作程序。工程建设中价值工程的工作程序，实质上就是针对工程产品（或作业）的功能和成本提出问题、分析问题、解决问题。其工作步骤见表7-3。

表7-3 价值工程的工作程序

<table>
<tr><th rowspan="2">工作阶段</th><th rowspan="2">设计程序</th><th colspan="2">工作步骤</th><th rowspan="2">对应问题</th></tr>
<tr><th>基本步骤</th><th>详细步骤</th></tr>
<tr><td rowspan="2">准备阶段</td><td rowspan="2">制订工作计划</td><td rowspan="2">确定目标</td><td>1．工作对象选择</td><td rowspan="2">1．价值工程的研究对象是什么</td></tr>
<tr><td>2．信息资料收集</td></tr>
<tr><td rowspan="5">分析阶段</td><td rowspan="5">功能评价</td><td rowspan="2">功能分析</td><td>3．功能定义</td><td rowspan="2">2．这是干什么用的</td></tr>
<tr><td>4．功能整理</td></tr>
<tr><td rowspan="3">功能评析</td><td>5．功能成本分析</td><td>3．成本是多少</td></tr>
<tr><td>6．功能评价</td><td rowspan="2">4．价值是多少</td></tr>
<tr><td>7．确定改进范围</td></tr>
</table>

续表

<table>
<tr><th rowspan="2">工作阶段</th><th rowspan="2">设计程序</th><th colspan="2">工作步骤</th><th rowspan="2">对应问题</th></tr>
<tr><th>基本步骤</th><th>详细步骤</th></tr>
<tr><td rowspan="5">创新阶段</td><td>初步设计</td><td rowspan="5">制订创新方案</td><td>8. 方案创造</td><td>5. 有无其他方法实现同样功能</td></tr>
<tr><td rowspan="3">评价各设计方案，改进、优化方案</td><td>9. 概略评价</td><td rowspan="3">6. 新方案的成本是多少</td></tr>
<tr><td>10. 调整完善</td></tr>
<tr><td>11. 详细评价</td></tr>
<tr><td>方案书面化</td><td>12. 提出方案</td><td>7. 新方案能满足功能的要求吗</td></tr>
<tr><td rowspan="3">实施阶段</td><td rowspan="3">检查实施情况并评价活动成果</td><td rowspan="3">方案实施与成果评价</td><td>13. 方案审批</td><td rowspan="3">8. 偏离目标了吗</td></tr>
<tr><td>14. 方案实施与检查</td></tr>
<tr><td>15. 成果评价</td></tr>
</table>

价值工程的实施就是围绕上述工作程序进行的。

7.2.2 价值工程的准备阶段

价值工程准备阶段的工作主要是工作对象选择与信息资料收集，目的是明确价值工程的研究对象是什么。

1. 对象选择

在工程建设中，并不是对所有的工程产品（或作业）都进行价值分析，而是主要根据企业的发展方向、市场预测、用户反映、存在的问题、薄弱环节以及提高劳动生产率、提高质量、降低成本等方面来选择分析对象。因此，价值工程的对象选择过程就是收缩研究范围的过程，最后明确分析研究的目标即主攻方向。一般说来，从以下几方面考虑价值工程对象的选择。

1）从设计方面看，对结构复杂、性能和技术指标差、体积和质量大的工程产品进行价值工程活动，可使工程产品结构、性能、技术水平得到优化，从而提高工程产品价值。

2）从施工生产方面看，对量大面广、工序烦琐、工艺复杂、原材料和能源消耗高、质量难以保证的工程产品进行价值工程活动，能以最低的寿命周期成本可靠地实现必要功能。

3）从市场方面看，选择用户意见多和竞争力差的工程产品进行价值工程活动，以赢得消费者的认同，占领更大的市场份额。

4）从成本方面看，选择成本高或成本比重大的工程产品进行价值工程活动，可降低工程产品成本。

价值工程对象选择的方法有很多种，不同方法适宜于不同的价值工程对象，根据企业条件选用适宜的方法，就可以取得较好的效果。常用的方法有因素分析法、ABC（全称为activity based classification）分析法、强制确定法、百分比分析法、价值指数法等。

2．信息资料收集

价值工程所需的信息资料，应视具体情况而定。对于一般工程产品（或作业）分析来说，应收集以下几方面的信息资料。

1）用户方面的信息资料。如用户性质、经济能力；使用产品的目的、使用环境、使用条件；所要求的功能和性能；对产品外观要求，如造型、体积、色彩等；对产品价格、交货期、构配件供应、技术服务等方面的要求等。

2）市场方面的信息资料。如产品产销量的演变及目前产销情况、市场需求量及市场占有率的预测；产品竞争的情况，目前有哪些竞争企业和产品，其产量、质量、价格、销售服务、成本、利润、经营特点、管理水平等情况；同类企业和同类产品的发展计划、拟增投资额、规模大小、重新布点、扩建改建或合并调整情况等。

3）技术方面的信息资料。如与产品有关的学术研究或科研成果，新结构、新工艺、新材料、新技术以及标准化方面的资料；该产品研制设计的历史及演变、本企业产品及国内外同类产品有关的技术资料等。

4）经济方面的信息资料。如产品及构配件的工时定额、材料消耗定额、机械设备定额、各种费用定额、企业历年来各种有关成本费用数据、国内外其他厂家与价值工程对象有关的成本费用资料等。

5）本企业的基本资料。如企业的内部供应、生产、组织，以及产品成本等方面的资料，包括生产批量、生产能力、施工方法、工艺装备、生产节拍、检验方法、废次品率、运输方式等。

6）环境保护方面的信息资料。如环境保护的现状，“三废”（废水、废气和固体废弃物）状况及处理方法，有关法规标准；改善环境和劳动条件，减少粉尘、有害液体和气体外泄，减少噪声污染，减轻劳动强度，保障人身安全等。

7）外协方面的信息资料。如原材料及外协或外购件的种类、质量、数量、交货期、价格、材料利用率等情报，供应与协作部门的布局、生产经营情况、技术水平、价格、成本、利润等，运输方式及运输经营情况等。

8）政府和社会有关部门的法规、条例等方面信息资料。信息资料的收集不是一项简单的工作，应收集的信息资料很难完全列举出来，但收集的信息资料要求准确可靠，并且要求经过归纳、鉴别、分析、整理，剔除无效资料，使用有效资料，以利于价值工程活动的分析研究。

7.2.3 价值工程分析阶段

价值工程分析阶段的主要工作是功能定义、功能整理与功能评价。

1．功能定义

任何产品都具有使用价值，即任何产品的存在是由于它们具有能满足用户所需求的特有功能，这是存在于产品中的一种本质。人们购买产品的实质是为了获得产品的功能。

（1）功能分类

为了弄清功能的定义，根据功能的不同特性，可以先将功能分为以下几类：

1）按功能的重要程度分类，产品的功能一般可分为基本功能和辅助功能。

① 基本功能。基本功能是指要达到生产这种产品的目的所不可缺少的功能，是产品的主要功能，如果不具有这种功能，这种产品就失去其存在的价值。例如，承重外墙的基本功能是承受荷载，室内间隔墙的基本功能是分隔空间。基本功能一般以产品基本功能的作用为什么是不可缺少的，其重要性如何表达，其作用是不是产品的主要目的，如果作用变化了则相应的工艺和构配件是否要改变等方面来确定。

② 辅助功能。辅助功能是为了更有效地实现基本功能而添加的功能，是次要功能，是为了实现基本功能而附加的功能，如墙体的隔声、隔热就是墙体的辅助功能。辅助功能可以从它是不是对基本功能起辅助作用，以及它的重要性和基本功能的重要性相比是不是起次要作用等方面来确定。

2）按功能的性质分类，功能可划分为使用功能和美学功能。

① 使用功能。使用功能从功能的内涵上反映其使用属性（包括可用性、可靠性、安全性、易维修性等），如住宅的使用功能是提供人们“居住的空间功能”，桥梁的使用功能是交通，使用功能最容易为用户所了解。

② 美学功能。美学功能是从产品外观（造型、形状、色彩、图案等）上反映功能的艺术属性。

无论是使用功能还是美学功能，它们都是通过基本功能和辅助功能来实现的。产品的使用功能和美学功能要根据产品的特点而有所侧重。有的产品应突出其使用功能，如地下电缆、地下管道等；有的应突出其美学功能，如墙纸、陶瓷壁画等。当然，有的产品如房屋建筑、桥梁等两种功能兼而有之。

3）按用户的需求分类，功能可分为必要功能和不必要功能。在价值工程分析中，功能水平是功能的实现程度。但并不是功能水平越高就越符合用户的要求，价值工程强调产品的功能水平必须符合用户的要求。必要功能是指用户所要求的功能以及与实现用户所需求功能有关的功能，使用功能、美学功能、基本功能、辅助功能等均为必要功能。不必要功能是指不符合用户要求的功能。不必要功能包括三类：第一类是多余功能，第二类是重复功能，第三类是过剩功能。不必要功能必然产生不必要费用，这不仅增加了用户的经济负担，还浪费资源。因此，价值工程的功能，一般是指必要功能，即充分满足用户不可缺少的功能要求。

4）按功能的量化标准分类，产品的功能可分为过剩功能与不足功能。过剩功能是指某些功能虽属必要，但满足需要有余，在数量上超过了用户要求或标准功能水平，这将导致成本增加，给用户造成不合理的负担。不足功能是相对于过剩功能而言的，表现为产品整体功能或构配件功能水平在数量上低于标准功能水平，不能完全满足用户需要，将影响产品正常安全使用，最终也将给用户造成不合理的负担。因此，不足功能和过剩功能要作为价值工程的对象，通过设计进行改进和完善。

5）按总体与局部分类，产品的功能可划分为总体功能和局部功能。总体功能和局部功能是目的与手段的关系，产品各局部功能是实现产品总体功能的基础，而产品的总体功

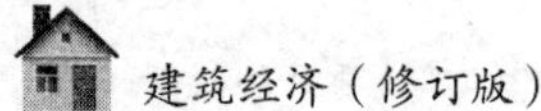

能又是产品各局部功能要达到的目的。

6）按功能整理的逻辑关系分类，产品的功能可以分为并列功能和上下位功能。并列功能是指产品功能之间属于并列关系，如住宅必须具有遮风、避雨、保温、隔热、采光、通风、隔声、防潮、防火、抗震等功能，这些功能之间是属于并列关系的。上下位功能也是目的与手段的关系，上位功能是目的性功能，下位功能是实现上位功能的手段性功能。例如，住宅的最基本功能是居住，是上位功能；而上述所列的并列功能则是实现居住目的所必需的下位功能。但上下位关系是相对的，如为达到居住的目的必须通风，则居住是目的，是上位功能；通风是手段，是下位功能。而为了通风必须组织自然通风，则通风又是目的，是上位功能；组织自然通风是手段，是下位功能。

上述功能的分类不是功能分析的必要步骤，而是用以分辨确定各种功能的性质、关系和其重要的程度。价值工程正是抓住产品功能这一本质，通过对产品功能的分析研究，正确、合理地确定产品的必要功能，消除不必要功能，加强不足功能，削弱过剩功能，改进设计，降低产品成本。因此，可以说价值工程是以功能为中心，在可靠地实现必要的功能基础上来考虑降低产品成本的。

（2）功能定义

功能定义是指根据收集到的信息资料，透过对象产品或构配件的物理特征（或现象），找出其效用或功用的本质，并逐项加以区分和规定，以简洁的语言描述出来。通常用一个动词加一个名词表述，如传递荷载、分隔空间、保温、采光等。这里要求描述的是产品的“功能”，而不是对象的结构、外形或材质。因此，对产品功能进行定义，必须对产品的作用有深刻的认识和理解，功能定义的过程就是解剖分析的过程，如图7-2所示。

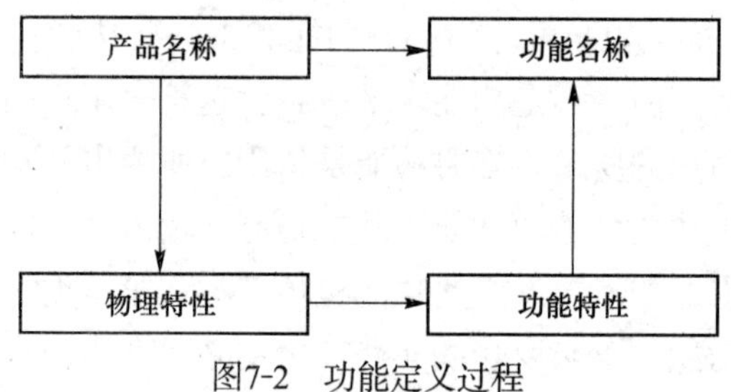

图7-2　功能定义过程

功能定义的目的是：

1）明确对象产品和组成产品各构配件的功能，借以弄清产品的特性。

2）便于进行功能评价，通过评价弄清哪些是价值低的功能和有问题的功能，实现价值工程的目的。

3）便于构思方案，对功能下定义的过程实际上也是为对象产品改进设计的构思过程，为价值工程的方案创造工作阶段作了准备。

2．功能整理

产品中各功能之间都是相互配合、相互联系的，都在为实现产品的整体功能发挥各自的作用。因此，功能整理是用系统的观点将已经定义了的功能加以系统化，找出各局部功

能相互之间的逻辑关系是并列关系还是上下位关系，并用图表形式表达（图7-3），以明确产品的功能系统，从而为功能评价和方案构思提供依据。

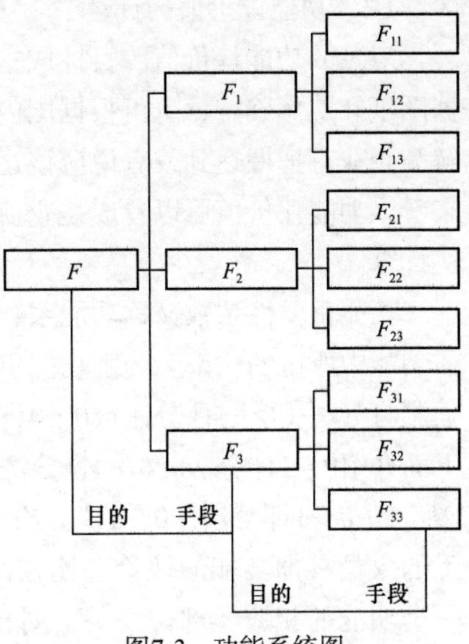

图7-3　功能系统图

3．功能评价

功能评价是在功能定义和功能整理完成之后，在已定性确定问题的基础上进一步作定量的确定，即评定功能的价值。功能价值V的计算方法可分为两大类，即功能成本法与功能指数法。下面仅介绍功能成本法。

（1）功能评价的程序

价值工程的成本有两种：一种是现实成本，是指目前的实际成本；另一种是目标成本。功能评价是指找出实现功能的最低费用并以其作为功能的目标成本，再以功能目标成本为基准，通过与功能现实成本相比较，求出两者的比值（功能价值）和两者的差异值（改善期望值），然后选择功能价值低、改善期望值大的功能作为价值工程活动的重点对象。功能评价的程序如图7-4所示。

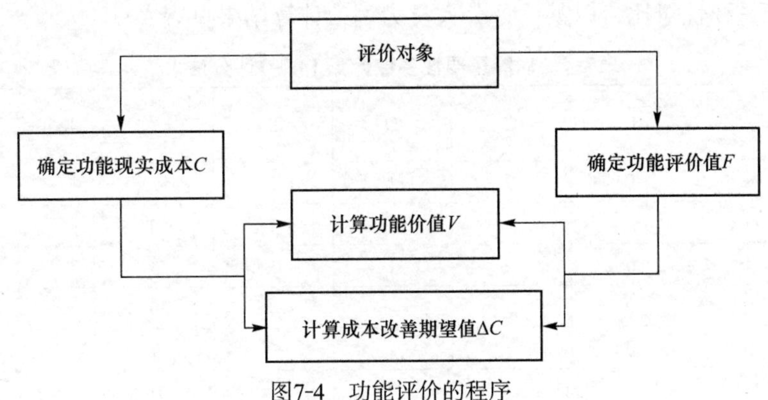

图7-4　功能评价的程序

（2）功能现实成本的计算

功能现实成本的计算与一般传统的成本核算既有相同点，也有不同之处。两者的相同点是指它们在成本费用的构成项目上是完全相同的；而两者的不同之处在于功能现实成本的计算以对象的功能为单位，而传统的成本核算以产品或构配件为单位。因此，在计算功能现实成本时，就需要根据传统的成本核算资料，将产品或构配件的现实成本换算成功能的现实成本。具体而言，当一个构配件只具有一个功能时，该构配件的成本就是它本身的功能成本；当一项功能要由多个构配件共同实现时，该功能的成本就等于这些构配件的成本之和。当一个构配件具有多项功能或同时与多项功能有关时，就需要将构配件成本分摊给各项有关功能，至于分摊的方法和分摊的比例，可根据具体情况决定。

（3）功能评价值的计算

对象的功能评价值（目标成本）是指可靠地实现用户要求功能的最低成本，既可以根据图纸和定额确定，也可根据国内外先进水平或根据市场竞争的价格等来确定。它可以理解为企业有把握达到或者说应该达到的实现用户要求功能的最低成本。从企业目标的角度来看，功能评价值可以看成是企业预期的、理想的成本目标值，常用功能重要性系数评价法计算。

功能重要性系数又称功能系数或功能指数，是指评价对象（如零部件等）的功能在整体功能中所占的比率。确定功能重要性系数的关键是对功能进行打分，常用的打分方法有强制打分法（0～1评分法或0～4评分法）、多比例评分法、逻辑评分法、环比评分法等。下面介绍0～1评分法和0～4评分法。

1）0～1评分法。0～1评分法（也称为强制确定法）的具体做法是请5～15个对产品熟悉的人员参加功能的评价，比较两个零部件功能的重要性，可以用完成一个功能的相应零部件去一一对比完成另一功能的相应零部件。重要的得1分；不重要的得0分；自身和自身相比不得分，用“—”表示。两个零部件在进行比较时，不能认为都重要均得1分，也不能认为都不重要均得0分，一定要给予1与0的相对比较。例如，某个产品有5个零部件，相互间进行功能重要性对比，以某一评分人员为例，计算结果见表7-4。

功能价值的计算 0~1评分法

表7-4 功能重要性系数计算（0～1评分法）

零部件	A	B	C	D	E	得分	修正得分	功能重要性系数
A	—	0	0	1	1	2	3	0.20
B	1	—	1	1	1	4	5	0.33
C	1	0	—	1	1	3	4	0.27
D	0	0	0	—	0	0	1	0.07
E	0	0	0	1	—	1	2	0.13
合计						10	15	1.00

注：B和A比较时，B比较重要得1分，在第二列第三行写1分，同样在第三列第二行写0分，以此类推；对角线不得分；得分结果出现0时，进行规避，每项指标得分加1进行修正。

功能重要性系数是将每个零部件修正得分除以所有零部件修正得分总分，表7-4中，A零件的功能重要性系数是3 ÷ 15=0.20。功能重要性系数的大小反映了零部件功能重要性的大小，功能重要性系数大说明功能重要，反之说明功能不太重要。功能重要性系数是说明功能大小的数量化数据。

功能价值的计算 0~4评分法

2）0～4评分法。0～4评分法的做法是请5～15个对产品熟悉的人员参加功能的评价，按重要性的大小采用4种评价方法计分，见表7-5。

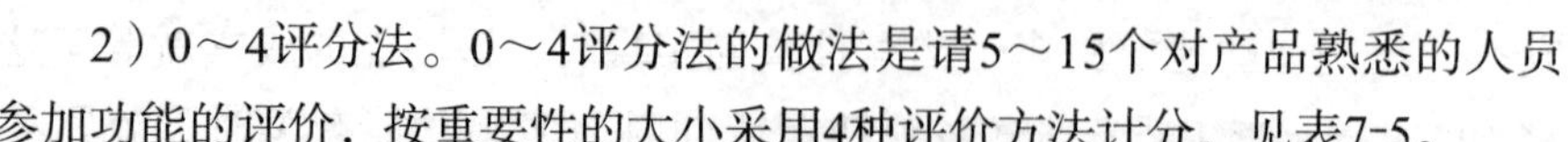

① 非常重要的功能得4分，另一个相比的功能很不重要时得0分。

② 比较重要的功能得3分，另一个相比的功能不太重要时得1分。

③ 两个功能同样重要时，则各得2分。

④ 自身对比不得分。

表7-5　功能重要性系数计算（0～4评分法）

评价对象	F_1	F_2	F_3	F_4	得分	功能重要性系数
F_1	—	3	4	2	9	0.375
F_2	1	—	3	1	5	0.208
F_3	0	1	—	0	1	0.042
F_4	2	3	4	—	9	0.375
合计					24	1

（4）计算功能价值，分析成本功能的合理匹配程度

应用功能成本法计算功能价值，是通过一定的测算方法，测定实现应有功能所必须消耗的最低成本，同时计算为实现应有功能所耗费的现实成本，经过分析、对比，求得对象的价值系数和成本降低期望值，确定价值工程的改进对象。其表达式为

$$V_i=\frac{F_i}{C_i} \tag{7-2}$$

式中：V_i——第i个评价对象的价值系数；

F_i——第i个评价对象的功能评价值（目标成本）；

C_i——第i个评价对象的现实成本。

举例分析，如某项目施工方案A的生产成本为500万元；在相同条件下，其他项目生产成本为450万元。这可以表示为

施工方案A功能评价值：　　450万元

施工方案A功能的实际投入：　　500万元

施工方案A的价值：　　450 ÷ 500=0.9

如果施工方案B花费450万元能完成该项目施工，则

施工方案B功能评价值：　　450万元

施工方案B功能的实际投入：　　450万元

施工方案B的价值：　　450 ÷ 450=1

从上面例子可以看出，最恰当的价值应该为1，因为这使满足用户要求的功能最理想、最值得的投入与实际投入一致。但在一般情况下价值往往小于1，因为技术不断进步，“低成本”战略将日趋被重视，竞争也将更激烈，同一产品的功能评价值也将降低。

根据式（7-2），功能的价值系数有以下几种结果。

1）V_i=1，表示功能评价值等于功能现实成本，表明评价对象的功能现实成本与实现功能所必需的最低成本大致相当，说明评价对象的价值为最佳，一般无须改进。

2）V_i<1，此时的功能现实成本大于功能评价值，表明评价对象的现实成本偏高，而功能要求不高，一种可能是存在着过剩的功能；另一种可能是功能虽无过剩，但实现功能

的条件或方法不佳，以致实现功能的成本大于功能的实际需要。

3）$V_i>1$，说明该评价对象的功能比较重要，但分配的成本较少，即功能现实成本低于功能评价值。对此应具体分析，可能功能与成本分配已较理想，或者有不必要的功能，或者应该提高成本。

4）$V_i=0$时，因为只有分子为0，或分母为∞时，才能是$V_i=0$。根据上述对功能评价值F_i的定义，分子不应为0，而分母也不会为∞，故要进一步分析。如果是不必要的功能，则取消该评价对象；但如果是最不重要的必要功能，要根据实际情况处理。

（5）确定价值工程对象的改进范围

从以上分析可以看出，对产品进行价值分析，就是使产品每个构配件的价值系数尽可能趋近于1。为此，确定的改进对象如下。

1）F_i/C_i值低的功能。计算出来的$V_i<1$的功能区域，基本上都应进行改进，特别是V_i值比1小得多的功能区域，应力求使$V_i=1$。

2）$\Delta C_i=(C_i-F_i)$值大的功能。ΔC_i既是成本降低的期望值，也是成本降低的绝对值。当n个功能区域的价值系数同样低时，就要优先选择ΔC_i数值大的功能区域作为重点对象。

3）复杂的功能。复杂的功能区域，说明其功能是通过很多构配件（或作业）来实现的，通常复杂的功能区域其价值系数也较低。

4）问题多的功能。尽管在功能系统图上的任何一级改进都可以达到提高价值的目的，但是改进的多少、取得效果的大小却是不同的。越接近功能系统图的末端，改进的余地越小，越只能进行结构上的小改小动；相反，越接近功能系统图的前端，功能改进的范围就可以越大，就越有可能进行原理上的改变，从而带来显著的效益。

7.2.4 价值工程创新阶段

1．方案创造

方案创造是从提高对象的功能价值出发，在正确的功能分析和评价的基础上，针对应改进的具体目标，通过创造性的思维活动，提出能够可靠地实现必要功能的新方案。

方案创造的理论依据是功能载体具有替代性。方案创造的方法很多，如头脑风暴法、歌顿法（模糊目标法）、专家意见法（德尔菲法）、专家检查法等。总的要求是要充分发挥各有关人员的智慧，集思广益，多提方案，从而为评价方案创造条件。

2．方案评价

方案评价是在方案创造的基础上对若干新构思的方案进行技术、经济、社会和环境效果等方面的评价，以便于选择最佳方案。方案评价分为概略评价和详细评价两个阶段，其过程如图7-5所示。

概略评价是对新构思方案进行初步研究，其目的是从众多的方案中进行粗略的筛选，以减少详细评价的工作量，使精力集中于优秀方案的评价。

详细评价是对经过筛选后的少数方案的再具体化，通过进一步的调查、研究和评价，最后选出最令人满意的方案。其评价结论是方案审批的依据。

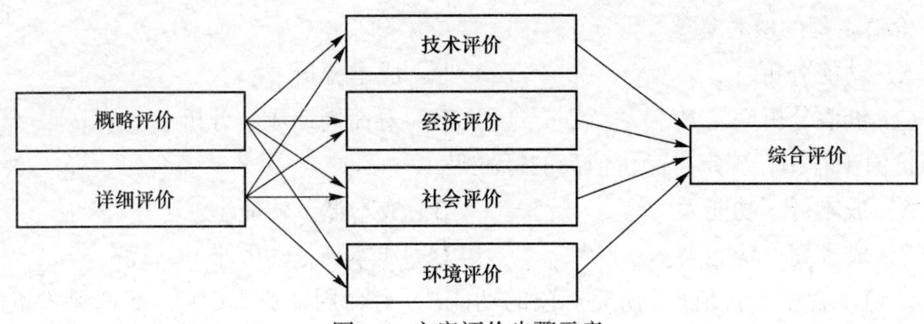

图7-5　方案评价步骤示意

不论是概略评价还是详细评价，都包括技术评价、经济评价、社会评价和环境评价四个方面。其中，技术评价围绕功能进行，其内容是方案能否实现所需的功能以及实现的程度，包括功能实现程度（性能、质量、寿命等）、可靠性、可维修性、可操作性、安全性、系统协调性、环境协调性等。经济评价围绕经济效果进行，其内容是以成本为代表的经济可行性，包括费用的节省、对企业或公众产生的效益，同时还应考虑产品的市场情况，同类竞争企业、竞争产品，产品盈利的多少和能保持盈利的年限。社会评价围绕社会效果进行，其内容是方案对社会有利或有害的影响。环境评价围绕环境效果进行，其内容是方案对环境的影响，如污染、噪声、能源消耗等。最后进行综合评价，选出最佳方案。

7.2.5　价值工程实施阶段

通过综合评价选出的方案，送决策部门审批后便可实施。为了保证方案顺利实施，应做到以下四个落实。

1）组织落实：要把具体的实施方案落实到职能部门和有关人员。

2）经费落实：要把实施方案所需经费的来源和使用安排落实好。

3）物质落实：要把实施方案所需的物资、装备等落实好。

4）时间落实：要把实施方案的起止时间及各阶段的时间妥善安排好。

在方案实施过程中，应该对方案的实施情况进行检查，发现问题要及时解决。方案实施完成后，要进行总结评价和验收。

拓展与实训

职业能力训练

一、单项选择题

1．价值工程的目标是（　　）。

A．以最低的生产成本实现最好的经济效益

B．以最低的生产成本实现使用者所需的功能

C．以最低的寿命周期成本实现使用者所需的最高功能

D．以最低的寿命周期成本可靠地实现使用者所需的必要功能

2．价值工程的核心是（　　）。

A．功能分析　　B．成本分析

C．价值分析　　D．寿命周期成本分析

3．价值工程中，确定产品价值高的标准是（　　）。

A．成本低，功能大　　B．成本低，功能小

C．成本高，功能大　　D．成本高，功能小

4．价值工程中（价值V、研究对象的功能F、寿命周期成本C），下列等式正确的是（　　）。

A．$V=C/F$　　B．$V=F/C$　　C．$V=F+C$　　D．$V=F-C$

5．在一定范围内，产品生产成本与使用及维护成本的关系是（　　）。

A．随着产品功能水平的提高，产品的生产成本增加，使用及维护成本降低

B．随着产品功能水平的提高，产品的生产成本减少，使用及维护成本降低

C．随着产品功能水平的降低，产品的生产成本增加，使用及维护成本提高

D．随着产品功能水平的降低，产品的生产成本减少，使用及维护成本提高

6．价值工程中的功能一般是指产品的（　　）。

A．基本功能　　B．使用功能　　C．主要功能　　D．必要功能

7．在建筑产品生产中应用价值工程原理时，应（　　）。

A．在分析结构、材质等问题的同时，对产品的必要功能进行定义

B．首先确定建筑产品的设计方案，然后进行功能分析和评价

C．在分析功能的基础上，再去研究结构、材质等问题

D．在分析结构、施工工艺的基础上，确定建筑产品的功能

8．价值工程中总成本是指（　　）。

A．生产成本　　B．产品寿命周期成本

C．使用成本　　D．使用和维修费用成本

9．价值工程中寿命周期成本是指（　　）。

A．生产及销售成本+使用及维修成本

B．试验、试制成本+生产及销售成本+使用及维修成本

C．科研、设计成本+生产及销售成本+使用及维修成本

D．科研、设计成本+试验、试制成本+生产及销售成本+使用及维修成本

10．下列关于价值工程的表述中，错误的是（　　）。

A．价值工程的核心是功能分析　　B．价值工程的目标表现为产品价值的提高

C．价值工程是有组织的管理活动　　D．价值工程的重点是产品价值分析

二、多项选择题

1．下列属于价值工程特点的是（　　）。

A．价值工程将产品价值、功能和成本作为一个整体同时来考虑

B．价值工程是一个有计划、有组织的管理活动

C．价值工程强调不断改革与创新

D．价值工程的目标是以最低的寿命期成本，使产品具备它必须具备的功能

E．价值工程强调的是产品的功能分析和质量改进

2．在价值工程中，提高产品价值的途径有（　　）。

A．产品成本不变，提高功能水平　　B．产品功能不变，降低成本

C．降低产品成本，提高功能水平　　D．产品功能下降，成本提高

E．功能小提高，成本大提高

3．计算功能价值，对成本功能的合理匹配程度进行分析，若零部件的价值系数小于1，表明该零部件有可能（　　）。

A．成本支出偏高　　B．成本支出偏低

C．功能过剩　　D．功能不足

E．成本支出与功能相当

4．价值工程是就某个具体对象开展的有针对性的分析评价和改进，企业就研究对象的选择应该考虑（　　）。

A．在生产经营上有迫切需要的产品或项目

B．改善价值上有巨大潜力的产品或项目

C．投放市场后经济效益最好的产品

D．一些尚未兴起，但市场前景看好的项目

E．对国计民生有重大影响的项目

5．下列关于价值工程的说法中，正确的有（　　）。

A．价值工程是将产品的价值、功能和成本作为一个整体同时考虑

B．价值工程的核心是对产品进行功能分析

C．价值工程的目标是以最低生产成本实现产品的基本功能

D．提高价值最为理想的途径是降低产品成本

E．价值工程中的功能是指对象能够满足某种要求的一种属性

6．功能整理可以（　　）。

A．明确功能范围　　B．发现不足功能及过剩功能

C．发现必要功能及多余功能　　D．明确各功能之间的关系

E．量化各项功能

7．当价值系数V_i<1时，应该采取的措施有（　　）。

A．在功能水平不变的条件下，降低成本

B．在成本不变的条件下，提高功能水平

C．去掉成本比重较大的多余功能

D．补充不足功能，但是成本上升幅度很小

E．不惜一切代价来提高重要功能

8．价值工程涉及价值、功能和寿命周期成本三个基本要素，其特点包括（　　）。

A．价值工程的核心是对产品进行功能分析

B．价值工程要求将功能定量化，即将功能转化为能够与成本直接相比的量化值

C．价值工程的目标是以最低的生产成本使产品具备其所必须具备的功能

D．价值工程是以集体的智慧开展的有计划、有组织、有领导的管理活动

E．价值工程中的价值是指对象的使用价值，而不是交换价值

9．利用功能指数法进行价值分析时，如果$V_i>1$，出现这种情况的原因可能是（　　）。

A．目前成本偏低，不能满足评价对象应具有的功能要求

B．功能过剩，已经超过了其应具有的功能水平

C．功能成本比较好，正是价值分析所追求的目标

D．功能很重要但成本较低，不必列为改进对象

E．实现功能的条件和方法不佳，致使成本过高

10．在价值工程活动中，可用来确定功能重要性系数的强制评分法包括（　　）。

A．环比评分法　　B．0～1评分法

C．0～4评分法　　D．逻辑评分法

E．多比例评分法

工程模拟训练

1．某产品各个零部件功能重要程度采用0～4评分法的结果如表7-6所示，请填表并计算各个零部件的功能重要性系数。

表7-6　0～4评分法结果

零部件	A	B	C	D	E
A	×	3	2	4	3
B	1	×	0	1	4
C	2	4	×	3	0
D	0	3	1	×	3
E	1	0	4	1	×

2．某工程师针对设计院提出的A、B、C三个方案，进行技术经济分析和专家调整后得出如表7-7所示数据。

表7-7　调整后数据

方案功能	方案功能得分			方案功能重要程度
	A	B	C	
F_1	9	9	8	0.25
F_2	8	10	10	0.35
F_3	10	7	9	0.25
F_4	9	10	9	0.10
F_5	8	8	6	0.05
单方造价/（元/m^2）	1325	1118	1226	1.00

问题：

1）计算方案功能重要性系数和价值系数，并确定最优方案。

2）简述价值工程的工作步骤和阶段划分。

真题链接

1．［单选题］价值工程活动中，计算产品成品的方法是以产品（　　）为中心分析成本的事前成本计算方法。［2012年一级建造师考试《建设工程经济》真题］

A．功能　　B．质量　　C．价格　　D．性能

2．［多选题］造成价值工程活动对象的价值系数V_i小于1的可能原因有（　　）。［2012年一级建造师考试《建设工程经济》真题］

A．评价对象的现实成本偏低

B．功能现实成本大于功能评价值

C．可能存在着不足的功能

D．实现功能的条件或方法不佳

E．可能存在着过剩的功能

3．［单选题］价值工程中方案创造的理论依据是（　　）。［2016年一级建造师考试《建设工程经济》真题］

A．产品功能具有系统性　　B．功能载体具有替代性

C．功能载体具有排他性　　D．功能实现程度具有差异性

4．［单选题］4个互斥性施工方案的功能系数和成本系数如表7-8所示。从价值工程角度评价出的最优方案是（　　）。［2015年一级建造师考试《建设工程经济》真题］

表7-8　4个互斥性施工方案的功能系数和成本系数

方案	甲	乙	丙	丁
功能系数	1.20	1.25	1.05	1.15
成本系数	1.15	1.01	1.05	1.20

A．甲　　B．乙　　C．丙　　D．丁

5．［多选题］价值工程分析阶段的工作有（　　）。［2015年一级建造师考试《建设工程经济》真题］

A．对象选择　　B．方案评价　　C．功能定义　　D．功能整理

E．功能评价

任务8

分析新技术、新工艺、新材料应用方案的技术经济效果

▌任务概述

按照技术上先进、经济上合理的原则，对新技术、新工艺、新材料应用方案进行经济分析和技术分析，以选择最优方案。

▌课程思政目标

1）通过案例，让学生了解BIMBase系统是国内首款实现建筑信息模型（BIM）关键核心技术自主研发和安全可控的BIM平台和软件，填补了国产BIM基础平台空白。BIMBase拥有自主三维图形引擎，实现关键核心技术国产化，解决行业数字化“卡脖子”问题，实现BIM核心软件国产替代。培养学生勇于创新的精神，增强民族自豪感和民族自信。

2）通过港珠澳大桥案例分析，让学生了解港珠澳大桥是国家工程、国之重器，其建设创下多项世界之最，体现了我们国家“逢山开路、遇水架桥”的奋斗精神，体现了我国综合国力、自主创新能力。大桥建成通车，进一步坚定了我们对中国特色社会主义的道路自信、理论自信、制度自信和文化自信。

3）通过港珠澳大桥建设的背景、意义和技术难点的介绍，培养学生艰苦奋斗、勇于挑战的科研精神，通过大桥的建设成果，树立学生的爱国、爱党的民族自豪感。

▌学习目标

1．知识目标

1）熟悉新技术、新工艺和新材料应用方案的选择原则。

2）掌握新技术、新工艺和新材料应用方案的技术经济分析步骤和方法。

2．能力目标

能利用增量投资收益率法和年折算费用法计算，并对新技术、新工艺和新材料应用方案的技术经济进行分析。

▌学时建议

本任务建议学时为4学时。

▌工程案例导入

某工程施工现有两个技术方案可供对比选择。方案1采用旧方案，投资200万元，年生产成本48万元；方案2采用新技术方案，需投资230万元，年生产成本42万元。设基准投资

收益率为12%。试选择方案。

8.1　确定新技术、新工艺、新材料应用方案的选择原则

由于科学技术的不断进步，在工程建设领域，新技术、新工艺和新材料（以下统称“新技术”）也不断涌现。例如，基坑支护技术、高强高性能混凝土技术、建筑节能及新型墙体应用技术、超高层房屋建筑施工技术、大跨度预应力技术、超大跨度桥梁施工技术、地下工程盾构机制造技术、大型复杂成套设备安装技术等，这些对我国建筑业技术进步起到了强大的推动作用。但也应注意，对某些建筑新技术的应用，可能因为其本身的成熟度和风险、项目所在地、实施企业的原因带来消极的影响。因此，是否把这些新技术应用于工程建设，是需要认真考虑的问题。为此，做好新技术应用方案的技术经济分析就显得尤其重要。它要求提出合理的应用方案，以达到保证工程质量、降低工程成本、节约劳动消耗、缩短工期和减少污染、提高工程建设的综合经济效果的目的。

工程建设新技术的范畴包括工程设计技术、工程材料、工程结构、施工工艺、环境技术、设备系统、节能、工程安全和防护技术等。新技术所涉及的“新”是相对的、有条件的、可变的。任何一项新技术都不是凭空产生的，都是根据特定的需要，针对一定的条件研制、发展而成的，对不同的对象有不同的适宜性和条件性。这也就是为什么多种新技术在相当长时期内能够同时并存、竞相发展的原因。

现代工程建设，在满足业主功能要求和有关技术法规的条件下，可通过不同的技术、工艺和材料方案来完成，但在完成工程建设过程中，不同方案取得的技术经济效果是不同的。所以要对新技术方案进行技术经济分析，通过分析、对比、论证，寻求最佳新技术方案。一般说来，选择新技术方案时应遵循以下原则。

8.1.1　技术上先进、可靠、安全、适用

选择先进、可靠、安全、适用的新技术应用方案可以取得多方面的效果。其中主要表现在以下几方面。

1. 技术先进性

备选的新技术应用方案一般要比企业现有的技术先进，力争有较强的行业竞争力。技术先进性可以通过各种技术经济指标体现出来。主要有降低原材料和能源消耗，缩短工艺流程，提高劳动生产率，有利于保证和提高工程质量；提高自动化程度，有益于人身安全，减轻工人的劳动强度，减少污染、消除公害，有助于改善环境。同时，有利于缩小与国外先进水平的差距。

2. 技术可靠性

备选的新技术应用方案必须是成熟的、稳定的，并有可借鉴的成功项目经验；对尚在试验阶段的新技术应采取积极慎重的态度；采用转让取得的技术，要考虑技术来源的可靠

性。主要表现在技术持有者信誉好，愿意转让技术，且转让条件合理，知识产权经过确认。同时，备选方案的技术能够实现方案设定的目标，对产品的质量性能和方案的生产能力有足够的保证程度，能防范和积极避免因方案技术可靠性不足而产生的资源浪费。

3. 技术安全性

备选的新技术应用方案必须考虑是否会对操作人员造成人身伤害，有无保护措施。还应考虑噪声的产生和治理情况是否会影响周边环境，应使选择的方案有利于环境保护和尽量少排放废气、废水和固体废弃物，降低噪声。

4. 技术适用性

备选的新技术应用方案必须考虑对当地资源的适用性（包括原材料、人力资源、环境资源），充分发挥企业和应用方案所在地的资源优势，适应应用方案特定的资源、经济、社会等方面的条件，降低原材料特别是能源的消耗，改善生产条件，提高产品质量，同时有利于充分发挥企业原有的技术装备和技术力量。

8.1.2 综合效益上合理

要综合考虑新技术应用方案的投资、成本、质量、工期、社会、环境、经济效益等因素，主要体现在以下两方面。

1. 方案经济性

要根据备选的新技术应用方案的具体情况，分析方案的投资费用、劳动力需要量、能源消耗量、生产成本等，比选各备选方案的成本和产品性能需求，选择“性价比”较高即经济合理性的方案为较优方案。但须注意，在进行方案经济性比选时各备选方案必须具备可比性，即比选时要充分考虑各备选方案在满足需要、消耗费用、价格、时间因素、原始数据资料等方面的可比性。

2. 效益综合性

方案效益综合性是指技术、经济、社会和环境相结合，在选择方案时，不仅要考虑技术和经济问题，还要对社会影响和环境影响给予必要的考虑，避免产生不良的社会问题和环境问题。

通常情况下，上述原则是一致的。但有时也存在相互矛盾的情形，此时就要综合考虑几方面的得失。一般地说，在保证功能和质量、不违反劳动安全与环境保护的原则下，经济合理性应是选择新技术应用方案的主要原则。

8.2 分析新技术应用方案的技术经济效果

8.2.1 新技术应用方案的技术经济分析方法分类

1）对新技术应用方案技术经济分析，常常按分析的时间或阶段不同分为事前和事后

进行的技术经济分析，设计阶段和施工阶段进行的技术经济分析。

2）按分析的内容不同，新技术应用方案的技术经济分析分为技术分析、经济分析、社会分析、环境分析和综合分析。每一类分析又包含若干比选指标，不同类别新技术应用方案的比选指标重点不同。

3）新技术应用方案的技术经济分析方法包括定性分析和定量分析。定性分析主要是依据人的丰富实践经验以及主观的判断和分析能力，评述影响新技术应用方案的各种因素及其影响程度，或者是把新技术应用方案的各个方面与目标要求进行比较，分析新技术应用方案对目标的满足程度。如施工新技术方案是否先进可行，是否满足施工进度安排要求，是否满足施工连续性和均衡性，是否与工程要求相符，是否充分利用场地，能否体现文明施工，是否有适当的技术和管理水平，等等。

定量分析就是对各项指标进行数据计算，通过量的分析比较，对各个新技术应用方案进行技术经济评价。

定性比选适合于新技术应用方案比选的初级阶段，在一些比选因素较为直观且不复杂的情况下，定性比选简单易行。如在新技术应用方案比选中，由于安全环保的限制可一票否决，没有必要比较下去，此时定性分析即能满足比选要求。在较为复杂新技术应用方案比选工作中，一般先经过定性分析，如果定性分析很难判断各个备选方案的优劣，再通过定量分析，论证其经济效益的大小，据以判别备选方案的优劣。有时，由于诸多因素如可靠性、社会环境、人文因素等很难量化，方案不能完全由技术经济指标来表达，此时通常采用专家评议法，组织专家进行定性和定量分析相结合的评议，采用加权或不加权的计分方法进行综合评价比选。

4）按比选对象不同，新技术应用方案的技术经济分析分为有无对比和横向对比。

① 有无对比，在已有的技术方案基础上应用新技术方案，该复合方案叫作“有方案”；不上新技术应用方案，继续使用已有的技术方案，则叫作“无方案”。有无对比就是对比“有方案”与“无方案”的投入产出效益。

② 横向对比是比较同一行业类似方案在投入、产出、资源消耗、能源节约、环境保护、费用、效益、技术水平等方面的指标。不同行业的方案，同一行业规模相差太大的方案，均不宜横向对比。横向对比多用于竞争力分析。

5）按比选尺度不同，新技术应用方案的技术经济分析分为规制对比和标准对比。

① 规制对比就是将方案与规制进行对比，以判定方案是否合法。规制包括国家、地方和各级政府部门颁布的法律、法规、政策、规划、部门规章和项目批复文件，以及合同等。规制是政府行政主管部门干预项目的重要依据。

② 标准对比是将方案的可验证指标与标准对比，以检验方案在技术上是否合法、合理、科学和有效。新技术应用方案常用的对比标准有：工程建设标准和规范（其中的强制性条文必须执行，不符合强制性条文的技术方案视为违法，造成严重事故的要依法追究责任）、设备或产品标准（设备和产品要达到国家安全与卫生强制性认证的要求）、工程量清单计价规范与预算定额。

8.2.2 新技术应用方案的技术分析

新技术应用方案的技术分析，是通过对其方案的技术特性和条件指标进行对比与分析来完成的。

1. 技术特性指标

不同的技术有不同的技术特性，如结构工程中混凝土工艺方案的技术性指标可用现浇混凝土强度、现浇工程总量、最大浇筑量等表示；安装工程则可用安装“构件”总量最大尺寸、最大重量、最大安装高度等表示。

2. 技术条件指标

反映技术条件的指标很多，在建设工程中常用的有方案占地面积；所需的主要材料、构配件等资源是否能保证供应；所需的主要专用设备是否能保证供应；所需的施工专业化协作、主要专业工种工人是否能保证供应；采用的方案对工程质量的保证程度，对社会运输能力的要求及能否得到服务，对市政公用设施的要求及能否得到服务；采用的方案可能形成的施工公害或污染情况；采用的方案抗拒自然气候条件影响的能力；采用的方案要求的技术复杂程度和难易程度以及对技术准备工作的要求，施工的安全性；采用的方案对前道工序的要求和为后续工序创造的条件等表示。

3. 新技术应用方案技术比较分析

在进行新技术应用方案技术比较分析时，一般可从以下几个方面着手。

1）分析与实施工程相关的国内外新技术应用方案，比较优缺点和发展趋势，选择先进适用的应用方案。

2）拟采用的新技术和新工艺应用方案应与采用的原材料相适应；新材料应用方案应与采用的工艺技术相适应。

3）分析应用方案的技术来源的可得性，若采用引进技术或专利，应比较所需费用。

4）分析应用方案是否符合节能、环保的要求。

5）分析应用方案对工程质量的保证程度。

6）分析应用方案各工序间的合理衔接，工艺流程是否通畅、简捷。

8.2.3 新技术应用方案的经济分析

在工程建设中，不同的技术、工艺和材料方案只能选择一个实施，即方案之间具有互斥性。常用的静态分析方法有增量投资收益率法、年折算费用法、综合总费用法等；常用的动态分析方法有净现值（费用现值）法、净年值（年成本）法等。下面仅介绍几种静态分析方法。

1. 增量投资收益率法

在评价方案时，常常会出现新技术方案（新方案）的一次性投资额较大、年经营成本（或生产成本）较低，而对比采用旧技术方案（旧方案）的一次性投资额虽较低，但其年经营成本（或生产成本）却较高的情况，这样投资大的新方案与投资小的旧方案就形成了增量的投资，

但投资大的新方案比投资小的旧方案在经营成本（或生产成本）上又带来了节约。此时就可计算增量投资收益率，以此判断对比方案的相对经济效果，据此选择合理方案。

增量投资收益率法

增量投资收益率是指增量投资所带来的经营成本（或生产成本）上的节约与增量投资之比。

现设I_1、I_2分别为旧、新方案的投资额，C_1、C_2为旧、新方案的经营成本（或生产成本）。

如$I_2>I_1$，$C_2<C_1$，则增量投资收益率$R_{(2-1)}$为

$$R_{(2-1)}=\frac{C_1-C_2}{I_2-I_1}\times 100\% \tag{8-1}$$

当$R_{(2-1)}$大于或等于基准投资收益率时，表明新方案是可行的；当$R_{(2-1)}$小于基准投资收益率时，则表明新方案是不可行的。

【例8-1】　某工程施工现有两个对比技术方案。方案1是过去曾经应用过的，需投资120万元，年生产成本为32万元；方案2是新技术方案，在与方案1应用环境相同的情况下，需投资160万元，年生产成本为26万元。设基准投资收益率为12%，试运用增量投资收益率法选择方案。

解　由式（8-1）得

$$R_{(2-1)}=\frac{C_1-C_2}{I_2-I_1}\times 100\%=\frac{32-26}{160-120}=\frac{6}{40}=15\%>12\%$$

这表明新技术方案在经济上是可行的。

年折算费用法

2．年折算费用法

1）当方案的有用成果相同时，一般可通过比较费用的大小来决定优劣和取舍。

① 方案要增加投资时，可通过下式比较各方案折算费用的大小来选择方案，即

$$Z_j=C_j+P_jR_c \tag{8-2}$$

式中：Z_j——方案j的折算费用；

C_j——方案j的生产成本；

P_j——用于方案j的投资额（包括建设投资和流动资金）；

R_c——基准投资收益率。

在多方案比较时，可以选择折算费用最小的方案，即$\min\{Z_j\}$为最优方案。这与增量投资收益率法的结论是一致的。

【例8-2】　数据与例8-1相同，试运用年折算费用法选择方案。

解　由式（8-2），计算得

$Z_1=C_1+P_1R_c=32+120\times 12\%=46.4$（万元）

$Z_2=C_2+P_2R_c=26+160\times 12\%=45.2$（万元）

因为$Z_1>Z_2$，这表明新技术方案在经济上是可行的。

② 方案不增加投资时，从式（8-2）可知：$Z_j=C_j$，故可通过比较各方案生产成本的大

小来选择方案，即

$$Z_j=C_j=C_{Fj}+C_{uj}Q \tag{8-3}$$

式中：C_{Fj}——方案j固定费用（固定成本）总额；

C_{uj}——方案j单位产量的可变费用（可变成本）；

Q——生产的数量。

【例8-3】 某施工项目现有两个对比工艺方案，方案1是过去曾经应用过的，方案2是新方案，两方案均不需增加投资。但应用方案1需固定费用60万元，单位产量的可变费用为300元；应用方案2需固定费用80万元，单位产量的可变费用为250元。设生产数量为10000个单位，试运用年折算费用法选择方案。

解 由式（8-3）得

$$Z_1=C_1=C_{F1}+C_{u1}Q=60+\frac{300}{10000}\times 10000=360（万元）$$

$$Z_2=C_2=C_{F2}+C_{u2}Q=80+\frac{250}{10000}\times 10000=330（万元）$$

因为$Z_1>Z_2$，这表明新技术方案在经济上是可行的。

2）当方案的有用成果不相同时，一般可通过方案费用的比较来决定方案的使用范围，进而取舍方案。通常可用数学分析的方法和图解的方法来取舍。

首先运用式（8-3）列出对比方案的生产成本，即

$$C_1=C_{F1}+C_{u1}Q$$

$$C_2=C_{F2}+C_{u2}Q$$

据此可绘出对比方案的生产成本与产量的关系曲线，如图8-1所示。

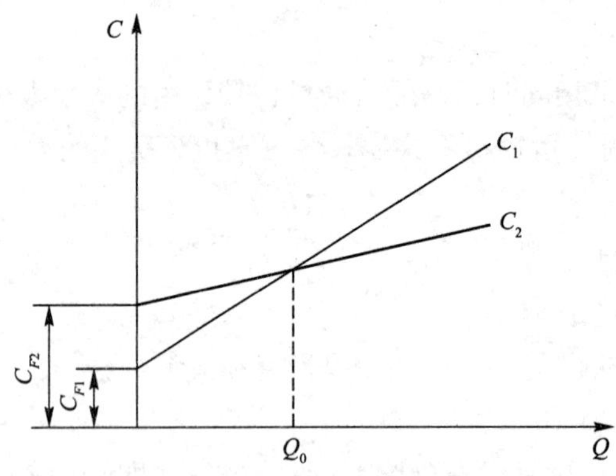

图8-1 生产成本与产量的关系

由图8-1可知，当$Q=Q_0$（临界产量）时，$C_1=C_2$，则

$$Q_0=\frac{C_{F2}-C_{F1}}{C_{u1}-C_{u2}} \tag{8-4}$$

式中：C_{F1}、C_{F2}——方案1、方案2的固定费用；

C_{u1}、C_{u2}——方案1、方案2的单位产量的可变费用。

当产量$Q>Q_0$时，方案2优；当产量$Q<Q_0$时，方案1优。

【例8-4】 数据与例8-3相同，试运用年折算费用法确定两方案的使用范围。

解　由式（8-4）得

$$Q_0=\frac{C_{F2}-C_{F1}}{C_{u1}-C_{u2}}=\frac{(80-60)\times 10000}{300-250}=4000\text{（生产单位）}$$

当产量$Q>4000$时，方案2优；当产量$Q<4000$时，方案1优。

3．其他指标分析

（1）劳动生产率指标

劳动生产率指标可按式（8-5）计算。

$$P_j=\frac{Q_j}{M_j(1+a_j)} \tag{8-5}$$

式中：P_j——方案j的工人劳动生产率；

Q_j——方案j的产量；

M_j——方案j所确定的生产工人人数；

a_j——方案j的辅助工系数。

（2）缩短工期节约固定费用

由于缩短工程工期节约的固定费用可按式（8-6）计算。

$$G_j=C_{Fj}\left(1-\frac{T_j}{T_0}\right) \tag{8-6}$$

式中：G_j——方案j缩短工期节约的固定费用；

C_{Fj}——方案j工程成本中的固定费用；

T_j——方案j的工期；

T_0——预定工期（或合同工期）。

（3）缩短工期的生产资金节约额

因缩短工期而减少的流动资金和固定资金的占用额可按式（8-7）计算。

$$F_j=f_j\left(1-\frac{T_j}{T_0}\right) \tag{8-7}$$

式中：F_j——方案j缩短工期的生产资金节约额；

f_j——方案j资金平均占用额（月流动资金平均占用额+该项工程固定资金占用额）。

（4）缩短工期提前投产的经济效益

$$S_j=B_j(T_0-T_j) \tag{8-8}$$

式中：S_j——因工程提前投产带来的经济效益；

B_j——投产一日可获得的利润；

(T_0-T_j)——工程比预定工期（或合同工期）提前完工的天数。

总之，一种新技术能否在生产中得到应用，主要是由它的实用性和经济性决定的，而实用性往往又以其经济性为前提条件，经济性差的则难以应用。

拓展与实训

职业能力训练

一、单项选择题

1．在工程建设中，对不同的新技术、新工艺和新材料应用方案进行经济分析可采用的静态分析方法有（　　）。

A．增量投资分析法、净年值法、综合总费用法

B．增量投资收益率法、年折算费用法、综合总费用法

C．净年值法、净现值法、年折算费用法

D．年折算费用法、综合总费用法、净年值法

2．已知某新技术应用方案的投资额为100万元，年工程成本为20万元，基准投资收益率为12%，则该方案的折算费用为（　　）万元。

A．32.00　　B．102.40　　C．266.67　　D．853.33

3．建设工程项目在选择新工艺和新材料时，应遵循的原则有先进、（　　）、安全、适用。

A．遵循社会平均水平　　B．促进技术进步

C．超前　　D．可靠

4．某企业欲引进生产线，预计年产量为800万件。若引进甲生产线，其固定成本为400万元，单位产品可变成本为0.6元；若引进乙生产线，其固定成本为500万元，单位产品可变成本为0.4元，则（　　）。

A．应该引进甲生产线

B．应该引进乙生产线

C．甲、乙生产线都不引进

D．无法判断应该引进哪一条生产线

5．某生产企业若对原工艺方案进行改造需要投资600万元，改造后年运行成本为50万元；若采用全新工艺方案则需要投资800万元，年运行成本为20万元，设基准投资收益率为12%。则两方案相比较的增量投资收益率为（　　）。

A．5%　　B．10%　　C．15%　　D．20%

6．新技术应用方案的技术分析中，反映技术条件的指标不包括（　　）。

A．对工程质量的保证程度

B．主要材料、构配件等资源是否能保证供应

C．能否降低物质消耗

D．主要专业工种工人是否能保证供应

7．工程建设新技术的范畴包括工程设计技术、工程材料、工程结构、施工工艺等，但不包括（　　）。

A．环境技术　　B．设备系统

C．节能标准　　D．工程安全和防护技术

8．某企业欲从国外引进先进技术，现有甲、乙两种技术方案可选。假如两种技术的生产效率相同，引进甲技术的一次性投资为300万元，年生产成本为20万元；引进乙技术的一次性投资为400万元，年生产成本为10万元。设基准收益率为6%，则（　　）。

A．应该引进甲技术　　B．甲、乙技术经济效益相同

C．应该引进乙技术　　D．不能判断应该引进哪种技术

9．对新技术方案进行技术经济分析，通过分析、对比、论证，寻求最佳新技术方案。一般说来，除了遵循技术上先进、可靠、安全、适用的原则，还应遵循的主要原则是（　　）。

A．功能完善　　B．综合效益上合理

C．质量合格　　D．进度合理

10．某工程施工现有两个对比技术方案。方案1是过去曾经应用过的，需投资120万元，年生产成本为32万元；方案2是新技术方案，在与方案1应用环境相同的情况下，需投资160万元，年生产成本为26万元。设基准投资收益率为12%，该新技术方案的增量投资收益率为（　　）。

A．10%　　B．15%　　C．20%　　D．25%

二、多项选择题

1．建设工程项目在选择新工艺和新材料时，应遵循的原则有（　　）。

A．技术先进性　　B．技术安全性

C．技术可靠性　　D．技术适用性

E．综合效益上合理

2．某企业拟引进新生产线，已知新生产线的投资额为400万元，新生产线的经营成本为每年12万元；旧生产线的投资额为300万元，经营成本为每年14万元。该行业的基准投资收益率为2.5%，则（　　）。

A．引进后的增量投资收益率为1%

B．引进后的增量投资收益率为2%

C．引进后的增量投资收益率为2.5%

D．应引进该生产线

E．不应引进该生产线

3．新技术、新工艺和新材料应用的技术经济分析方法包括（　　）。

A．环境分析　　B．特性分析

C．定性分析　　D．社会分析

E．定量分析

4．某企业欲引进生产线。已知引进甲生产线需投资400万元，单位产品可变成本为0.6元；引进乙生产线需投资600万元，单位产品可变成本为0.4元。下列决策正确的是（　　）。

A．产量为800万件时，选择甲生产线

B．产量为800万件时，选择乙生产线

C．产量为1200万件时，选择甲生产线

D．产量为1200万件时，选择乙生产线

E．任何时候都选择甲生产线

5．建筑新技术、新工艺和新材料应用方案经济分析常用的静态分析方法有（　　）。

A．增量投资内部收益率法　　B．增量投资收益率法

C．净年值法　　D．年折算费用法

E．综合总费用法

6．建筑新技术、新工艺和新材料应用方案经济分析常用的动态分析方法有（　　）。

A．增量投资内部收益率法　　B．净现值法

C．净年值法　　D．年折算费用法

E．综合总费用法

7．新技术应用方案的技术经济分析方法按内容可分为（　　）。

A．定性分析　　B．事后进行的技术经济分析

C．技术分析　　D．经济分析

E．综合分析

工程模拟训练

某企业欲从国外引进先进技术，现有甲、乙两种技术方案可选。假如两种技术的生产效率相同，引进甲技术的一次性投资为500万元，年生产成本为25万元；引进乙技术的一次性投资为600万元，年生产成本为10万元。设基准收益率为7%。试进行方案的技术经济分析。

真题链接

1．［单选题］某施工现场钢筋加工有两个方案，均不需要增加投资，采用甲方案需固定费用50万元，每吨钢筋加工的可变费用是300元；采用乙方案需固定费用90万元，每吨钢筋加工的可变费用是250元。现场需加工钢筋1万吨，如果用年折算费用法选择方案，则（　　）。［2012年一级建造师考试《建设工程经济》真题］

A．应该选用乙方案

B．应该选用甲方案

C．甲、乙两个方案在经济上均不可行

D．甲、乙两个方案的费用相同

2．［单选题］某施工项目有两个工艺方案：方案1需投资2000万元，年生产成本为500万元；方案2与方案1应用环境相同，需投资2800万元，年生产成本为400万元。则两

方案相比较的增量投资收益率为（　　）。［2016年一级建造师考试《建设工程经济》真题］

A．18.75%　　B．12.50%

C．25.00%　　D．16.67%

3．［单选题］某生产企业若对原工艺方案进行改造需要投资100万元，改造后年运行成本为50万元；若采用全新工艺方案需要投资200万元，年运行成本为40万元。设基准投资收益率为12%。则两方案相比的增量投资收益率为（　　）。［2015年一级建造师考试《建设工程经济》真题］

A．5%　　B．10%

C．15%　　D．20%

4．［单选题］新技术应用方案的技术分析是通过对其技术特性和条件指标进行对比与分析完成的，下列指标中，属于反映方案技术特征的指标是（　　）。［2014年一级建造师考试《建设工程经济》真题］

A．施工专业化协作　　B．方案生产能力

C．构配件供应保证率　　D．方案占地面积

5．［单选题］某工程施工有两个技术方案可供选择，甲方案投资180万元，年生产成本为45万元，乙方案需投资220万元，年生产成本为40万元。设基准投资收益率为12%，若采用增量投资收益率评价两方案，则（　　）。［2013年一级建造师考试《建设工程经济》真题］

A．甲方案优于乙方案

B．甲、乙两个方案的效果相同

C．乙方案优于甲方案

D．甲、乙两个方案的折算费用相同

任务9

分析绿色建筑技术经济效果

任务概述

本任务将绿色节能建筑的隐性和显性收益全部都价值化，这种方式为正确评价绿色节能建筑的价值和收益提供了一种新的途径，进而为绿色节能建筑做了推广，也让人们正确地了解和认识绿色节能建筑的可持续性。

课程思政目标

1）通过绿色建筑技术在建筑工程中的应用分析，让学生明白既要绿水青山也要金山银山，人与自然要和谐共处；树立弘扬绿色文明，倡导绿色观念，保护环境，人人有责的理念。

2）通过本任务的学习，让学生了解碳排放导致全球暖化趋势加速，干旱、洪涝等极端事件频发，环境问题愈发严重，它已经关系到整个地球村的“健康”。中国作为一个负责任的大国，也将生态环境问题上升为国家重大战略需求，提出了“碳达峰、碳中和”的远景目标，向国际展现中国推动构建人类命运共同体的责任担当。让学生理解推广绿色建筑，实现绿色建造是为实现“碳达峰”和“碳中和”中国承诺做出的重要贡献。

3）通过本任务的学习，让学生在今后职业生涯中树立并坚持“创新、协调、绿色、开放、共享”五大发展理念目标。

学习目标

1. 知识目标

1）理解绿色建筑的概念和内涵。

2）熟悉绿色建筑经济的内容和价值。

3）掌握绿色建筑成本效益评价的内容。

4）掌握绿色建筑的全寿命周期成本构成。

5）掌握绿色建筑成本和效益分析的方法和影响因素。

6）掌握绿色建筑费用效益分析的特点和步骤。

7）掌握绿色建筑的费用效益估算方法。

8）掌握零能耗建筑的评价方法。

2. 能力目标

1）能够对绿色建筑进行成本和效益分析。

2）能够从全寿命周期成本的角度对比传统建筑与绿色建筑项目建设方案的优劣。

3）能够对绿色建筑项目的关键技术进行经济评价。

4）能够对零能耗建筑进行能耗分析和经济性评价。

学时建议

本任务建议学时为4学时。

工程案例导入

某项目应用绿色建筑技术的经济分析如下。

1．项目概况

本项目位于华南某省会新建金融区，是一座宽为156m、进深为29m、高为6层的多层公共建筑。项目地理位置较好，周边交通便利，北面临河，生态环境优美。项目总投资为3574万元，总占地面积为4497m^2，总建筑面积为21511m^2，设计使用年限为50年，于2010年6月建成投入使用。

2．项目所用绿色建筑技术

项目主要使用了以下几个方面的绿色建筑技术。

（1）自然通风技术

在本项目的设计阶段就充分考虑了自然通风的因素。项目根据所在地华南地区的气候特点，以及项目周边的自然地理环境，在设计时采用了多空间组合式自然通风技术，在建筑中应用单纯或错位的直通空间、出入口的大堂式空间、内庭院式空间、拔风塔等设计要素，使用计算机模拟软件对自然通风条件进行量化分析和设计优化，达到了充分利用自然通风从而减少建筑能耗及建筑防风的目的。

（2）考虑建筑造型的遮阳技术

在设计阶段，项目设计人员充分分析了项目所在地区不同季节的太阳高度角、方位角，依据不同方位的不同遮阳需求，采用与建筑外立面造型完美融为一体的水平或垂直百叶窗、混凝土花格配穿孔铝板、屋面绿化和架空层等方式实现建筑遮阳功能，并保持建筑外观的美观。另外，项目根据需求灵活使用铝合金窗框和单片SUN-E玻璃或普通单片玻璃的组合，进一步实现遮阳效果。

（3）室内自然采光技术

项目通过设计采光庭院、采光井和采光天窗，辅以小进深和双面开窗的设计要素，结合通风、遮阳等其他方面的技术，与人工光源搭配得宜，综合实现了减少传统照明能耗、满足建筑使用者的生理和心理双重需求的目标。

（4）多层次的绿化技术

项目在室外选择适宜当地气候和土壤条件的乡土植物，合理搭配乔木、灌木、地被等多层次的植物。项目在建筑内部庭院种植耐阴植物，楼顶的绿化面积有1200m^2。综合项目绿化覆盖面积约为2500m^2，乔木、灌木、地被的比例约为2∶2∶1。

（5）可再生能源利用技术

考虑项目所在地区有良好的日照资源，因而引入太阳能光伏发电系统，其总装机容量达到61.5kW，产生的电力并网供整栋建筑使用。项目还使用太阳能与空气源热泵结合的集中供热水系统，能实现高效率的热水集中供应。

（6）水资源利用技术

项目结合自身实际情况合理设计了雨水收集再利用系统，收集的雨水主要用于为项目景观绿化提供浇灌用水。

3．项目增量成本

本项目建筑面积的工程造价约为1661元/m^2，整体成本较低。项目从策划阶段开始，为实现绿色建筑的目标多付出了不少的成本。其中项目前期增量成本为73.3万元，检测认证的成本为25万元。即项目间接增量成本为98.3万元。技术增量成本及总的增量成本见表9-1。

表9-1　案例的增量成本

项目	增量发生项目	分项增量成本/万元
技术增量成本	围护结构节能措施	26
	照明及空调	92
	雨水收集利用	8.16
	太阳能光电系统	267.3
	太阳能热泵热水系统	25.6
	技术增量成本总计	419.06
间接增量成本	检测认证	25
	前期成本	73.3
	间接增量成本总计	98.3
增量成本总计	—	517.36
单方增量成本/（元・m^{-2}）	—	240.51

4．项目增量效益

（1）经济效益

1）能耗方面。本项目满负荷运行后的建筑年总用电量约为690000kW・h，本项目的参照建筑方案年总能耗为1803821kW・h。而项目的可再生能源发电系统，在稳定的情况下年发电量约为69000kW・h，占建筑年总用电量的10%。因而在考虑可再生能源对节能贡献的情况下，本项目每年节电总量为1803821−690000+69000=1182821kW・h。项目所在省份执行阶梯电价，可近似按1元/kW・h来计算。本项目在能耗方面每年可节约118万元。

2）节水方面。随着项目使用，各项指标趋于稳定后，经检测项目年耗水总量为15000m^3，其中绿化年耗水总量为1865m^3，雨水收集量可稳定在1400m^3。项目每年节水量为1400m^3。项目所在地区执行阶梯水费，可近似按2元/m^3计算。则本项目在节水方面每年可节约2800元。

节能、节水的经济效益见表9-2。

表9-2　节能、节水的经济效益

项目	年节约量	单价	节约金额/元
节能	1182821kW·h	1元/（kW·h）	1182821
节水	1400m³	2元/m³	2800
合计	1185621元		

（2）环境效益

项目建成后，在各种污染物的减排上起着良好的效果，在考虑节能效果的情况下，经综合评价，项目可实现如表9-3所示的减排效果。

表9-3　案例的减排效果

节煤	减排CO_2/（t·年$^{-1}$）	减排SO_2/（t·年$^{-1}$）	减排NO_X/（t·年$^{-1}$）	减排烟尘/（t·年$^{-1}$）	减排煤渣/（t·年$^{-1}$）
395.06	1035.06	3.36	2.92	79.01	98.77

项目中乔木、灌木、地被的绿化面积以及所起到的固碳作用见表9-4。

表9-4　案例中绿化的固碳作用

植被种类	面积/m^2	面积增量（较参照建筑）/m^2	CO_2吸收量/（kg·年$^{-1}$）
乔木	1000	600	399452.10
灌木	1000	600	133150.70
地被	500	300	4438.36
合计	537041.16kg·年$^{-1}$		

深圳排放权交易所2014年2月成交均价为75.85元/t，则本项目年环境效益见表9-5。

表9-5　案例的年环境效益

项目	CO_2/t	货币化/元
减排	1035.06	78509.30
生态	537.04	40734.57
合计	1572.10	119243.87

（3）社会效益

本项目的建设没有涉及市政设施的改造。项目的一半为建设方作为自身的办公空间使用，另一半作为商业办公空间对外出租使用，商业面积约为9500m^2。其出租价格较周边同等条件的商业办公空间价格高15%～20%，均价约为91元/（m^2·月）。则本项目年社会效益有207.5万元。

综上，本项目的增量成本效益见表9-6。

表9-6　案例的增量成本效益

成本	生命周期增量/万元	效益
间接成本	98.30	—
技术成本	419.06	—
	5928	经济效益
	596.22	环境效益
	10375	社会效益

问题：请以建筑全寿命周期的角度分析比较该案例与传统建筑的优劣。

党的二十大报告提出，加快发展方式绿色转型。推动经济社会发展绿色化、低碳化是实现高质量发展的关键环节。加快推动产业结构、能源结构、交通运输结构等调整优化。实施全面节约战略，推进各类资源节约集约利用，加快构建废弃物循环利用体系。完善支持绿色发展的财税、金融、投资、价格政策和标准体系，发展绿色低碳产业，健全资源环境要素市场化配置体系，加快节能降碳先进技术研发和推广应用，倡导绿色消费，推动形成绿色低碳的生产方式和生活方式。而推动绿色建筑技术发展，实现建筑业双碳战略发展目标，是建筑行业贯彻落党的绿色发展理念的重要途径。

9.1　分析绿色建筑经济的价值

9.1.1　绿色建筑的概念

绿色建筑是指在建筑的全寿命周期内，最大限度地节约资源，包括节能、节地、节水、节材等，保护环境和减少污染，为人们提供健康、舒适和高效的使用空间，与自然和谐共生的建筑物。所以绿色建筑也被称为生态建筑、低碳建筑和可持续建筑。绿色建筑技术注重低耗、高效、经济、环保、集成与优化，是人与自然、现在与未来之间的利益共享，是可持续发展的建设手段。

绿色建筑概念和绿色建筑经济的内容

绿色建筑不仅可以为人们提供健康、舒适、安全、低耗能的建筑空间，同时还可以在建筑物全寿命周期（物料生产、建筑规划、设计、施工、运营维护及拆除、回收利用等）中实现对建筑资源（能源、土地、水资源、材料等）的充分利用，而且也将对环境的不良影响降到了最低。绿色建筑的内涵不仅存在于建筑的选址、设计、施工等过程，在运营、管理及报废阶段也应有所体现。在维护生态环境平衡的条件下，充分利用资源，发展绿色建筑经济，满足人类对经营及活动的安全、健康、高效、舒适等需求，达到人与建筑以及生态环境相互协调统一的目的。发展绿色建筑经济不仅追求最低限度地损害生态环境，还要求在一定程度上提高当代人以及后代人的生活质量。

9.1.2　绿色建筑经济的内容

绿色建筑经济对于环境资源的影响包括时间和空间两个方面。在时间上的影响是指在建筑物存续的生命周期（建筑原材料的开采、运输、加工，建筑物的建造、使用、运营、管理、拆除、回收）等每一个环节所造成的影响。在空间上的影响是指绿色建筑对周边的生态环境、居住环境、区域性生态环境等所造成的影响。总体说来，绿色建筑经济就是以节能、环保、自然和谐等原则为基础的一种生态经济。

美国、日本和欧洲地区的经济体系之所以比我国在国际绿色建筑经济体系中拥有更为优越的地位，是因为其充分利用了全球化、技术创新、市场经济和先发力量等关键性现代化工具。随着我国经济的快速发展和绿色建筑经济理念的不断普及，发展以节能减排、维护生态稳定的绿色建筑经济已经成为当前的重要任务。

一些重要的经济理论都直接地推动了许多发达国家实现消费型社会的历史转型。这些经济理论包括：经济学家凯恩斯提出的消费理论、美国经济学家杜森贝利提出的相对收入的消费理论、美国经济学家莫迪利安尼提出的生命周期的消费理论以及美国经济学家弗里德曼提出的永久收入的消费理论等，这些经济理论对发达国家有着重要影响，同样对我国的现代化发展也会起到非常重要的参考意义。随着我国经济的快速发展以及减排任务的不断落实，发展绿色节能建筑经济正逐步由理论开始向操作实践转变。

9.1.3　我国发展绿色建筑经济的国内外环境

1. 发展绿色建筑经济的国际环境

目前，全球面临着碳排放量大幅度激增、气候变暖的恶劣环境，所以在这样恶劣的环境下，低碳经济成为全球关注的热点，低碳经济是以低能耗、低污染为基础的。现在，在欧美发达国家正在进行“低碳革命”，而此革命的核心就是高能效、低排放。欧美发达国家这样做的目的就是抢占先机和产业制高点，为了达到这个目的他们下大力度发展低碳技术，并且对相关政策进行了重大调整，如产业、能源、技术、贸易等。由此可以看出，低碳经济已经成为未来世界经济发展的必然选择。我国作为一个影响巨大的发展中大国，必须把发展低碳经济作为以后经济发展的重中之重，但我们也必须认识到这样做对我国来说既是可持续发展、转变发展模式的机遇，同时也是我国在国际社会中不可推卸的责任。

2. 绿色建筑产业的国内环境

绿色经济的争夺战已悄然打响，这对我国来说，是压力也是挑战。而我国作为世界上最大的发展中国家，就目前来说虽然我们取得了一定的成绩，但我们也必须看到我国目前整体的科技水平和发达国家相比还有一定的差距，我国经济从高能耗向低碳型经济转变最大的制约就是技术能力有限。

9.1.4　绿色建筑经济的价值

将我国新建和在建房屋改造为绿色建筑，将造就我国极具前景的产业，推动未来我国经济的高速增长，也是打开我国内需的战略大通道。2010年起，通过发展绿色建筑，我国每年有1～2万亿的消费市场，并利用现有的生产体系对称性生产出这个新增规模最终产品的市场价值，由此可以拉动经济增长3个百分点以上，加快研究并推进跨越式产业的中国绿色建筑发展的大战略，造就中国经济增长的力量。发展绿色建筑创新、实现传统建筑从高能耗发展方式向低碳绿色建筑发展方式转变，抓住绿色建筑的开发、建设和推广环节，大规模推进绿色建筑发展，力求成为世界上最大规模的绿色建筑市场。

9.1.5 绿色建筑经济的重要意义

低碳经济是目前世界各个国家追求的水准，我国也因此加强了这方面的管理。在资源日益枯竭的今天，提出绿色建筑经济的理念，对建筑行业来说定然是开辟了一条市场优势的大路。在经济低迷时期，美国联邦政府为了振兴美国经济，仍然把建立绿色建筑产业作为美国经济振兴的重点举措之一，而且美国政府公开指出期望绿色建筑产业能释放出前所未有的爆发力，能够使美国经济再次强大起来，由此可见发展绿色建筑经济的社会价值。我国工业的迅速发展带来了巨大的能源消耗，然而为了全面的社会发展，提高我国人民的生活质量，这种能源的消耗是不可避免的。但作为建筑产业，它的发展可以走绿色道路，通过低碳路线，减少资源的利用。这样，就不会以牺牲环境来换取建筑经济价值，这是我国建筑发展的必由之路。所以，绿色建筑经济在我国的发展中有着重要的意义。

9.2 分析绿色建筑全寿命周期技术经济

舒适、健康、高效的人居环境，是我们共同的追求。大量的人居住宅和宏大的公共建筑物在建造和运行过程中，不可避免地要消耗大量的自然资源和能源，并对生态环境产生不同程度的负面影响。在改善和提高人居环境质量的同时，如何促进资源和能源的有效利用，减少污染，保护资源和生态环境，是建筑业发展面临的关键问题。我们应将可持续发展的理念融入建筑的全寿命周期中，通过采用新技术、新材料来降低资源和能源的消耗，来减少废弃物的产生和对生态环境的破坏，为使用者提供健康舒适的工作或生活环境，最终实现人与自然和谐共生的目标。

9.2.1 绿色建筑成本效益评价内容

在绿色建筑规划、设计和施工阶段采取节能、节水等措施，虽使设计和建设成本有所增加，但在长期使用过程中因持续产生资源节约效益而显著降低了运营成本；采取有利于减少污染、保护生态与改善环境的措施，虽然增加了一定的建设和运营成本，但减少了对环境的不良影响，减轻了所在地市政公用设施（如污水处理厂、垃圾处理厂等）的处理负荷；通过改善建筑物环境以及周边生态环境，使居住健康要求和舒适性要求得到更好的满足。因此，可将绿色建筑成本效益评价指标分为经济、环境和社会三个大类，建立绿色建筑全寿命周期成本效益评价指标体系（图9-1）。

图9-1中的各项成本效益评价指标具有不同的支付或受益主体，包括开发商、购房者以及代表社会公共利益的政府，而开发商最终将在售房过程中将自身所负担的成本转移给购房者。各项成本效益评价指标的定量计算结果应符合以下关系：

$$C_B = WTP + C_s - C_c \tag{9-1}$$

$$WTP = WTP_t + WTP_i - C_o \tag{9-2}$$

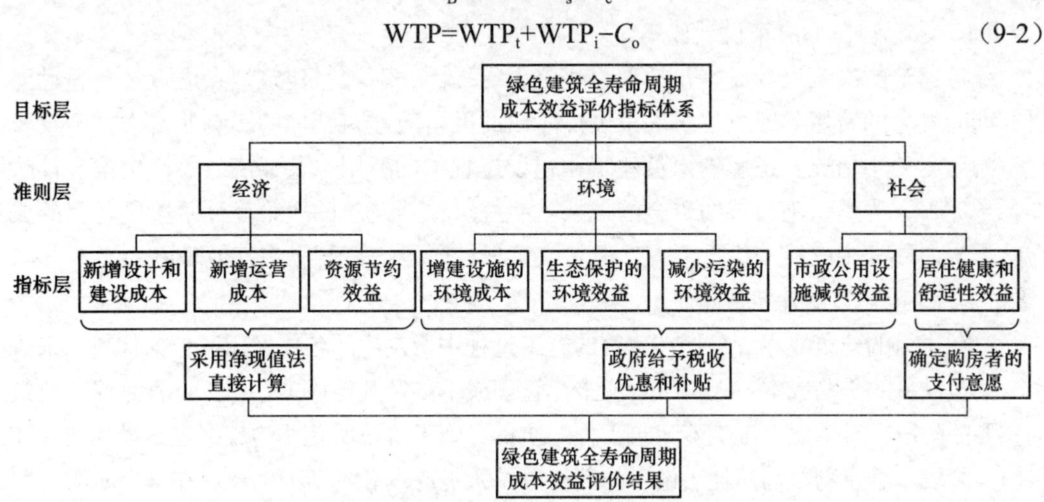

图9-1　绿色建筑全寿命周期成本效益评价指标体系

式中：C_B——绿色建筑的成本效益计算结果（正值表示效益大于成本，负值表示效益小于成本）；

C_s——绿色建筑因政府采取经济激励措施而获得的税收优惠和补贴；

C_c——绿色建筑的增量建设成本；

WTP——购房者对绿色建筑的支付意愿；

WTP_t——因存在资源节约效益预期而产生的购房者支付意愿；

WTP_i——因存在居住健康和舒适性效益预期而产生的购房者支付意愿；

C_o——绿色建筑的增量运营成本。

在上述各项中，C_B由开发商获得（若为负值则变为由开发商支付），C_s由政府提供，C_c由开发商在规划设计和施工阶段支付，WTP由购房者在购买过程中一次性支付，C_o由物业管理者在运营使用阶段向业主收取。

9.2.2　绿色建筑的全寿命周期成本

全寿命周期过程是指在设计阶段就考虑到产品寿命历程的所有环节，将所有相关因素在产品设计阶段进行综合规划和优化的一种设计理论。全寿命周期设计意味着，不仅要设计产品的功能和结构，而且要设计产品的规划、设计、生产、经销、运行、使用、维修保养直到回收再利用的全寿命周期过程。

1. 绿色建筑的全寿命周期成本分析

绿色建筑的全寿命周期成本指的是工程项目前期的决策、设计、投标、招标、施工、工程验收直到建筑的拆除阶段等过程中所发生的一系列成本，即建筑的研发费用、设备的安装费用、后期的运行维护费用及拆除安置费用。按照不同的阶段，绿色建筑的全寿命周期成本包括工程的决策设计成本、建筑成本、使用和维护成本以及回收和处理成本四大部分；如果从社会学角度来看，绿色建筑的全寿命周期成本包括企业的付出成本、消费者的付出成本及社会成本三个部分。

（1）绿色建筑的决策设计成本

绿色建筑的决策设计成本包括项目建议书的提出，对项目建筑地点进行选择、勘察和研究期间发生的费用。绿色建筑决策设计阶段的准备对建筑整体的影响非常大，不仅影响建筑的后续使用情况，还影响绿色建筑在建设过程中的费用以及经济效益，决策设计阶段准备越完善，为整个项目节约资金的效果就越好。虽然建筑的决策设计阶段所花费的成本在整个寿命周期中的成本比重不大，但是决策设计阶段会显著影响其他阶段的成本。

（2）绿色建筑的建筑成本

绿色建筑的建筑成本，是指在建筑的施工过程中所发生的各项费用，包括物料的采购成本、建筑设备的采购成本、人工工资成本、管理成本以及其他成本。施工过程是绿色建筑最为重要的阶段，在本质上影响着建筑工程的质量。施工阶段所花费的成本也是最高的，在建筑施工阶段，会有物料的消耗、设备的消耗以及人工成本和税费的消耗。在这个阶段，国家政策、设备价格、物料的价格波动以及市场需求等都影响着绿色建筑的全寿命周期成本。

（3）绿色建筑的使用和维护成本

绿色建筑的使用和维护成本，是指在绿色建筑后期的使用过程中，居民需要付出的人力、物力和财力，包括建筑的设备维护成本、能源消耗成本等。一般情况下，绿色建筑的使用周期相对较长，其使用和维护成本在整个全寿命周期成本中占比较大。

（4）绿色建筑的回收和处理成本

当绿色建筑在使用过程中达到使用年限后，就需要对其废弃的物料进行处理，这个过程中产生的费用就是绿色建筑的回收和处理成本。废弃物料处理手段不同，对环境以及社会产生的影响也就不同，所产生的成本也不同。

2. 分阶段进行成本控制

（1）决策阶段

1）项目的规模、资源和位置等情况。调查项目的社会需求状况以及经济和社会效益，从而确定项目的规模；调查和分析相关的资源状况，确定项目实施的必要性。

2）项目的环境和能源状况。根据项目的特点确定项目对环境的影响状况，以及项目室内空气质量的目标值和项目的隔声隔热效果，作出项目环境影响评价报告；根据全寿命周期成本最小化目标的要求，评估建设项目的能源消耗水平、可再生能源利用、材料与资源利用等。

3）根据全寿命周期成本最小化的原则，给出项目的备选方案。根据以上调查研究结果，从技术、经济、社会、财务等各个方面综合论述项目的可行性，根据全寿命周期成本最小化的原则，到全寿命周期成本数据库中查找类似工程，根据类似工程的特点选择适合的估价模型，计算项目的全寿命周期成本，推荐几个方案供建设单位选择。然后咨询单位把决策方案提交给建设单位，建设单位根据相同功能下全寿命周期成本最低的原则来评价。

尤其重要的是，在以上步骤中要寻求将绿色方法结合进来，要适应自然条件，保护自然环境，充分利用建筑场地周边的自然条件，考虑当地气候特征和生态环境；尽可能减少对自然环境的负面影响，减少有害气体和废弃物的排放，减少对生态环境的破坏。

（2）设计阶段

1）充分做好可行性的研究工作。根据投资限额的底线，要求各建设单位和设计单位对设计方案尽量优化。在确定投资决策后，最大限度地节约投资，降低工程造价，因此需要充分做好可行性研究工作。

2）加强实际阶段的技术经济分析。对设计方案进行优化选择，这样不仅从技术上，更重要的是从技术与经济相结合的背景下，在满足工程结构及使用功能的前提下，依据经济指标和综合效益选择设计方案，使控制成本的创新得到应有的关注和认同。

3）建立各种建筑类型的造价数据库。为了完善设计方案，以达到从源头上控制成本的目的，设计单位应该建立一套完整的各种建筑类型的造价数据库，包括收集外部资料和整理已有的资料，这样不仅方便设计人员查询、选择，也能真正使节省成本工作落实到实处。

4）采用限额设计。限额设计是指按照批准的可行性研究报告及投资估算控制初步设计，按照批准的初步设计总概算控制技术设计，再按技术设计的概算控制施工图设计，在各专业保证达到使用功能、满足业主提出的基本要求的前提下，按分配的投资额进行设计，严格控制不合理变更，保证总投资额不被突破。

（3）施工阶段

绿色施工阶段内容包括场地保护、环境影响控制、材料与资源、节能与节水、人员安全与健康等，既要满足施工需要又要符合绿色施工原则。绿色施工并不是完全独立于传统施工的施工体系的，它是在传统施工的基础上按科学发展观对传统施工体系进行创新和提升。要贯彻“清洁生产”和“减物质化”等绿色理念，使之体现在传统的施工方案、施工技术及工艺生产过程的各个环节中。

制定先进的、经济合理的施工方案，以达到缩短工期、提高质量、降低成本的目的。正确选择施工方案是降低成本的关键所在，并且要积极做好施工方案和施工组织设计的审查工作，提出合理、可行、可靠的施工方案和施工工艺。

在实施方案所产生的经济效益方面，清洁生产有别于末端治理。末端治理是在污染物产生后再进行处理，处理设施基建投资大，运行费用高。末端治理把污染物集中在尾部进行处理，这就造成需要处理的污染物数量多、负荷大、一次性投资和运行费用高，尤其是对于分散的污染源，末端治理很难发挥投资的规模效益和综合效益。

编制资金使用计划，合理确定工程造价的总目标和各阶段目标值，使工程造价的控制有所依据，并为资金的筹集与协调打下基础；如果没有明确造价控制目标，就无法把工程项目的实际支出额与之进行比较，也就不能找出偏差，从而使控制措施缺乏针对性。通过资金使用计划的科学编制，可以对未来工程项目的资金使用和进度控制有所预测，消除不必要的资金浪费和进度失控。

成本控制优化不仅要重视工程施工过程中的控制，同时还要重视施工准备阶段和竣工验收阶段的控制。所以说，成本控制化工作是一个涉及整个施工项目过程的系统工程，建筑施工企业只有常抓不懈，才能持续不断地取得良好的经济效益。

（4）运营维护阶段

项目的可维护性是指项目运营期间维修、维护的难易程度，运行期间的维护用的费用高低，项目与新技术接口处理的难易程度，接口处理的难易程度及接口处理费用状况。只有项目维护简单、费用低，项目才具有生命力，才有发展前景。为了更好地使维修工程顺利实施，维修工程必须做好施工组织管理工作，其基本原则是经济、适用、科学的均衡性。由于房屋类型的多样性，形成了维修工程的复杂性，导致维修施工的组织管理无一定的固定模式。维修施工必须视实际情况而定，施工作业的程序、计划、管理在一定的“弹性”限度内可做必要的调整、修改和变动。

在今天看来，绿色建筑得以存在的经济理念莫过于对运营费用的节省。一次性投资的回报将是长期的，积累的结果必将远远大于初次投资成本的节约。进入运营维护阶段后，项目已经建成，降低全寿命周期成本的关键就是制定合理的运营和维护方案，运营和维护方案分为长期方案和短期方案，运营和维护方案的制定要以全寿命周期成本最低为目标，要在保证建筑物质量目标、安全目标、绿色目标的前提下，通过制定合理的运营维护方案，运用现代经营手段和修缮技术，按合同对已投入使用的各类设施实施多功能、全方位的统一管理，以提高设施的经济价值和实用价值，降低运营和维护成本。另外，为了减少环境的负面影响，必须改变各种标准、运营方案以及其他与这些设施设计和管理相关的文件，为确保这些修改的标准被执行，应实施全面的培训计划。

9.2.3 绿色建筑成本和效益分析

相比普通建筑，绿色建筑由于采取了改善居住舒适性、减少资源消耗和环境影响等措施，其全生命周期各项成本值发生了变化，其中增加的成本称为绿色建筑的增量成本，节约的成本称为绿色建筑的增量效益，如图9-2所示。

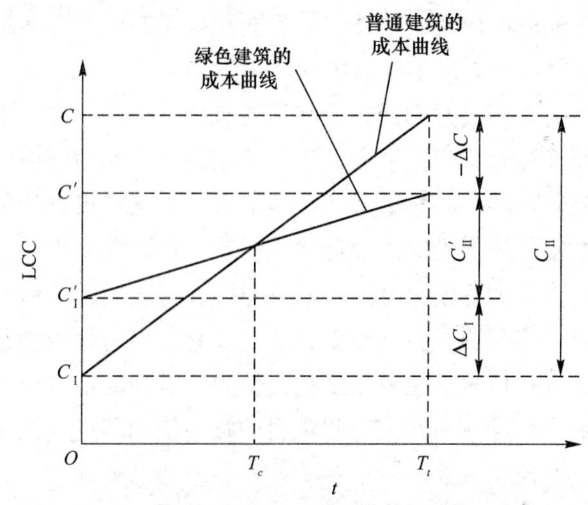

图9-2 绿色建筑全寿命周期成本曲线

1．增量成本

建筑全寿命周期成本（life cycle cost，LCC）包括建筑在全寿命周期内产生的各项成本，即从项目前期决策、设计、招标投标、施工、竣工验收、使用直至拆除等一系列过程发生的费用，也即项目在全寿命周期内所需支付的前期准备、施工建造、运营维护、废弃处理等费用的总和。具体分类如图9-3所示。

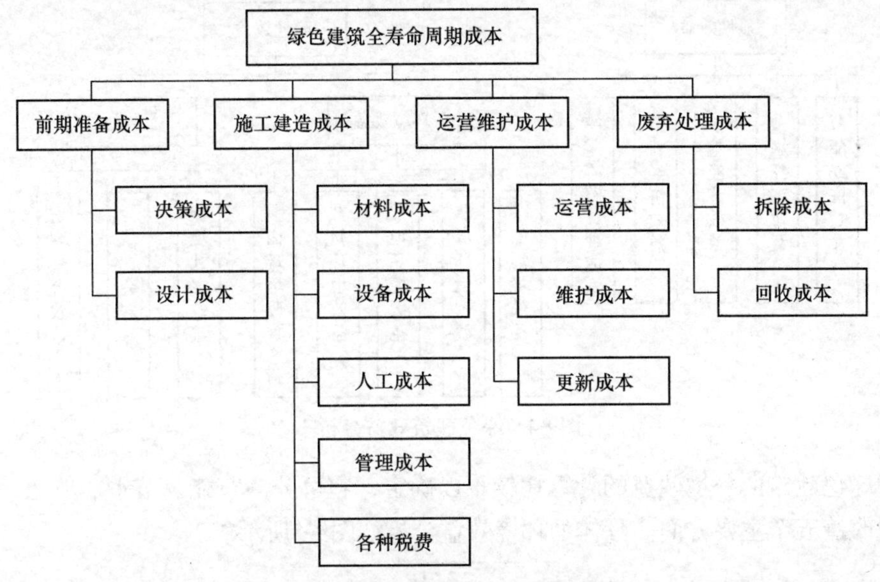

图9-3　绿色建筑的全寿命周期成本

市场所关心的绿色建筑成本，实质上是其相对于传统建筑的增量成本，即在绿色建筑评价所涉及的各个方面，以满足现行规范标准对于建筑的基础性要求或现有建筑普遍达到的一般水平为成本起算点，为获取更大的经济、环境和社会效益而需额外支付的成本，与绿色建筑评价内容无关的建筑成本不应包括在绿色建筑增量成本中。

从节地与室外环境、节能与能源利用、节水与水资源利用、室内环境质量、运营管理和其他方面（包含设计和研发绿色建筑的设计、模拟、咨询费用及绿色建筑运营阶段的运营和维护成本）计算绿色建筑增量成本，计算过程如下：

第一，确定绿色建筑项目的全寿命周期成本。其中技术方案应符合《绿色建筑技术导则》和当地建筑节能强制性节能标准，并查阅项目所在地最新建筑安装定额和相关市场报价，以此确定单位定额。

第二，确定基准建筑的全寿命周期成本。其中技术方案应根据项目所在地强制性节能标准设计的达标建筑的技术方案，并根据项目所在地最新建筑安装定额确定单位定额。

第三，确定绿色建筑相对于基准建筑的全寿命周期增量成本，即用绿色建筑的全寿命周期成本减去基准建筑的全寿命周期成本获得。

2．增量收益

绿色建筑的效益根据其模糊程度可分为显性效益和隐性效益。一般来说，显性效益可直接体现出来，且受益主体清晰；而隐性效益一般不直接体现出来，受益主体多而杂。通常来说，绿色建筑的显性效益即是其经济效益，可以通过计算相关的财务指标对其进行评价，而其隐性效益主要包括环境效益和社会效益。绿色建筑的效益如图9-4所示。

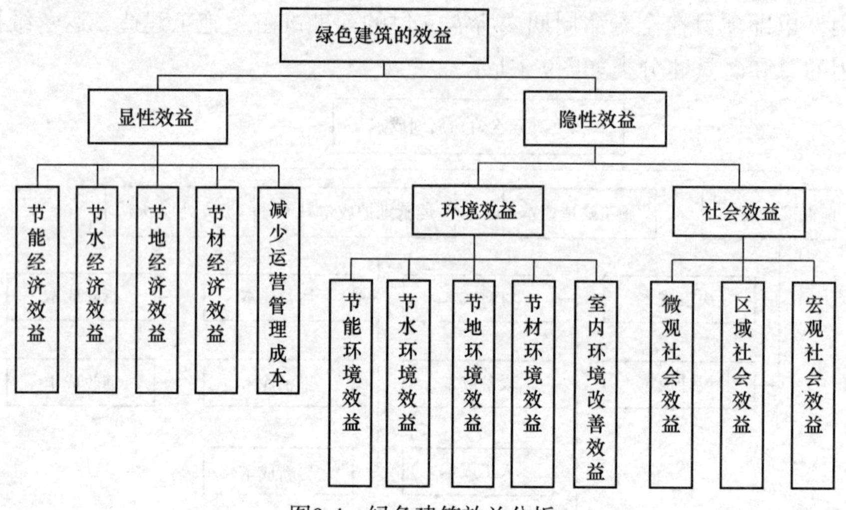

图9-4　绿色建筑效益分析

其中绿色建筑的环境效益的计算比较难以确定，它可分为节能、节水、节地、节材及室内环境改善五个主要方面。具体的环境效益分析如图9-5所示。

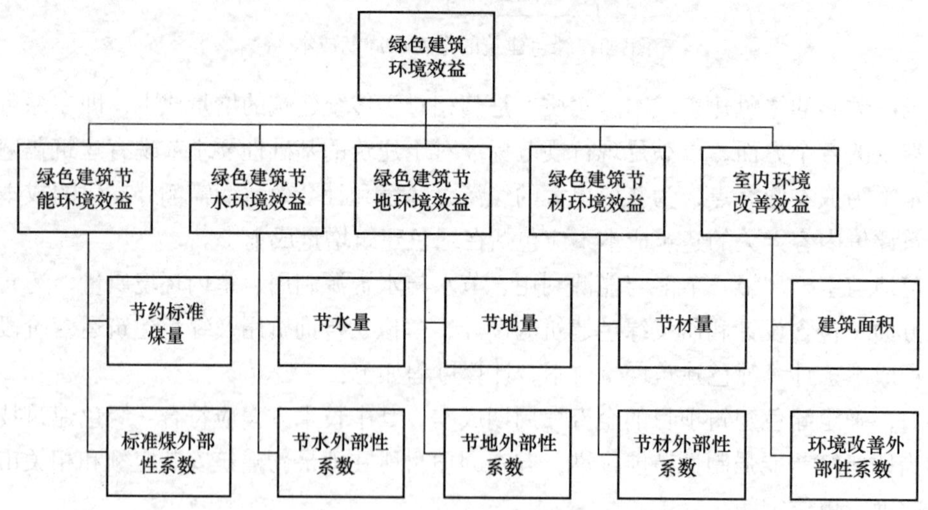

图9-5　绿色建筑环境效益分析

（1）环境效益计算方法

资源外部性系数的取得对绿色建筑环境效益的测算和分析非常重要，以下给出几种常见的计算方法：

1）市场交易价格法。对于许多环境污染物质，许多国家通过采用规定排放量及运行污染无排放交易来控制排放，如碳排放交易等。对于有排放交易价格的污染物，在计算其环境效益时可直接借鉴其交易价格。

2）机会成本法。当某些环境效益不能直接估算时，机会成本法是一种很实用的评价技术，即用环境资源的机会成本来计量环境质量变化带来的环境效益。

在环境污染或破坏带来的经济损失计算中，由于环境资源是有限的，因而环境被污染了就会失去其他使用机会。在资源短缺的情况下，我们可用它的机会成本作为由此引起的经济损失。这里必须强调，资源必须是稀缺的，资源污染的损失才是机会成本，否则机会成本为零。

3）恢复和防护费用法。对环境质量改善的环境效益进行全面评价是很困难的，然而对环境效益的最低估计可以从减少有害环境影响所需要的经济费用中获得，可把恢复或防止一种资源不受污染所需的费用，作为环境资源破坏带来的最低经济损失。

实践中，国家对于排污费的收取即是恢复和防护费用法的一种形式。因此，在绿色建筑环境效益的分析中，如果某项污染有国家相关排污费的规定，可采用此数据作为外部性系数。

4）影子工程法。影子工程法是恢复费用法的一种特殊形式，是在环境破坏后通过人工建造一个工程来代替原来的环境功能，用建造新工程的费用来估算环境污染或破坏所造成的损失的一种方法。

（2）环境效益评价指标

绿色建筑的环境效益评价指标是对绿色建筑进行环境效益评价的依据。由于项目的复杂性，任何一种具体的评价指标都只能反映项目的某一侧面或某些侧面，而没有考虑其他方面，所以仅凭单一的指标很难达到全面评价项目的目的，因此，为了系统全面评价一个项目，往往需要采用一系列评价指标，这些评价指标就构成了绿色建筑环境效益评价的指标体系。评价绿色建筑的环境效益时，主要运用了以下指标：

1）净现值。一项环境保护对策的实施需要成本，环境保护对策实施后带来环境效益。用净效益的现值（净现值）来评价该项环境对策的效益。计算公式为

$$\Delta \mathrm{NPV}=\sum_{t=0}^{n}\Delta \mathrm{CI}-\sum_{t=0}^{n}\Delta \mathrm{CO} \tag{9-3}$$

式中：ΔNPV——环境保护净效益的现值；

ΔCI——年增量环境效益；

ΔCO——年增量环境成本。

评价：比较各方案的净效益现值，以其中净效益现值最大者为最佳方案。

2）增量投资回收期。投资回收期也称返本期，是反映投资回收能力的重要指标。增量投资回收期是指以绿色建筑项目的增量净收益回收其增量成本所需要的时间。增量投资回收期按是否考虑时间价值分为静态增量投资回收期和动态增量投资回收期。其中，静态增量投资回收期是指在不考虑资金时间价值的条件下，以绿色建筑的净收益偿还其增量成本（包括建设投资和流动资金）所需要的时间。静态增量投资回收期的计算公式（自建设开始年算起）为

$$\sum_{t=0}^{P_t}(\Delta \mathrm{CI}-\Delta \mathrm{CO})_t=0$$

式中：P_t——静态增量投资回收期；

（ΔCI−ΔCO）$_t$——第t年净现金流量。

3）增量内部收益率。内部收益率的实质就是使项目在整个计算期内各年净现金流量的现值累计等于零时的折现率，反映国民经济贡献率的相对指标。内部收益率的经济含义是在项目结束时，保证所有投资被完全收回的折现率。内部收益率是投资方案占用的尚未回收资金的获利能力，而不是初始投资在整个计算期内的盈利率，因而它不仅受到项目初始投资规模的影响，还受到项目内部的影响，同时受到项目计算期内各年净收益大小的影响。

对于绿色建筑的环境效益而言，内部收益率就是净现值为零时的收益率，即在这个折现率时，绿色建筑的环境效益的现值之和等于其现金流出的现值之和。其数学表达式为

$$\Delta \text{NPV}(\Delta \text{IRR})=\sum_{t=0}^{n}(\Delta \text{CI}-\Delta \text{CO})_t(1+\Delta \text{IRR})^{-t}=0$$

式中：ΔIRR——增量内部收益率。

增量内部收益率的计算应先采用试算法，然后采用内插法求得。内部收益率越大，说明项目的获利能力越大；将所求出的内部收益率与行业的基准收益率或目标收益率i_c相比，当$\Delta \text{IRR} \geqslant i_c$时，则项目的盈利能力已满足最低要求，在财务上可以被接受。其中的i_c是有吸引力的最低收益率或称基准收益率。

4）万元投资环境效益（增量效益费用比）。增量效益费用比是增量效益与增量费用的比值，公式为

$$\Delta a=\sum_{t=0}^{n}\Delta \text{CI}/\sum_{t=0}^{n}\Delta \text{CO}$$

评价：对于互斥型方案，Δa越大的是效益越好的方案。对同一工程项目的不同规模方案进行比较，当$\Delta a>1$时，增加的投资在经济上才是合理的。此时，才可选择投资大的方案；否则，应选择投资小的方案。

5）采用“有无”方案对比方法。“有”方案是指采用了绿色节能技术的绿色建筑，“无”方案是指传统建筑。运用“差别”对比方法进行分析。所谓的“差别”对比方法，是指仅对“有”“无”方案的差别部分进行对比，而不是对“有”“无”方案的全部内容进行对比，这样可以简化对比的数据量和信息量。表9-7是绿色建筑和传统建筑这两个方案的“差别”对比情况。

表9-7　绿色建筑和传统建筑的“差别”对比情况

方案类型	对比内容			
	建设成本	环境保护效益	资源节约效益	个人舒适度效益
“有”方案	C_2	E_2	R_2	M_2
“无”方案	C_1	E_1	R_1	M_1
“差别”部分	$\Delta C=C_2-C_1$	$\Delta E=E_1-E_2$	$\Delta R=R_1-R_2$	$\Delta M=M_1-M_2$

其中，建设成本取正值，环境保护效益、资源节约效益和个人舒适度效益取负值，假定绿色建筑的寿命周期为n年，建设期为t年。将每年的成本和效益都折算到建设竣工的那一年，其增量投资净现值的计算表达式为

$$\Delta NPV=\sum_{t=1}^{n}(\Delta C+\Delta E+\Delta R+\Delta M)\times(1+i)^{-t}$$

式中：i——社会折现率。

绿色建筑和传统建筑属于互斥型方案，故当ΔNPV≥0时，传统建筑方案可行，当ΔNPV＜0时，绿色建筑方案可行。

9.2.4　影响因素分析

价格涨幅、折现率取值和非年度成本发生时间是绿色建筑全寿命周期成本效益评价结果的主要影响因素。价格上涨、折现率降低与推迟非年度成本的发生时间均有利于改善评价结果。考虑到国内外资源价格上涨以及我国经济社会发展水平不断提高的长期趋势，折现率取值未来有望调低，绿色建筑全寿命周期成本效益评价结果将进一步改善。

为改善绿色建筑全寿命周期成本效益状况，应以实现总量控制为目标，一方面要努力控制各项成本增量，避免不必要的增加；另一方面要统筹考虑全寿命周期各项成本，适当提高初始成本投入以显著降低后期成本投入并提高节约效益，从而缩短绿色建筑的增量成本回收期，这将有利于绿色建筑在市场中获得认可和推广。

9.2.5　绿色建筑项目关键技术经济评价

在对绿色建筑进行技术经济评价时，其采用的关键技术的评价对整幢建筑来说是十分重要的。同时，关键技术的评价可以为投资者在技术方案的选择上提供科学的参考和依据。一般采用如下几项指标进行关键技术经济评价。

1. 绿色技术增额投资净现值

以节约的能耗支出作为节能收益，在使用的全寿命周期过程中将其与后期费用以某一折现率折现到评价初期，和初始关键技术增额投资求差值，由此来判断此项关键技术是否具有经济合理性。

2. 绿色技术动态增额投资回收期

以绿色关键技术在使用全寿命周期过程中节约的能源支出抵偿建筑物采用该项技术的投资增额所需的时间。

3. 绿色技术增额内部收益率ΔIRR

ΔIRR，即两个方案各年净现金流量的差额的现值之和等于零时的折现率。主要用于关键技术经济效益和社会效益之间的比较。

4. 绿色技术节约单位能源的增额成本现值

由某项节能、环保技术所增加的初始成本和在使用全寿命周期过程中的后期费用折现所得的成本差额现值与全寿命周期内能耗节能所得之比所确定的评价指标，可较直观地反映出节约单位能源的成本，判断其经济合理性。

5．关键技术组合选择评价

可采用净现值率（net present value rate，NPVR）或增量IRR排序法，NPVR大小说明该方案单位投资所获得的超额净收益的大小。按大小依次排序，依此次序选取方案，直至选取的方案组合的投资额最大限度地接近或等于投资限额，所能获得的节能效益也最大。

9.2.6 绿色建筑项目总体技术经济评价

1．项目增额投资净现值

对绿色建筑和传统建筑的造价进行对比，它反映绿色建筑在全寿命周期内节能收益能力的动态指标，其计算依据绿色节能措施实现后的年实际节能收益额与后期费用差额，按选定的折现率折现到评价期的现值，与初始投资增额求差额。

2．项目增额投资回收期

运用差额比较法对项目的净现值和投资回收期进行估算，以绿色建筑在使用全寿命周期中总体节能收益抵偿绿色建筑物总体投资增额收益所需的时间，其评价的关键是绿色项目整体投资增额基准回收期的确定。

3．项目经济敏感性分析

不确定性分析中单因素敏感性分析，在经济评价确定性分析的基础上通过进一步分析，预测项目的主要不确定性因素的变化对项目评价指标的影响，从中找出敏感因素，确定评价指标对该因素的敏感程度和项目对其变化的承受能力。

9.2.7 绿色建筑项目整体综合效益的评价

在综合效益评价中应充分应用“全寿命周期思想”，关注建筑项目的前期策划、中间建造活动、日常使用、维修直至拆除的整个寿命周期中对资源的利用和对环境的影响，同时考虑建筑评价中的多因素和模糊性等特点，利用基于模糊集理论和数学模型的综合评价方法，对绿色建筑关键技术全寿命周期的经济效益、社会效益和环境效益进行分析。

9.3 分析绿色建筑的费用效益

影响绿色建筑推广的五个关键因素包括：绿色建筑的成本、绿色建筑的识别、绿色建筑的政策体制、全社会的绿色建筑需求环境以及绿色建筑的专业机构和管理。其中，绿色建筑的成本是影响其发展的首要因素。然而，在传统的费用-效益评价体系下，只从企业本身出发，考虑建筑的显性的、内生的可量化成本，得出实施绿色建筑在经济上是不合算的结论，使得决策者很难下决心投资绿色建筑。

1）绿色建筑会造成初始成本的增加。有关资料显示，同一建筑物，运用绿色建筑设

计、建造技术和手段与传统的设计、建造技术和手段相比较，绿色建筑平均增加额外的费用大约为总投资的2%，绿色建筑的初始成本要比传统建筑高5%～10%。

2）绿色建筑在某种程度上造成建筑物市场价值降低。例如，采用自然通风和自然采光的绿色建筑方案会使得房屋的使用面积减小15%，其租金也往往要低于传统“非绿色”的房屋。

以上分析说明，传统的费用-效益体系，忽略了绿色建筑带给消费者、环境及社会的外在的、隐性的、不可量化的效益，很容易片面得出实施绿色建筑在经济上是不合算的结论，从而在很大程度上制约了绿色建筑的发展。为此，必须构建适用于绿色建筑的费用-效益体系，即全寿命周期的费用-效益分析。

9.3.1　绿色建筑的费用效益分析的特点和步骤

1．绿色建筑的费用效益分析的特点

绿色建筑的费用效益分析方法是在全寿命周期理论基础上对传统费用效益分析的改进。它扩大了传统费用效益分析的内涵，不仅包括了直接以货币形式表示的经济效益，还对非货币形式的环境和社会效益进行了深入分析。该方法具有如下特点：

1）采用全寿命周期成本法。全寿命周期成本的概念和方法要求在评价建筑物的经济性能时，要考虑建筑物“从摇篮到坟墓”的全过程，即并不单纯考虑初始投资，而是考虑包括项目的构思、策划、设计、建造、使用、维护、修建直至拆除的整个生命周期所发生的全部费用，这些均列入成本，折算到评价初期。统计表明，以30年周期计算，建筑初期投资只占总费用的2%。特别是对于绿色建筑而言，一般都具有初期投资较大而运行和维护费用较低的特点，生命周期成本法从长远的角度出发，综合考虑建筑物的经济性能，因而有助于形成新的成本观，对绿色建筑的评价和实施是十分有利的。

2）考虑环境效益和社会效益。绿色建筑的费用效益分析，要求对建设项目所带来的社会效益和生态环境效益作出评估，或者说建设项目对环境资源的损害和环境污染所造成的损失及环境保护措施的社会效益进行定量的货币形式的核算。

3）采用“有”“无”对比法。对绿色建筑而言，它是在原有传统建筑背景基础上进行的，改变了原有建筑环境的运行状况，使得建筑环境质量总体发生了变化。绿色建筑在传统建筑基础上，采用了许多绿色技术，节能措施对社会和环境有所贡献，因此费用效益分析采用“有”“无”对比法。“无”是指传统建筑，“有”是指采用绿色技术节能措施的建筑系统。评价指标如费用净现值、效益年值等，均建立在对比差值的基础上。通过经济对比客观地反映绿色项目社会、环境和经济可行性。相互对比度思路应贯穿于评价过程始终。

2．绿色建筑的费用效益分析的步骤

在绿色建筑全寿命周期分析中，首先要对费用和效益进行界定，使损益的外部化转为内在化，通过经济机制本身有效控制对社会环境的破坏。对绿色建筑的费用和效益根据各自形成的时间，计算其现值。用现值进行费用和效益的比较，根据结果判断方案的可行程度。整个费用效益分析流程如图9-6所示。

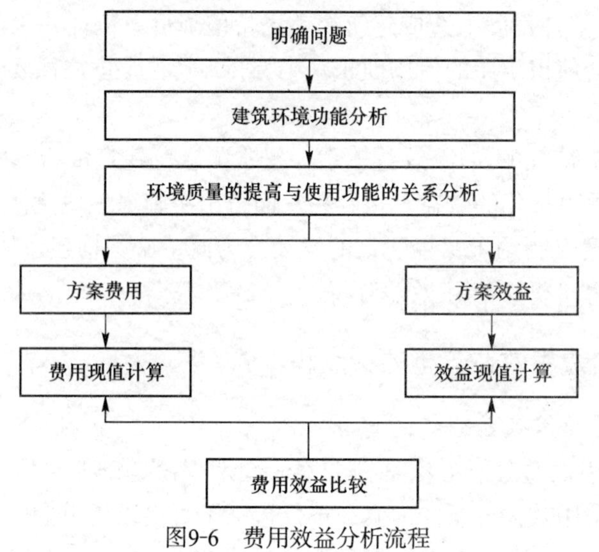

图9-6 费用效益分析流程

识别绿色建筑的费用效益

9.3.2 识别绿色建筑的费用效益

绿色建筑基本上围绕三个主题：一是环境保护；二是资源节约；三是创造健康、舒适的生活空间。根据这三个主题，可以把绿色建筑的效益指标分为三大类。

1．环境保护效益

和传统建筑相比，绿色建筑使用的环保材料，能够尽可能地降低对环境的影响。建筑物对环境的影响，主要体现在对室外环境的影响和室内环境的影响两个方面。对室外环境的影响主要是温室气体的排放，而国内外研究显示，在主要温室气体中，CO_2的排放量占99%以上。因此，国内外皆以CO_2的排放量作为代表性指标来反映温室气体对室外环境的污染。对室内环境的影响主要来自三个方面：建筑材料、装饰装修材料以及家具等材料所带来的污染。例如，建筑用的水泥、砂石浇灌中的化学添加剂、板式家具释放的甲醛等。而绿色建筑中使用的绿色建材，采用了清洁生产技术。大量使用工农业或城市固态废弃物生产的无污染、无毒害、无放射性，达到使用寿命后还可以回收利用的健康材料，既有利于环境保护和人体健康，又减少了对天然资源的使用。因此，绿色建筑比传统建筑更加环保，更加有利于健康，这就是绿色建筑比传统建筑增加的环保效益。把用经济手段处理多排放的CO_2的费用和处理室内外环境污染的费用量化为绿色建筑在环保方面增加的经济效益，用ΔE来表示。

2．资源节约效益

和传统建筑相比，绿色建筑的资源节约效益主要体现在节约土地资源、材料、水资源和能源等四个方面。在节地方面，绿色建筑的建造在集约利用土地、优化使用土地的基础上，充分利用了矿渣、粉煤灰等工业废料，尽量少用或者不用黏土砖，以保护土

地资源。在节材方面，传统建筑物在拆除时，除了对高价铝和钢筋的回收率达到80%以外，几乎不再回收利用其他建材，而绿色建筑的建材60%都可以回收利用，这样就降低了开发商的清理成本，增加了利润。在节水方面，绿色建筑强调采用节水型器具方式降低用水量，同时强调屋顶雨水的收集和再利用，地面雨水可结合实际情况进行收集或通过采用可渗透的路面材料使雨水能渗入地层，保持水体循环，居住小区和建筑排水原位处理后回用于生活杂用、景观和绿地浇灌。相比传统建筑，绿色建筑更加能够节约用水。在节能方面，绿色建筑在设计上充分考虑了自然通风、天然采光和保温隔热性能，可以大量减少居民对空调、采暖设备和照明设备的使用，节约电能。另外，绿色建筑还可以使用太阳能为人们保暖和提供热水，可以减少人们对煤气和电能的消耗。资料显示，绿色建筑的能耗比传统建筑低70%～75%。绿色建筑相比传统建筑节约的资源消耗量很容易测量，虽然测量的量纲各不相同，但可以把它们统一量化成费用效益型指标，用ΔR来表示。

3．个人舒适度效益

绿色建筑对于改善居民生活环境，保护人们身体健康，为居民提供舒适的生活空间有着重要的作用。绿色建筑强调更多地利用自然光、自然通风，使室内空气质量大大提高。绿色建筑还强调增加绿化面积，通过对屋顶、外墙以及屋前屋后的绿化，可以大大增加绿化面积，也就是增加了“制造氧气的工厂”。对于建筑物外墙的绿化，可以使夏季室内温度比邻近街区低5℃，冬季室内热量损失比传统建筑减少30%，室内温度全年都比较稳定，给人以舒适的感觉。个人舒适度属于定性指标，可以采用群众调查法，调查人们愿意为增加居住舒适度所额外支付的费用，这就是绿色建筑相比传统建筑所增加的个人舒适度效益，用ΔM来表示。

9.3.3　估算绿色建筑的费用效益

1．内部效果估算法

（1）直接费用

绿色建筑直接费用的量化可以分为项目费用（采用财务评价的方法）、运行费用、环保设备投入的费用。

（2）直接效益

绿色建筑直接效益的量化可以分为能源的节约额度、对环境的改善程度（环境改善获得的效益正好是环境破坏所需要补偿的费用，即同等程度的改善和破坏，其效益和费用是相等的）。

2．外部效果计量方法

（1）市场价值法

这种方法把环境看成生产要素，用环境质量的变化衡量产值和利润的经济效益和经济损失。这种方法的运用必须有比较充分的市场信息，如果价格“扭曲”而不能反映资源的稀缺性，则需要用影子价格予以调整。

（2）机会成本法

任何一种自然资源的使用都存在许多相互排斥的备选方案，为了作出最有效的选择，必须找出社会净效益最大的方案。资源的有限性决定了选择某种使用机会就放弃其他的使用机会，也就失去了其他获得效益的机会。把其他使用方案中获得的最大经济效益称为该种资源的机会成本，单位资源的机会成本称为该种资源的影子价格。

（3）人力资本法

环境质量变化对人类的健康有很大影响，如过早死亡，疾病造成不能正常工作、生活，不能创造财富的损失，医疗费用开支，丧葬费的增加，对病人进行非医务人员护理、陪住的费用，精神或心理上的压力影响工作效率的损失费用等。

（4）调查评价法

在缺乏价格数据时，不能应用市场价值法。当环境发生变化，并且间接的市场观察也不能估价时，可以通过专家或环境资源的使用者（消费者）的支付意愿来假设市场价格，从而获得环境资源的价值或环境措施的效益。

（5）恢复防护费用法

由于用技术、资金、数据和方法的可靠性全面评价环境质量改善的效益是很困难的，对环境质量的最低估计可以由恢复被污染环境或减少环境污染所花的费用中获得。用恢复被污染环境或防护某种资源不受污染所需的费用作为环境资源破坏带来的经济损失的最低值估计。

9.4 零能耗建筑技术路线及评价方法

零能耗建筑经过40多年的发展已逐渐被广泛接受和认可，正在成为建筑领域应对全球气候变化、空气污染及能源短缺的新举措。欧美许多国家都制定了相应的发展目标、技术路线及政策法规等，将发展零能耗建筑作为建筑节能的新方向，不断地探索零能耗建筑技术路线，力图依靠各项节能措施及最大可能地利用可再生能源达到建筑能耗与建筑产能之间的平衡，并通过相关研究项目、示范工程及评价认证引导推进零能耗建筑相关工作。与此同时，零能耗建筑综合解决方案的咨询服务正在萌芽发展，已有成为建筑节能服务行业后起之秀的态势。自20世纪80年代以来，在建筑节能“三步走”战略的推动下，我国的建筑节能事业取得了长足发展，为零能耗建筑在我国的发展奠定了基础。继2015年发布《被动式超低能耗绿色建筑技术导则（试行）（居住建筑）》后，2017年住房和城乡建设部发布《建筑节能与绿色建筑发展“十三五”规划》，规划中提出“积极开展超低能耗建筑、近零能耗建筑建设示范，鼓励开展零能耗建筑建设试点”。2019年1月，国家标准《近零能耗建筑技术标准》（GB/T 51350—2019）发布，进一步明确了零能耗建筑的定义和技术路线。党的二十大报告提出，“加快发展方式绿色转型”、“发展绿色低碳产业”、“站在人与自然和谐共生的高度谋划发展”，由此可见，在建筑业领域，发展零能耗建筑正逐渐成为我国建筑节能发展的新趋势。

9.4.1　零能耗建筑的概念

明确零能耗建筑的概念对于零能耗建筑的设计、施工、运维及评价等活动至关重要。

1．零能耗建筑概念的发展

早在1976年，丹麦技术大学的Torben V．Esbensen等依赖良好的设计和建造，在单层独户居住建筑中实现了仅依靠太阳能即可满足冬季采暖需求的目标，最早提出了“零能耗建筑（住宅）”（Zero Energy House）的概念。随后，关于零能耗建筑的研究逐渐增多，瑞典、德国、美国的许多学者相继提出被动房、近零能耗建筑及零能耗社区等相关概念。国内关于零能耗建筑的探讨也非常丰富。张时聪等对“零能耗建筑”及相关定义的发展历程进行了总结，对国际“零能耗建筑”定义的边界划分、计算范围、衡量指标、转换系数、平衡周期等内容进行了分析，得出了适用于我国的“零能耗建筑”的定义。Deng S.等阐述了零能耗建筑的国内外研究情况，包括零能耗建筑的概念、评价理念及可应用的相关方法和模型。封换换等对既有零能耗建筑定义的时间尺度、空间尺度及关键要素进行了分析，给出了零能耗定义的多种表达形式。尽管表达方式、侧重点有所区别，但始终围绕在零能耗建筑的能耗计算范围、时间和空间边界上。究其原因，不是学界没有达成共识，只是不同的应用目标和尺度决定了零能耗建筑概念的内涵和外延，所以零能耗建筑的概念和内涵理应服务于特定的应用目标，而不是对内涵和外延无限的挖掘和延伸，错失了零能耗建筑对建筑节能事业的导向作用。

2．零能耗建筑概念关键因素的界定

1）“零”。“零”是一个描述建筑产能与用能平衡的量化概念，定量给出了零能耗建筑的净能耗的基准，即在计算周期单位内产能必须大于或等于用能，才能称为零能耗。

2）“能耗”。在有关零能耗建筑的概念中，因各国的气候条件、资源禀赋条件和建筑体量的差异，零能耗建筑中能耗计量范围有所不同。在20世纪七八十年代，建筑能耗主要指建筑供暖和生活热水，尤其是供暖，目前大多数国家能耗计算都以建筑物供暖、供冷能耗为主，部分国家的定义考虑了照明、家电及热水能耗。事实上，建筑总能耗包含维持建筑环境的建筑服务相关部分和用户在建筑内开展活动的使用相关部分。美国的近零能耗建筑定义、德国的被动房概念均采用建筑总能耗，欧盟的《建筑能效指令》（*Energy Performance of Building Directive*，简称EPBD）则采用与建筑服务相关的能耗概念。我国《民用建筑能耗标准》（GB/T 51161—2016）中建筑能耗指建筑使用过程中由外部输入的能源，包括维持建筑环境的用能（如供暖、制冷、通风、空调和照明等）和各类建筑内活动（如办公、家电、电梯、生活热水等）的用能，即建筑总能耗。一般来说，建筑服务相关能耗在设计阶段可以借助软件、模型等能耗工具进行有效计算，且有相对清晰的节能技术路线用于提升节能水平，但用户使用相关能耗在设计阶段难以有效控制，受用户行为因素影响较大，随机性增强。因此，有研究认为，我国现阶段宜采用建筑服务相关能耗作为零能耗建筑的衡量范围。但建筑总能耗才是建筑实际能耗，且不需要单独分项计量，与我国现有标准的能耗范围相一致，加之居民对生活品质的追求，使用相关能耗需求日益增加，从倡导和加强用户行为节能的角度出发，建筑总能耗作为零能耗建筑的能耗定义和考核范围更为合适。能耗相关术语或定义见表9-8。

表9-8　能耗相关术语或定义

标准名称	建筑能耗定义	备注
《民用建筑能耗标准》（GB/T 51161—2016）	建筑使用过程中由外部输入的能源，包括维持建筑环境的用能（如供暖、制冷、通风、空调和照明等）和各类建筑内活动（如办公、家电、电梯、生活热水等）的用能	总能耗
《建筑节能基本术语标准》（GB/T 51140—2015）	建筑在使用过程中由外部输入的能源总量	总能耗
《民用建筑能耗分类及表示方法》（GBT 34913—2017）	建筑使用过程中的运行能耗，包括由外部输入、用于维持建筑环境的用能（如供暖、供冷、通风和照明等）和各类建筑内活动（如办公、炊事等）的用能，不包括建筑材料制造和建筑施工的用能	总能耗
《近零能耗建筑技术标准》（GB/T 51350—2019）	供暖、通风、空调、照明、生活热水、电梯系统的终端能耗	与建筑服务相关的能耗

3）“建筑”。建筑主要指能耗计量的物理边界，是空间概念。边界的划分对能耗平衡的计算有着较大的影响，需要确定以单体建筑和多栋建筑为计算对象，国际大多数意见还是以单栋建筑为计算对象。最重要的是需要明确建筑系统与可再生能源系统之间的空间关系。目前，附着在建筑本体的，安装在场所内停车场、地面的可再生能源系统都考虑在建筑产能的计算范围内，关键点是建筑场所之外输入的可再生能源或购买的绿色电力等是否纳入产能范围。鉴于我国建筑产权特点，宜把建筑本体和所在场所内的可再生能源作为产能的计算范围，公共建筑和独栋别墅是目前开展零能耗建筑试点的首选。

4）计算周期。在现有建筑能耗统计体系中，通常以年作为建筑能耗统计的时间单位，且以年为单位弥补了太阳能、风能等具有间歇性和不稳定性的可再生能源电力供应的局限性。在各国零能耗建筑评价中，基本都以年为单位进行能量平衡计算。但Hernandez和Kenny等认为也可以使用30年或50年作为平衡周期，因为通常在30年或50年时，建筑物会进行一次大修，每次大修都会对建筑物影响负荷的因素有很大影响，而且以建筑全寿命周为单位也可以将建材、建造等阶段一起考虑进来。计算周期是基于建筑年运行能耗，还是考虑建筑的全寿命周能耗是一个值得深度讨论的问题。全寿命周考虑了建筑设计、施工、运维、拆除等每个阶段的能耗，是建立在大量的数据资料基础之上的，包含了建筑全寿命的用能，但也对数据的获取和折算提出了更大的挑战。就目前我国现有的建筑能耗监测体系来看，建筑施工和拆除这两个阶段的数据资料并没有相关的部门和组织进行系统的收集整理，很难获取到各阶段全面的数据。建筑运行阶段的年用能与产能的数据获取和平衡计算更符合现阶段我国建筑节能发展的要求，可操作性更强，这样对建筑节能市场才会有良好的导向作用。

5）核算方式。衡量建筑能耗的指标有终端耗能、一次能源消耗、能源账单及碳排放等。每类指标的评价结论会有所不同，可再生能源建筑应用的节能减排效果评价就很好地说明了这一点。欧盟的大多数国家通常以一次能源消耗量作为判断指标，终端用能转换成一次能源折算方法有很多种，这也导致评价结果的不唯一性，因而被受热议。采用终端用能形式或者能源账单作为衡量零能耗建筑的指标，操作起来相对容易。

根据上述讨论，结合我国建筑节能事业发展现状与趋势，从利于开展零能耗建筑市场推广的角度出发，零能耗建筑的判断条件应是全年建筑运行能源消耗总量小于或等于建筑场所内可再生能源系统产能总量的单体建筑或建筑群。然而，从理论上讲，建筑的零能耗目标可以从降低舒适性、过量安装可再生能源系统等手段实现，但这种以牺牲舒适性为代价大幅降低能耗需求，以过量安装可再生能源系统，不考虑成本投入来增加产能的做法，无法满足使用者对舒适性和经济性的要求。所以，提供健康、舒适的室内环境是零能耗建筑运行的基本要求，应符合国内相关标准要求，经济性至少保证零能耗的增量成本和增量收益持平，这样才具有市场化推广的潜力，否则只能局限于示范性的探索。基于此，零能耗建筑的概念表述应为：在满足舒适性和经济性的前提下，全年建筑运行能源消耗总量小于或等于建筑场所内可再生能源系统产能总量的单体建筑或建筑群。

9.4.2　零能耗建筑技术路线

零能耗建筑的技术体系主要由高性能围护结构系统、高效的设备系统、可再生能源产能系统及能源管理系统等四部分组成。能源管理和能耗监测平台被称为零能耗建筑的“大脑”，是零能耗建筑运行的核心。其中，高性能围护结构和高效的设备系统重在降低建筑本身的能源需求，属于“节流”，太阳能等可再生能源的应用重在提供建筑产能，属于“开源”，一方面是降低能源需求，一方面是增加能源产出，在两者达到平衡的情况下，实现建筑的零能耗。据统计，在美国已经通过认证的67个零能耗建筑中，能耗强度（energy use intensity，EUI）比现有的美国商业建筑低60%的能源，比新建建筑低46%，能耗强度中位数为55kW・h/（m^2・a），同样，在通过认证的65个零能耗建筑中，其平均的可再生能源产能强度（每平方米的年可再生能源发电量）已达到88kW・h/（m^2・a），可见，降低建筑本身的能耗强度是实现零能耗建筑目标不可或缺的基础，可再生能源产能则是在能源上实现自给自足的必要条件。

1. 零能耗建筑技术路线简介

在现有零能耗建筑技术体系中主要采用被动式设计、高性能围护结构、被动式房门窗系统、太阳能光电、太阳能光热、能源管理系统、建筑能耗预测监管平台等技术。美国已有的净零能耗建筑案例中高性能的围护结构、高效的供热通风与冷气调节（heating ventilation air-conditioning and cooling，简称HVAC）系统、先进的照明和控制系统、尽可能多地使用可再生能源已成为零能耗建筑的主要技术路线。图9-7为美国温暖湿润地区34栋零能耗建筑优化设计及围护结构、暖通空调、照明、设备及可再生能源方面节能技术使用情况。

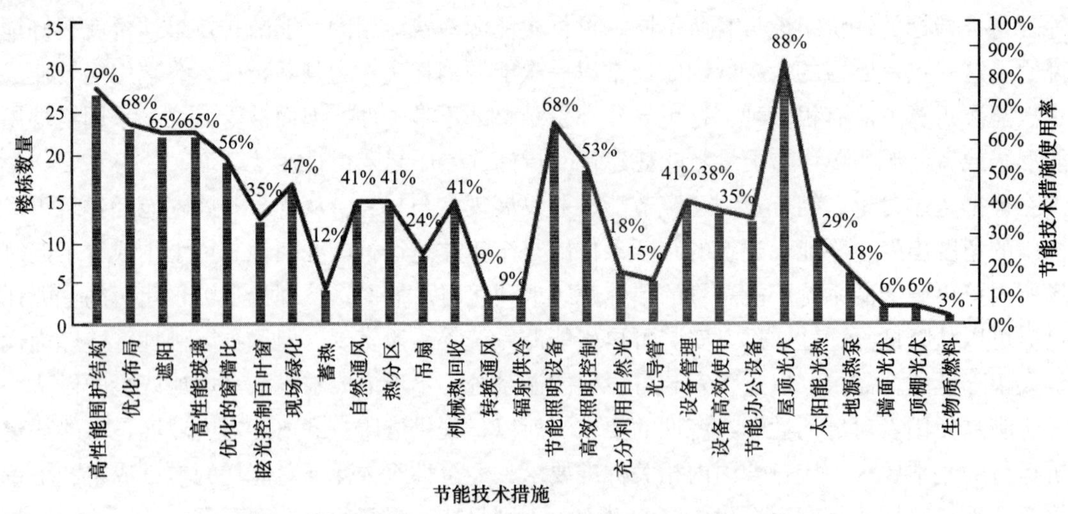

图9-7　美国温暖湿润地区34栋零能耗建筑技术使用情况

在我国，零能耗建筑尚处于萌芽发展阶段，工程数量有限，通过对21栋已建成的超低能耗建筑技术体系的统计发现，在采用高性能围护结构、自然采光、被动式得热等被动式技术的基础上，利用高效照明、节能设备、机械通风热回收，辐射供暖及可再生能源等主动式技术已成为主要的技术路线，见图9-8。总体上来说，所采用的被动式技术集中度高，大同小异，主动式技术上除全部采用高效照明、节能设备、机械通风热回收等技术外，却因建筑类型、用能特点的不同，在可再生能源选择上各有千秋、不尽相同。

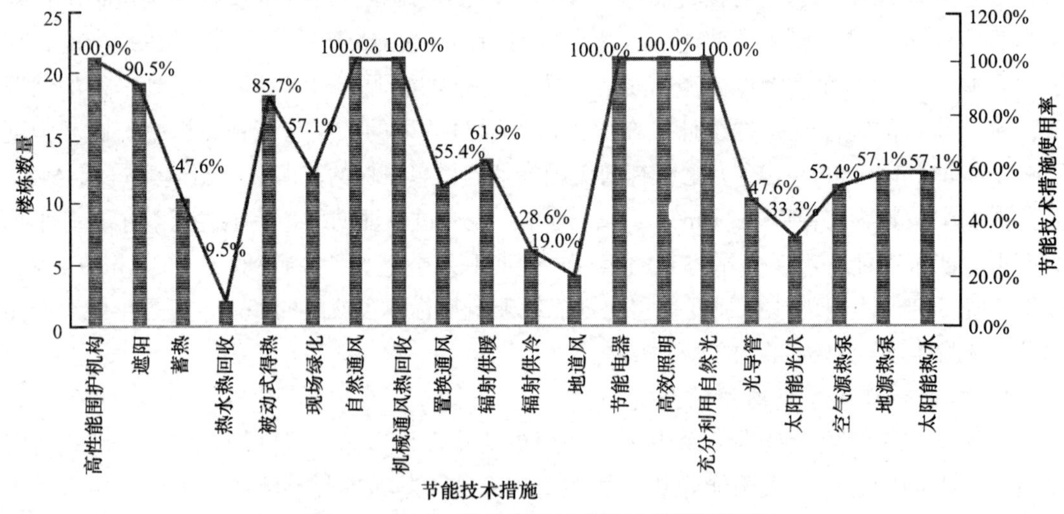

图9-8　我国21栋超低能耗建筑技术使用情况

2．零能耗建筑无差异技术曲线

降低能源需求和增加产能是建筑实现零能耗目标的两条技术路线，在既有的技术和经济条件的约束下，寻找最优的技术路线方案是零能耗建筑的关键。图9-9是零能耗建筑无差异技术曲线，纵坐标表示节能降耗技术，横坐标表示产能技术，同一条曲线上不同的技术组合都可以实现零能耗，故称为“无差异技术曲线”，曲线的斜率代表

两种技术的替代率。例如，无差异技术曲线T_1上的A点与B点均可实现建筑的零能耗目标，相比起来，A点的节能降耗技术投入多，建筑能源需求低，产能技术投入就可以相对少些。无差异技术曲线T_2与无差异技术曲线T_1相比，T_2曲线代表着更多的技术投入、更高的成本以及更好的建筑舒适度。在相应的舒适度要求和经济条件约束下，在对应的曲线上找到最佳的技术经济方案便是实现零能耗建筑的最佳技术路线。不同的技术成本不一样，且随着技术进步，每项技术的成本都在发生变化，所以最佳技术解决方案也是一直处在动态变化中。例如，近年来，多晶硅价格的断崖式下跌使得光伏的装机成本急速下跌，从12元/W跌至4元/W，使得尽可能多地安装分布式光伏来增加建筑产能在经济上更加划算，此时无差异技术曲线T_1上，B点是比A点更经济的选择。

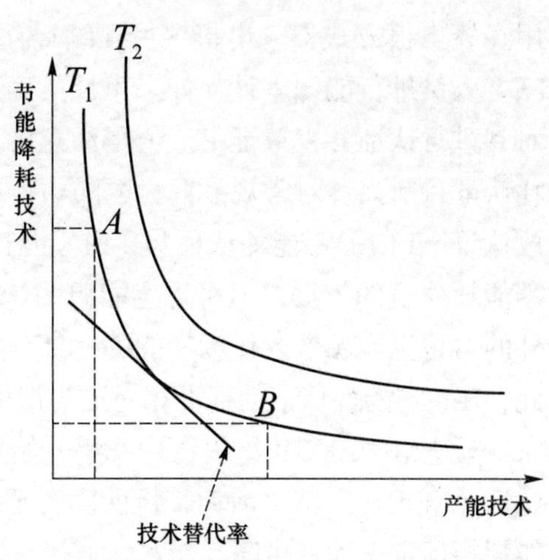

图9-9　零能耗建筑无差异技术曲线

事实上，实现建筑的零能耗是一个系统工程，从设计、施工到运行各个阶段都需要相应的技术作为支撑，且需要各类技术协同合作，不能是简单的堆砌和叠加，要发挥“1+1>2”的作用才是技术集成的关键。不仅如此，正如无差异技术曲线所示，零能耗建筑的解决方案并不唯一，即便在相同的经济、技术约束条件下，由于地域差异、建设者偏好不同，解决方案也不尽相同，要有开放化的心态，多元化的零能耗建筑技术方案才是行业蓬勃发展的源泉。

9.4.3　零能耗建筑评价

1. 国际净零能耗建筑评价

建立零能耗建筑评价体系是推动零能耗建筑发展的重要方式之一，自愿性的第三方认证正已成为美国零能耗建筑市场发展的倡导方式和展示零能耗建筑市场蓬勃发展的窗口。美国绿色建筑委员会（US Green Building Council， USGBC）国际未来生活研究所（International Living Future Institute, ILFI）和新建筑研究所（New Building Institute, NBI）等机构都在开展零能耗建筑评价的相关活动。

2018年11月，美国绿色建筑委员会正式宣布推出全新的LEED零认证，以鼓励绿色建筑在建设和运营过程中达成“零”的目标。LEED零认证包括零碳排放、零能耗、零水耗或零排污等四类认证，是建立在LEED认证基础上的，是LEED认证的完善。LEED零能耗认证（即全年建筑运行能源消耗总量等于建筑场所内可再生能源系统产能和场外输入的可再生能源产能总量的单体建筑或建筑群），为鼓励尽可能多地使用场所内可再生能源，其赋予了场所内可再生能源系统产能较高的权重。ILFI的零能耗认证是以结果为导向，根据建筑运行时场地内年可再生能源产生的能源能否满足建筑能耗作为判断依据。该项认证采用在线申报方式，若申报项目连续1年的能源数据显示实现了零能源目标，ILFI将委托第三方人员进行能源审计，如果审计员确定该项目达到了零能耗，并符合相关要求，ILFI将对其进行认证并发放证书。值得注意的是，考虑到化石燃料燃烧排放温室气体，ILFI零能耗认证目前只针对常规能源为电的项目进行认证，对采用天然气等常规能源的项目尚未开放认证。LEED零能耗认证与ILFI零能耗认证都以建筑用能与产能是否达到平衡作为判断零能耗建筑的依据，但可再生能源的计算范围却存在显著差异，LEED零能耗认证将场地外的可再生能源输入作为产能的一部分，ILFI零能耗认证只考虑场地内的可再生能源，因此，ILFI零能耗认证的标准相对更为严格。

瑞士MINERGIE组织自1996年开始探索零能耗建筑认证，于2011正式开展零能耗建筑认证（Minergie-A）活动，目前已有千余栋的建筑获得Minergie-A级认证。Minergie建筑能耗指标定义为：供暖、热水、通风、空调、照明、电器和一般技术装置的能源加权总需求减去自发电量（包括自身消耗发电量和并网发电量）所得到的年净终端能耗值。从技术路线上看，获得Minergie-A零能耗认证的建筑，一方面是利用良好的围护结构性能和高效的照明设备，并降低供暖和制冷能耗，一方面是最大限度地利用可再生能源进行供暖和制冷，并尽可能多地进行光伏发电，最终实现用能与产能的平衡。

2. 我国净零能耗建筑评价

我国的《近零能耗建筑技术标准》（GB/T 51530—2019）中提出了“零能耗建筑是近零能耗建筑的高级表现形式，其室内环境参数与近零能耗建筑相同，充分利用建筑本体和周边的可再生能源资源，使可再生能源年产能大于或等于建筑全年全部用能的建筑”。根据其定义的内涵，建筑能耗仅包括供暖、通风、空调、照明、生活热水、电梯终端能耗等与服务相关的能耗，且只计算场地内的可再生能源产能。在可再生能源计算范围上与美国ILFI零能耗认证相一致。中国建筑节能协会团体标准《近零能耗建筑测评标准》（T/CABEE 003—2019）于2019年12月发布实施，该标准中零能耗建筑定义、评价方式延用《近零能耗建筑技术标准》（GB/T 51530—2019）的内容，将评价分为设计评价、施工评价和运行评估3个阶段，且应通过运行评估对其进行判定，并可提前开展设计评价、施工评价。从测评内容上看，包括室内环境参数和能效指标两个部分，未考虑经济性。

第三方零能耗建筑认证活动对零能耗建筑行业的健康发展起到了关键的引导和规范作用，避免了新兴市场发展初期的无序状态，而且有利于发现和解决零能耗建筑发展的共性关键问题，加速行业进步。

9.4.4 零能耗建筑评价内容与方法

1. 评价内容

根据上述零能耗建筑定义的探讨，基于美国、瑞士等国家的零能耗建筑评价经验，零能耗建筑评价应基于建筑运行阶段，在满足室内环境质量要求的条件下，对其实际运行能耗结果和经济性进行评价。因此，符合室内环境质量条件是进行零能耗建筑评价的基本要求，全年建筑运行能源消耗总量小于或等于建筑场所内可再生能源系统产能总量是判断条

件，为实现零能耗目标的增量成本和运行后节能收益的经济性水平是衡量推广价值的依据。所以，应从室内环境质量、运行能耗及经济性等方面进行零能耗建筑评价。

2. 评价方法

（1）室内环境质量

关于室内环境质量要求，《室内空气质量标准》（GB/T 18883—2002）、《近零能耗建筑技术标准》（GB/T 51350—2019）和《健康建筑评价标准》（T/ASC 02—2016）均涉及有关室内环境质量要求的相关内容。《近零能耗建筑技术标准》（GB/T 51350—2019）针对不同季节、不同建筑类型从温湿度、新风量和声环境等方面进行评价；《健康建筑评价标准》（T/ASC 02—2016）、从空气和舒适角度对室内空气污染物浓度、颗粒物浓度、声环境、光环境及温湿度等指标进行评价。除《健康建筑评价标准》（T/ASC 02—2016）在室内空气质量部分指标要求更多、更高外，在新风的要求上，《近零能耗建筑技术标准》（GB/T 51350—2019）与《健康建筑评价标准》（T/ASC 02—2016）的衡量方法也不一致，前者以新风量多少作为评价依据，后者以是否安装新风系统作为评价依据。事实上，新风是为了解决室内环境质量问题，所以以提供优质的室内空气质量为目标，以结果为导向进行评价更为合理。所以，直接对新风量和室内空气质量进行评价更加具有普遍意义和操作性。气态污染物挥发性有机物（volatile organic compounds，VOC）、甲醛等，也是衡量空气质量的常用指标之一，但因其主要来源于复合板家具及装饰材料等，与空气流通相关性弱，在零能耗建筑评价中暂不考虑将其纳入衡量指标。因此，采用温度、相对湿度、噪声、室内颗粒物浓度和二氧化碳（CO_2）浓度等指标进行室内环境质量评价，具体要求见表9-9，只有室内环境质量符合表中规定才能进行零能耗建筑评价。

表9-9　零能耗建筑室内环境质量评价指标

名称	要求	
温度/℃	冬季	≥20
	夏季	≤26
相对湿度/%	冬季	≥30
	夏季	≤60
噪声/dB	居住建筑室内噪声昼间不应大于40dB（A），夜间不应大于30dB（A）	
	酒店类建筑的室内噪声级应满足现行国家标准《民用建筑隔声设计规范》（GB 50118—2010）中室内允许噪声级一级的要求	
	其他建筑类型的室内允许噪声级应满足现行国家标准《民用建筑隔声设计规范》（GB 50118—2010）中室内允许噪声级高要求标准的规定	
新风量/（m^3/h·人）	居住建筑主要房间的室内新风量不应小于30（m^3/h·人）。公共建筑的新风量应满足现行国家标准《民用建筑供暖通风与空气调节设计规范》（GB 50376—2015）的规定	
室内颗粒物浓度/（$\mu g/m^3$）	$PM_{2.5}$年平均浓度不高于35$\mu g/m^3$，PM_{10}日平均浓度不高于70$\mu g/m^3$	
CO_2浓度/%	CO_2日平均浓度不大于0.09%	

（2）零能耗

判断零能耗的核心是全年建筑运行能源消耗总量小于或等于建筑场所内可再生能源系

统产能总量，如式（9-4）所示。

$$NE = E_{use} - E_{pro} \leqslant 0 \tag{9-4}$$

式中：NE——零能耗（net energy）；

E_{use}——建筑运行能源消耗总量；

E_{pro}——场所内可再生能源系统产能总量。

建筑运行能耗包括由场外输入的电、燃气、煤等常规能源，由太阳能光热、地源热泵及生物质等可再生能源提供的供热及制冷等能量；由场内产生的可再生能源包括由太阳能光伏发电和风电产生的电能，和由太阳能光热、地源热泵及生物质等提供的供热及制冷的能量。因此，公式（9-5）可扩展并简化如下。

$$\begin{aligned} NE &= E_{use} - E_{pro} \leqslant 0 \\ &= (E_{output} + E_{in-ele}) - (E_{in-ele} + E_{in-ele}) \leqslant 0 \\ &= E_{output} - E_{in-ele} \leqslant 0 \end{aligned} \tag{9-5}$$

式中：E_{output}——由场外输入的电、燃气、煤等能源量；

E_{in-ele}——场所内，由太阳能光热、地源热泵及生物质等可再生能源提供的供热及制冷等的能量；

E_{in-ele}——场所内，由太阳能光伏发电和风电等产生的电能。

事实上，电、燃气、煤等常规能源的计量简便易行，但可再生能源的计量相对复杂。例如，对于太阳能热水系统来说，因管路损失难以计量，衡量太阳能资源提供了多少有效能量更多是基于检测或者监测结果进行估算，难以做到准确计量。式（9-5）恰好消除了太阳能光热、地源热泵及生物质等可再生能源提供的供热及制冷等能量难以计量的问题。所以，零能耗的判断依据进一步简化为由场外输入的能源量小于或等于由场内太阳能光伏和风电等产生的可再生能源量。

（3）经济性

零能耗建筑的经济性重在评价其推广价值，利用单位面积增量成本和静态投资回收期指标进行定量评价。

1）单位面积增量成本。单位面积增量成本指在执行当地节能标准的基础上，为实现零能耗目标，每平方米建筑面积额外投入的成本，是衡量零能耗建筑增量成本高低的指标，单位面积增量成本越低，初始投资压力越小，推广可行性越大。单位面积增量成本按下式进行。

$$C_{ua} = \frac{C_{zr}}{A_{cs}} \tag{9-6}$$

式中：C_{ua}——单位面积增量成本；

C_{zr}——零能耗建筑总增量成本，增量成本依据项目单位提供的项目决算书进行核算，项目决算书中应对零能耗建筑的增量成本有明确的计算和说明；

A_{cs}——零能耗建筑的建筑面积。

2）静态投资回收期。静态投资回收期指零能耗建筑运行后，实现节约能源费的总额与零能耗建筑增量成本持平的时间。其中，节能能源费指与当地的节能标准相比，零能耗建筑运行时年节省的能源费用，静态投资回收期越短，投资风险越低。静态投资回收期按以下规定进行。

零能耗建筑年节约费用C_{sr}应按下式计算：

$$C_{sr}=P \cdot Q_{sr} \tag{9-7}$$

式中：C_{sr}——零能耗建筑年节约费用；

P——常规能源的价格，常规能源的价格P应根据项目立项文件所参照的常规能源类型进行比较，当无明确规定时，由测评单位和项目建设单位根据当地实际用能状况确定常规能源类型选取；

Q_{sr}——与当地节能标准相比，零能耗建筑年节约的能源量。

静态投资回收年限N按下式计算。

$$N=\frac{C_{zr}}{C_{sr}} \tag{9-8}$$

式中：N——零能耗建筑静态投资回收期；

C_{zr}——零能耗建筑总增量成本，增量成本依据项目单位提供的项目决算书进行核算，项目决算书中应对零能耗建筑的增量成本有明确的计算和说明；

C_{sr}——零能耗建筑年节约费用。

综上所述，室内环境质量、“零能耗”及经济性三个方面的指标构成了整个零能耗建筑评价体系。其中，室内环境质量是控制条件，“零能耗”是判断依据，经济性是对其推广价值的评价。获得准确可靠的数据是开展零能耗建筑评价的基础，因此开展相关检测和监测是开展零能耗建筑评价必不可少的配套措施。

拓展与实训

职业能力训练

一、单项选择题

1．绿色建筑经济对于环境资源的影响包括（　　）两个方面。

A．健康和舒适　　B．时间和空间　　C．破坏和修复　　D．维持和发展

2．将我国（　　）房屋改造为绿色建筑，将造就中国极具前景的产业。

A．新建和扩建　　B．新建和在建　　C．新建和改建　　D．扩建和改建

3．我国建筑业的快速发展不能以牺牲（　　）来换取建筑经济价值。

A．环境　　B．能源　　C．安全　　D．利益

4．（　　）由物业管理者在运营使用阶段向业主收取。

A．绿色建筑的增量建设成本　　B．绿色建筑的增量运营成本

C．政府的税收优惠　　D．政府的绿色建筑补贴

5．绿色建筑具有初期投资较大而运行和维护费用（　　）的特点。

A．较高　　B．较低　　C．与传统建筑持平　　D．无法确定

6．绿色建筑会造成初始成本的（　）。

A．价值丧失　　B．不确定　　C．减少　　D．增加

7．价格涨幅、折现率取值和（　　）是绿色建筑全寿命周期成本效益评价结果的主要影响因素。

A．年度成本增量　　B．非年度成本增量

C．年度成本发生时间　　D．非年度成本发生时间

8．绿色建筑和传统建筑属于互斥型方案，当（　　）时，绿色建筑方案可行。

A．$\Delta NPV<0$　　B．$\Delta NPV>0$　　C．$\Delta NPV\leqslant 0$　　D．$\Delta NPV\geqslant 0$

9．绿色建筑的（　　）评价指标是对绿色建筑进行环境效益评价的依据。

A．环境效益　　B．社会效益　　C．经济效益　　D．生态效益

10．（　　）对绿色建筑环境效益的测算和分析非常重要。

A．市场价格系数　　B．市场交易系数

C．资源外部性系数　　D．资源内部性系数

二、多项选择题

1．“四节一环保”指的是（　　）。

A．节能　　B．节地　　C．节水　　D．节材

E．保护环境

2．绿色建筑在建筑物全寿命周期的（　　）中实现对建筑资源的充分利用。

A．原料生产　　B．建筑规划、设计

C．施工　　D．运营维护

E．拆除

3．绿色建筑经济就是以（　　）等原则为基础的一种生态经济。

A．节能　　B．安全　　C．环保　　D．自然

E．和谐

4．在我国，发展（　　）的绿色建筑经济已经成为当前的重要任务。

A．健康舒适　　B．节能减排

C．维护生态稳定　　D．安全文明

E．环境优美

5．我国建筑业发展面临的关键问题是（　　）。

A．保护生态环境　　B．保护资源

C．减少污染　　D．资源的有效利用

E．能源的有效利用

6．绿色建筑成本效益评价指标分为（　　）三个大类。

A．经济　　B．环境　　C．社会　　D．能源

E．资源

7. 绿色建筑的全寿命周期成本包括工程的（　　）等部分。

A. 决策设计成本　　B. 建筑成本

C. 使用和维护成本　　D. 回收和处理成本

E. 考察培训成本

8. 绿色建筑的效益根据其模糊程度可分为（　　）。

A. 环境效益　　B. 社会效益

C. 经济效益　　D. 隐性效益

E. 显性效益

9. 绿色建筑的环境效益可分为（　　）五个主要方面。

A. 节能　　B. 节水　　C. 节地　　D. 节材

E. 室内环境改善

10. 采用外部效果计量的方法估算绿色建筑的费用效益时，一般有以下方法：（　　）。

A. 市场价值法　　B. 机会成本法

C. 人力资本法　　D. 调查评价法

E. 恢复防护费用法

工程模拟训练

1. 项目概况

某项目位于沿海某省会城市的新城区，定位于注重人文生活气息、自然和谐、适宜居住的中高档社区。项目规划用地面积为28.8万m^2，总建筑面积为62.1万m^2，由53栋纯高层住宅建筑组成。项目设计使用年限为50年，自2004年开工，按片区滚动开发，至2010年全部交付使用。

2. 项目所用绿色技术

（1）节地与室外环境

项目规划设计充分利用场地地形条件，合理布局。住宅建筑全部为南北朝向布置，形成组团式分布，各组团围绕中心花园，形成北密南疏和中心开敞的规划布局。充分利用土地规划设计满足居民使用的公共服务配套设施，并与社区同步建设。项目充分开发地下空间，建设地下自行车库、汽车库、设备用房及仓储用房等。地下建筑合计11.5万m^2。

项目通过计算机模拟动态日照分析，保证房屋间距合理，底层住户有充足光照。项目营造满足居民室外生活功能和休闲观赏要求的园林景观，绿化率达到47.6%。

（2）节能与能源利用

项目合理设计建筑体型，采用高效率外墙保温系统，屋顶采用倒置式保温隔热系统。外门窗使用断桥铝合金型材，双层中空玻璃窗，并在窗外加设活动遮阳卷帘。

使用高效节能变压器，减少电力输送过程中的损耗。公共区域使用智能节能照明灯具。

（3）节水与水资源利用

本项目创新使用变频恒压供水设备，充分利用管网水压，达到节水节能双重效果。在精装住宅建筑中选用节水器具和设备。采用雨水回收及景观水循环处理系统，在满足项目景观需求基础上，提供小区内部分绿化用水和洗车用水，非传统水源利用率超过10%。

（4）节材与材料资源利用

建筑100%采用预拌高强度商业混凝土，大量使用HRB400级高强度钢筋，创新使用蒸压粉煤灰加气混凝土砌块，自保温墙体用于建筑外墙。建筑所使用的主要建材均来自当地，而建筑本身设计简洁合理，少有浪费。

（5）室内环境

项目力争在满足建筑功能的前提下，对建筑空间进行合理分隔，以改善室内日照，满足自然通风、采光及热环境要求。

项目根据市场信息提供一次性装修成品房，通过批量效应实现项目运作集成化，依靠标准化和模块化设计促进产品工业化，从而达到质量可控、生产效率高、资源浪费少的可持续目标。

（6）运营管理

项目引入小区智能化安防系统，为住户提供舒适且安全有保障的生活空间。

3．项目增量成本

本项目主要的成本增量来自于外墙和屋面保温、外窗和遮阳设施、雨水回收系统和园林等方面。

经统计，本项目在绿色技术方面增加的成本为7345.4万元，见表9-8，按地上建筑面积50.6万m^2计，每m^2增加成本约145.17元。

表9-8　本案例的绿色技术增量成本

项目	面积/万m^2	增加投资/（元·m^{-2}）	增量成本/万元
外墙保温隔热	26	125	3250
屋面保温隔热	4.9	56	274.4
自保温墙体	0.2	15	3
外窗	6.5	250	1625
外遮阳	0.33	800	264
雨水回收及景观水处理			750
园林			1000
节水节能设备			179
合计			7345.4

此外，项目前期的增量成本约为350万元，而绿色建筑检测及认证的费用约为92万元。

问题1：

请计算本项目的增量成本，并填入表9-9。

表9-9　本案例的增量成本

增量成本/万元	
间接增量成本/万元	
技术增量成本/万元	
合计/万元	
单方增量成本/（元·m^{-2}）	

4. 项目增量效益

（1）经济效益

经工程决算以及和参照建筑项目的对比分析，本项目在施工阶段节约材料并减少运输，实现约389万元的节约效益。

按照项目所在省份2009年的相关标准计算，本项目每年可节约用电量223.56万kW·h。

本项目所采用的雨水回收系统以及节水设备，每年可节约用水量174865m^3。

问题2：

假设每度电1.00元，每立方米水2.00元。

请计算本项目经济效益，并填入表9-10。

表9-10　本案例的经济效益

项目	节约量	经济效益/万元
节材		
节能/年		
节水/年		
合计		

（2）环境效益

经综合测试和统计，项目施工期间实现的CO_2减排达到1214.68t。运营期间项目每年可减少CO_2排放1932.9t。

项目绿化较好，可实现CO_2吸收量见表9-11。

表9-11　本案例中绿化的固碳作用

植被种类	面积/m^2	面积增量（较参照项目）/m^2	CO_2吸收量/（kg/年）
乔木	45300	5500	4249315.068
灌木	65000	12700	2453013.699
地被	26700	6000	77260.27397
合计	137000	24200	6779589.041
生态环境效益/万元			51.42

则项目运营期每年可实现CO_2减排8712.49t。

问题3：

深圳排放权交易所2014年2月成交均价为75.85元/t，以此计算本项目环境效益。

（3）社会效益

本项目建设时开发方针对项目的目标人群进行了购买意向的调查，结果显示，人们愿意为享受到本项目的绿色效益而在购房时每平方米多花327.39元。则本项目社会效益为16565.93万元。

问题4：

请将本项目的增量成本效益填入表9-12。

表9-12　本案例的增量成本效益

生命周期增量/万元		
间接成本		
技术成本		
		经济效益
		环境效益
		社会效益

附录　复利系数表

复利系数表见附表1～附表17。

附表1　复利系数表（*i*=1%）

年限 *n*/年	一次支付终值系数（*F*/*P*，*i*，*n*）	一次支付现值系数（*P*/*F*，*i*，*n*）	等额支付系列终值系数（*F*/*A*，*i*，*n*）	等额支付系列偿债基金系数（*A*/*F*，*i*，*n*）	等额支付系列资金回收系数（*A*/*P*，*i*，*n*）	等额支付系列现值系数（*P*/*A*，*i*，*n*）
1	1.0100	0.9901	1.0000	1.0000	1.0100	0.9901
2	1.0201	0.9803	2.0100	0.4975	0.5075	1.9704
3	1.0303	0.9706	3.0301	0.3300	0.3400	2.9410
4	1.0406	0.9610	4.0604	0.2463	0.2563	3.9020
5	1.0510	0.9515	5.1010	0.1960	0.2060	4.8534
6	1.0615	0.9420	6.1520	0.1625	0.1725	5.7955
7	1.0712	0.9327	7.2135	0.1386	0.1486	6.7282
8	1.0829	0.9235	8.2857	0.1207	0.1307	7.6517
9	1.0937	0.9143	9.3685	0.1067	0.1167	8.5660
10	1.1046	0.9053	10.4622	0.0956	0.1056	9.4713
11	1.1157	0.8963	11.5668	0.0865	0.0965	10.3676
12	1.1268	0.8874	12.6825	0.0788	0.0888	11.2551
13	1.1381	0.8787	13.8093	0.0724	0.0824	12.1337
14	1.1495	0.8700	14.9474	0.0669	0.0769	13.0037
15	1.1610	0.8613	16.0969	0.0621	0.0721	13.8651
16	1.1726	0.8528	17.2579	0.0579	0.0679	14.7179
17	1.1843	0.8444	18.4304	0.0543	0.0643	15.5623
18	1.1961	0.8360	19.6147	0.0510	0.0610	16.3983
19	1.2081	0.8277	20.8109	0.0481	0.0581	17.2260
20	1.2202	0.8195	22.0190	0.0454	0.0554	18.0456
21	1.2324	0.8114	23.2392	0.0430	0.0530	18.8570
22	1.2447	0.8034	24.4716	0.0409	0.0509	19.6604
23	1.2572	0.7954	25.7163	0.0389	0.0489	20.4558
24	1.2697	0.7876	26.9735	0.0371	0.0471	21.2434
25	1.2824	0.7798	28.2432	0.0354	0.0454	22.0232
26	1.2953	0.7720	29.5256	0.0339	0.0439	22.7952
27	1.3082	0.7644	30.8209	0.0324	0.0424	23.5596
28	1.3213	0.7568	32.1291	0.0311	0.0411	24.3164
29	1.3345	0.7493	33.4504	0.0299	0.0399	25.0658
30	1.3478	0.7419	34.7849	0.0287	0.0387	25.8077

附表2　复利系数表（i=2%）

年限 n/年	一次支付终值系数（F/P，i，n）	一次支付现值系数（P/F，i，n）	等额支付系列终值系数（F/A，i，n）	等额支付系列偿债基金系数（A/F，i，n）	等额支付系列资金回收系数（A/P，i，n）	等额支付系列现值系数（P/A，i，n）
1	1.0200	0.9804	1.0000	1.0000	1.0200	0.9804
2	1.0404	0.9612	2.0200	0.4950	0.5150	1.9416
3	1.0612	0.9423	3.0604	0.3268	0.3468	2.8839
4	1.0824	0.9238	4.1216	0.2426	0.2626	3.8077
5	1.1041	0.9057	5.2040	0.1922	0.2122	4.7135
6	1.1262	0.8880	6.3081	0.1585	0.1785	5.6014
7	1.1487	0.8706	7.4343	0.1345	0.1545	6.4720
8	1.1717	0.8535	8.5830	0.1165	0.1365	7.3255
9	1.1951	0.8368	9.7546	0.1025	0.1225	8.1622
10	1.2190	0.8203	10.9497	0.0913	0.1113	8.9826
11	1.2434	0.8043	12.1687	0.0822	0.1022	9.7868
12	1.2682	0.7885	13.4121	0.0746	0.0946	10.5753
13	1.2936	0.7730	14.6803	0.0681	0.0881	11.3484
14	1.3195	0.7579	15.9739	0.0626	0.0826	12.1062
15	1.3459	0.7430	17.2934	0.0587	0.0778	12.8493
16	1.3728	0.7284	18.6393	0.0537	0.0737	13.5777
17	1.4002	0.7142	20.0121	0.0500	0.0700	14.2919
18	1.4282	0.7002	21.4123	0.0467	0.0667	14.9920
19	1.4568	0.6864	22.8406	0.0438	0.0638	15.6785
20	1.4859	0.6730	24.2974	0.0412	0.0612	16.3514
21	1.5157	0.6598	25.7833	0.0388	0.0588	17.0112
22	1.5460	0.6468	27.2990	0.0366	0.0566	17.6580
23	1.5769	0.6342	28.8450	0.0347	0.0547	18.2922
24	1.6084	0.6217	30.4219	0.0329	0.0529	18.9139
25	1.6406	0.6095	32.0303	0.0312	0.0512	19.5235
26	1.6734	0.5976	33.6709	0.0297	0.0497	20.1210
27	1.7069	0.5859	35.3443	0.0283	0.0483	20.7069
28	1.7410	0.5744	37.0512	0.0270	0.0470	21.2813
29	1.7758	0.5631	38.7922	0.0258	0.0458	21.8444
30	1.8114	0.5521	40.5681	0.0246	0.0446	22.3965

附表3　复利系数表（i=3%）

年限 n/年	一次支付终值系数（F/P, i, n）	一次支付现值系数（P/F, i, n）	等额支付系列终值系数（F/A, i, n）	等额支付系列偿债基金系数（A/F, i, n）	等额支付系列资金回收系数（A/P, i, n）	等额支付系列现值系数（P/A, i, n）
1	1.0300	0.9709	1.0000	1.0000	1.0300	0.9709
2	1.0609	0.9426	2.0300	0.4926	0.5226	1.9135
3	1.0927	0.9151	3.0909	0.3235	0.3535	2.8286
4	1.1255	0.8885	4.1836	0.2390	0.2690	3.7171
5	1.1593	0.8626	5.3091	0.1884	0.2184	4.5797
6	1.1941	0.8375	6.4684	0.1546	0.1846	5.4172
7	1.2299	0.8131	7.6625	0.1305	0.1605	6.2303
8	1.2668	0.7894	8.8923	0.1125	0.1425	7.0197
9	1.3048	0.7664	10.1591	0.0984	0.1284	7.7861
10	1.3439	0.7441	11.4639	0.0872	0.1172	8.5302
11	1.3842	0.7224	12.8078	0.0781	0.1081	9.2526
12	1.4258	0.7014	14.1920	0.0705	0.1005	9.9540
13	1.4685	0.6810	15.6178	0.0640	0.0940	10.6350
14	1.5126	0.6611	17.0863	0.0585	0.0885	11.2961
15	1.5580	0.6419	18.5989	0.0538	0.0838	11.9379
16	1.6047	0.6232	20.1569	0.0496	0.0796	12.5611
17	1.6528	0.6050	21.7616	0.0460	0.0760	13.1661
18	1.7024	0.5874	23.4144	0.0427	0.0727	13.7535
19	1.7535	0.5703	25.1169	0.0398	0.0698	14.3238
20	1.8061	0.5537	26.8704	0.0372	0.0672	14.8775
21	1.8603	0.5375	28.6765	0.0349	0.0649	15.4150
22	1.9161	0.5219	30.5368	0.0327	0.0627	15.9369
23	1.9736	0.5067	32.4529	0.0308	0.0608	16.4436
24	2.0328	0.4919	34.4265	0.0290	0.0590	16.9355
25	2.0938	0.4776	36.4593	0.0274	0.0574	17.4131
26	2.1566	0.4637	38.5530	0.0259	0.0559	17.8768
27	2.2213	0.4502	40.7096	0.0246	0.0546	18.3270
28	2.2879	0.4371	42.9309	0.0233	0.0533	18.7641
29	2.3566	0.4243	45.2189	0.0221	0.0521	19.1885
30	2.4273	0.4120	47.5754	0.0210	0.0510	19.6004

附表4　复利系数表（i=4%）

年限 n/年	一次支付终值系数（F/P，i，n）	一次支付现值系数（P/F，i，n）	等额支付系列终值系数（F/A，i，n）	等额支付系列偿债基金系数（A/F，i，n）	等额支付系列资金回收系数（A/P，i，n）	等额支付系列现值系数（P/A，i，n）
1	1.0400	0.9615	1.0000	1.0000	1.0400	0.9615
2	1.0816	0.9246	2.0400	0.4902	0.5302	1.8861
3	1.1249	0.8890	3.1216	0.3203	0.3603	2.7751
4	1.1699	0.8548	4.2465	0.2355	0.2755	3.6299
5	1.2167	0.8219	5.4163	0.1846	0.2246	4.4518
6	1.2653	0.7903	6.6330	0.1508	0.1908	5.2421
7	1.3159	0.7599	7.8983	0.1266	0.1666	6.0021
8	1.3686	0.7307	9.2142	0.1085	0.1485	6.7327
9	1.4233	0.7026	10.5828	0.0945	0.1345	7.4353
10	1.4802	0.6756	12.0061	0.0833	0.1233	8.1109
11	1.5395	0.6496	13.4864	0.0741	0.1141	8.7605
12	1.6010	0.6246	15.0258	0.0666	0.1066	9.3851
13	1.6651	0.6006	16.6268	0.0601	0.1001	9.9856
14	1.7317	0.5775	18.2919	0.0547	0.0947	10.5631
15	1.8009	0.5553	20.0236	0.0499	0.0899	11.1184
16	1.8730	0.5339	21.8245	0.0458	0.0858	11.6523
17	1.9479	0.5134	23.6975	0.0422	0.0822	12.1657
18	2.0258	0.4936	25.6454	0.0390	0.0790	12.6593
19	2.1068	0.4746	27.6712	0.0361	0.0761	13.1339
20	2.1911	0.4564	29.7781	0.0336	0.0736	13.5903
21	2.2788	0.4388	31.9692	0.0313	0.0713	14.0292
22	2.3699	0.4220	34.2480	0.0292	0.0692	14.4511
23	2.4647	0.4057	36.6179	0.0273	0.0673	14.8568
24	2.5633	0.3901	39.0826	0.0256	0.0656	15.2470
25	2.6658	0.3751	41.6459	0.0240	0.0640	15.6221
26	2.7725	0.3607	44.3117	0.0226	0.0626	15.9828
27	2.8834	0.3468	47.0842	0.0212	0.0612	16.3296
28	2.9987	0.3335	49.9676	0.0200	0.0600	16.6631
29	3.1187	0.3207	52.9663	0.0189	0.0589	16.9837
30	3.2434	0.3083	56.0849	0.0178	0.0578	17.2920

附表5　复利系数表（*i*=5%）

年限 *n*/年	一次支付 终值系数 （*F*/*P*，*i*，*n*）	一次支付 现值系数 （*P*/*F*，*i*，*n*）	等额支付系列 终值系数 （*F*/*A*，*i*，*n*）	等额支付系列 偿债基金系数 （*A*/*F*，*i*，*n*）	等额支付系列 资金回收系数 （*A*/*P*，*i*，*n*）	等额支付系列 现值系数 （*P*/*A*，*i*，*n*）
1	1.0500	0.9524	1.0000	1.0000	1.0500	0.9524
2	1.1025	0.9070	2.0500	0.4878	0.5378	1.8594
3	1.1576	0.8638	3.1525	0.3172	0.3672	2.7232
4	1.2155	0.8227	4.3101	0.2320	0.2820	3.5460
5	1.2763	0.7835	5.5256	0.1810	0.2310	4.3295
6	1.3401	0.7462	6.8019	0.1470	0.1970	5.0757
7	1.4071	0.7107	8.1420	0.1228	0.1728	5.7864
8	1.4775	0.6768	9.5491	0.1047	0.1547	6.4632
9	1.5513	0.6446	11.0266	0.0907	0.1407	7.1078
10	1.6289	0.6139	12.5779	0.0795	0.1295	7.7217
11	1.7103	0.5847	14.2068	0.0704	0.1204	8.3064
12	1.7959	0.5568	15.9171	0.0628	0.1128	8.8633
13	1.8856	0.5303	17.7130	0.0565	0.1065	9.3936
14	1.9799	0.5051	19.5986	0.0510	0.1010	9.8986
15	2.0789	0.4810	21.5786	0.0463	0.0963	10.3797
16	2.1829	0.4581	23.6575	0.0423	0.0923	10.8378
17	2.2920	0.4363	25.8404	0.0387	0.0887	11.2741
18	2.4066	0.4155	28.1324	0.0355	0.0855	11.6896
19	2.5270	0.3957	30.5390	0.0327	0.0827	12.0853
20	2.6533	0.3769	33.0660	0.0302	0.0802	12.4622
21	2.7860	0.3589	35.7193	0.0280	0.0780	12.8212
22	2.9253	0.3418	38.5052	0.0260	0.0760	13.1630
23	3.0715	0.3256	41.4305	0.0241	0.0741	13.4886
24	3.2251	0.3101	44.5020	0.0225	0.0725	13.7986
25	3.3864	0.2953	47.7271	0.0210	0.0710	14.0939
26	3.5557	0.2812	51.1135	0.0196	0.0696	14.3752
27	3.7335	0.2678	54.6691	0.0183	0.0683	14.6430
28	3.9201	0.2551	58.4026	0.0171	0.0671	14.8981
29	4.1161	0.2429	62.3227	0.0160	0.0660	15.1411
30	4.3219	0.2314	66.4388	0.0151	0.0651	15.3725

附表6　复利系数表（*i*=6%）

年限 *n*/年	一次支付终值系数（*F*/*P*，*i*，*n*）	一次支付现值系数（*P*/*F*，*i*，*n*）	等额支付系列终值系数（*F*/*A*，*i*，*n*）	等额支付系列偿债基金系数（*A*/*F*，*i*，*n*）	等额支付系列资金回收系数（*A*/*P*，*i*，*n*）	等额支付系列现值系数（*P*/*A*，*i*，*n*）
1	1.0600	0.9434	1.0000	1.0000	1.0600	0.9434
2	1.1236	0.8900	2.0600	0.4854	0.5454	1.8334
3	1.1910	0.8396	3.1836	0.3141	0.3741	2.6730
4	1.2625	0.7921	4.3746	0.2286	0.2886	3.4651
5	1.3382	0.7473	5.6371	0.1774	0.2374	4.2124
6	1.4185	0.7050	6.9753	0.1434	0.2034	4.9173
7	1.5036	0.6651	8.3938	0.1191	0.1791	5.5824
8	1.5938	0.6274	9.8975	0.1010	0.1610	6.2098
9	1.6895	0.5919	11.4913	0.0870	0.1470	6.8017
10	1.7908	0.5584	13.1808	0.0759	0.1359	7.3601
11	1.8983	0.5268	14.9716	0.0668	0.1268	7.8869
12	2.0122	0.4970	16.8699	0.0593	0.1193	8.3838
13	2.1329	0.4688	18.8821	0.0530	0.1130	8.8527
14	2.2609	0.4423	21.0151	0.0476	0.1076	9.2950
15	2.3966	0.4173	23.2760	0.0430	0.1030	9.7122
16	2.5404	0.3936	25.6725	0.0390	0.0990	10.1059
17	2.6928	0.3714	28.2129	0.0354	0.0954	10.4773
18	2.8543	0.3503	30.9057	0.0324	0.0924	10.8276
19	3.0256	0.3305	33.7600	0.0296	0.0896	11.1581
20	3.2071	0.3118	36.7856	0.0272	0.0872	11.4699
21	3.3996	0.2942	39.9927	0.0250	0.0850	11.7641
22	3.6035	0.2775	43.3923	0.0230	0.0830	12.0416
23	3.8197	0.2618	46.9958	0.0213	0.0813	12.3034
24	4.0489	0.2470	50.8156	0.0197	0.0797	12.5504
25	4.2919	0.2330	54.8645	0.0182	0.0782	12.7834
26	4.5494	0.2198	59.1564	0.0169	0.0769	13.0032
27	4.8223	0.2074	63.7058	0.0157	0.0757	13.2105
28	5.1117	0.1956	68.5281	0.0146	0.0746	13.4062
29	5.4184	0.1846	73.6398	0.0136	0.0736	13.5907
30	5.7435	0.1741	79.0582	0.0126	0.0726	13.7648

附表7　复利系数表（i=7%）

年限 n/年	一次支付终值系数（F/P，i，n）	一次支付现值系数（P/F，i，n）	等额支付系列终值系数（F/A，i，n）	等额支付系列偿债基金系数（A/F，i，n）	等额支付系列资金回收系数（A/P，i，n）	等额支付系列现值系数（P/A，i，n）
1	1.0700	0.9346	1.0000	1.0000	1.0700	0.9346
2	1.1449	0.8734	2.0700	0.4831	0.5531	1.8080
3	1.2250	0.8163	3.2149	0.3111	0.3811	2.6243
4	1.3108	0.7629	4.4399	0.2252	0.2952	3.3872
5	1.4026	0.7130	5.7507	0.1739	0.2439	4.1002
6	1.5007	0.6663	7.1533	0.1398	0.2098	4.7665
7	1.6058	0.6227	8.6540	0.1156	0.1856	5.3893
8	1.7182	0.5820	10.2598	0.0975	0.1675	5.9713
9	1.8385	0.5439	11.9780	0.0835	0.1535	6.5152
10	1.9672	0.5083	13.8164	0.0724	0.1424	7.0236
11	2.1049	0.4751	15.7836	0.0634	0.1334	7.4987
12	2.2522	0.4440	17.8885	0.0559	0.1259	7.9427
13	2.4098	0.4150	20.1406	0.0497	0.1197	8.3577
14	2.5785	0.3878	22.5505	0.0443	0.1143	8.7455
15	2.7590	0.3624	25.1290	0.0398	0.1098	9.1079
16	2.9522	0.3387	27.8881	0.0359	0.1059	9.4466
17	3.1588	0.3166	30.8402	0.0324	0.1024	9.7632
18	3.3799	0.2959	33.9990	0.0294	0.0994	10.0591
19	3.6165	0.2765	37.3790	0.0268	0.0968	10.3356
20	3.8697	0.2584	40.9955	0.0244	0.0944	10.5940
21	4.1406	0.2415	44.8652	0.0223	0.0923	10.8355
22	4.4304	0.2257	49.0057	0.0204	0.0904	11.0612
23	4.7405	0.2109	53.4361	0.0187	0.0887	11.2722
24	5.0724	0.1971	58.1767	0.0172	0.0872	11.4693
25	5.4274	0.1842	63.2490	0.0158	0.0858	11.6536
26	5.8074	0.1722	68.6765	0.0146	0.0846	11.8258
27	6.2139	0.1609	74.4838	0.0134	0.0834	11.9867
28	6.6488	0.1504	80.6977	0.0124	0.0824	12.1371
29	7.1143	0.1406	87.3465	0.0114	0.0814	12.2777
30	7.6123	0.1314	94.4608	0.0106	0.0806	12.4090

附表8　复利系数表（i=8%）

年限 n/年	一次支付终值系数（F/P，i，n）	一次支付现值系数（P/F，i，n）	等额支付系列终值系数（F/A，i，n）	等额支付系列偿债基金系数（A/F，i，n）	等额支付系列资金回收系数（A/P，i，n）	等额支付系列现值系数（P/A，i，n）
1	1.0800	0.9259	1.0000	1.0000	1.0800	0.9259
2	1.1664	0.8573	2.0800	0.4808	0.5608	1.7833
3	1.2597	0.7938	3.2464	0.3080	0.3880	2.5771
4	1.3605	0.7350	4.5061	0.2219	0.3019	3.3121
5	1.4693	0.6806	5.8666	0.1705	0.2505	3.9927
6	1.5869	0.6302	7.3359	0.1363	0.2163	4.6229
7	1.7138	0.5835	8.9228	0.1121	0.1921	5.2064
8	1.8509	0.5403	10.6366	0.0940	0.1740	5.7466
9	1.9990	0.5002	12.4876	0.0801	0.1601	6.2469
10	2.1589	0.4632	14.4866	0.0690	0.1490	6.7101
11	2.3316	0.4289	16.6455	0.0601	0.1401	7.1390
12	2.5182	0.3971	18.9771	0.0527	0.1327	7.5361
13	2.7196	0.3677	21.4953	0.0465	0.1265	7.9038
14	2.9372	0.3405	24.2149	0.0413	0.1213	8.2442
15	3.1722	0.3152	27.1521	0.0368	0.1168	8.5595
16	3.4259	0.2919	30.3243	0.0330	0.1130	8.8514
17	3.7000	0.2703	33.7502	0.0296	0.1096	9.1216
18	3.9960	0.2502	37.4502	0.0267	0.1067	9.3719
19	4.3157	0.2317	41.4463	0.0241	0.1041	9.6036
20	4.6610	0.2145	45.7620	0.0219	0.1019	9.8181
21	5.0338	0.1987	50.4229	0.0198	0.0998	10.0168
22	5.4365	0.1839	55.4568	0.0180	0.0980	10.2007
23	5.8715	0.1703	60.8933	0.0164	0.0964	10.3711
24	6.3412	0.1577	66.7648	0.0150	0.0950	10.5288
25	6.8485	0.1460	73.1059	0.0137	0.0937	10.6748
26	7.3964	0.1352	79.9544	0.0125	0.0925	10.8100
27	7.9881	0.1252	87.3508	0.0114	0.0914	10.9352
28	8.6271	0.1159	95.3388	0.0105	0.0905	11.0511
29	9.3173	0.1073	103.9659	0.0096	0.0896	11.1584
30	10.0627	0.0994	113.2832	0.0088	0.0888	11.2578

附表9　复利系数表（i=9%）

年限 n/年	一次支付终值系数（F/P, i, n）	一次支付现值系数（P/F, i, n）	等额支付系列终值系数（F/A, i, n）	等额支付系列偿债基金系数（A/F, i, n）	等额支付系列资金回收系数（A/P, i, n）	等额支付系列现值系数（P/A, i, n）
1	1.0900	0.9174	1.0000	1.0000	1.0900	0.9174
2	1.1881	0.8417	2.0900	0.4785	0.5685	1.7591
3	1.2950	0.7722	3.2781	0.3051	0.3951	2.5313
4	1.4116	0.7084	4.5731	0.2187	0.3087	3.2397
5	1.5386	0.6499	5.9847	0.1671	0.2571	3.8897
6	1.6771	0.5963	7.5233	0.1329	0.2229	4.4859
7	1.8280	0.5470	9.2004	0.1087	0.1987	5.0330
8	1.9926	0.5019	11.0285	0.0907	0.1807	5.5348
9	2.1719	0.4604	13.0210	0.0768	0.1668	5.9952
10	2.3674	0.4224	15.1929	0.0658	0.1558	6.4177
11	2.5804	0.3875	17.5603	0.0569	0.1469	6.8052
12	2.8127	0.3555	20.1407	0.0497	0.1397	7.1607
13	3.0658	0.3262	22.9534	0.0436	0.1336	7.4869
14	3.3417	0.2992	26.0192	0.0384	0.1284	7.7862
15	3.6425	0.2745	29.3609	0.0341	0.1241	8.0607
16	3.9703	0.2519	33.0034	0.0303	0.1203	8.3126
17	4.3276	0.2311	36.9737	0.0270	0.1170	8.5436
18	4.7171	0.2120	41.3013	0.0242	0.1142	8.7556
19	5.1417	0.1945	46.0185	0.0217	0.1117	8.9501
20	5.6044	0.1784	51.1610	0.0195	0.1095	9.1285
21	6.1088	0.1637	56.7645	0.0176	0.1076	9.2922
22	6.6586	0.1502	62.8733	0.0159	0.1059	9.4424
23	7.2579	0.1378	69.5319	0.0144	0.1044	9.5802
24	7.9111	0.1264	76.7898	0.0130	0.1030	9.7066
25	8.6231	0.1160	84.7009	0.0118	0.1018	9.8226
26	9.3992	0.1064	93.3240	0.0107	0.1007	9.9290
27	10.2451	0.0976	102.7231	0.0097	0.0997	10.0266
28	11.1671	0.0895	112.9682	0.0089	0.0989	10.1161
29	12.1722	0.0822	124.1354	0.0081	0.0981	10.1983
30	13.2677	0.0754	136.3075	0.0073	0.0973	10.2737

附表10　复利系数表（i=10%）

年限 n/年	一次支付终值系数（F/P，i，n）	一次支付现值系数（P/F，i，n）	等额支付系列终值系数（F/A，i，n）	等额支付系列偿债基金系数（A/F，i，n）	等额支付系列资金回收系数（A/P，i，n）	等额支付系列现值系数（P/A，i，n）
1	1.1000	0.9091	1.0000	1.0000	1.1000	0.9091
2	1.2100	0.8264	2.1000	0.4762	0.5762	1.7355
3	1.3310	0.7513	3.3100	0.3021	0.4021	2.4869
4	1.4641	0.6830	4.6410	0.2155	0.3155	3.1699
5	1.6105	0.6209	6.1051	0.1638	0.2638	3.7908
6	1.7716	0.5645	7.7156	0.1296	0.2296	4.3553
7	1.9487	0.5132	9.4872	0.1054	0.2054	4.8684
8	2.1436	0.4665	11.4359	0.0874	0.1874	5.3349
9	2.3579	0.4241	13.5795	0.0736	0.1736	5.7590
10	2.5937	0.3855	15.9374	0.0627	0.1627	6.1446
11	2.8531	0.3505	18.5312	0.0540	0.1540	6.4951
12	3.1384	0.3186	21.3843	0.0468	0.1468	6.8137
13	3.4523	0.2897	24.5227	0.0408	0.1408	7.1034
14	3.7975	0.2633	27.9750	0.0357	0.1357	7.3667
15	4.1772	0.2394	31.7725	0.0315	0.1315	7.6061
16	4.5950	0.2176	35.9497	0.0278	0.1278	7.8237
17	5.0545	0.1978	40.5447	0.0247	0.1247	8.0216
18	5.5599	0.1799	45.5992	0.0219	0.1219	8.2014
19	6.1159	0.1635	51.1591	0.0195	0.1195	8.3649
20	6.7275	0.1486	57.2750	0.0175	0.1175	8.5136
21	7.4002	0.1351	64.0025	0.0156	0.1156	8.6487
22	8.1403	0.1228	71.4027	0.0140	0.1140	8.7715
23	8.9543	0.1117	79.5430	0.0126	0.1126	8.8832
24	9.8497	0.1015	88.4973	0.0113	0.1113	8.9847
25	10.8347	0.0923	98.3471	0.0102	0.1102	9.0770
26	11.9182	0.0839	109.1818	0.0092	0.1092	9.1609
27	13.1100	0.0763	121.0999	0.0083	0.1083	9.2372
28	14.4210	0.0693	134.2099	0.0075	0.1075	9.3066
29	15.8631	0.0630	148.6309	0.0067	0.1067	9.3696
30	17.4494	0.0573	164.4940	0.0061	0.1061	9.4269

附表11 复利系数表（i=12%）

年限 n/年	一次支付终值系数（F/P，i，n）	一次支付现值系数（P/F，i，n）	等额支付系列终值系数（F/A，i，n）	等额支付系列偿债基金系数（A/F，i，n）	等额支付系列资金回收系数（A/P，i，n）	等额支付系列现值系数（P/A，i，n）
1	1.1200	0.8929	1.0000	1.0000	1.1200	0.8929
2	1.2544	0.7972	2.1200	0.4717	0.5917	1.6901
3	1.4049	0.7118	3.3744	0.2963	0.4163	2.4018
4	1.5735	0.6355	4.7793	0.2092	0.3292	3.0373
5	1.7623	0.5674	6.3528	0.1574	0.2774	3.6048
6	1.9738	0.5066	8.1152	0.1232	0.2432	4.1114
7	2.2107	0.4523	10.0890	0.0991	0.2191	4.5638
8	2.4760	0.4039	12.2997	0.0813	0.2013	4.9676
9	2.7731	0.3606	14.7757	0.0677	0.1877	5.3282
10	3.1058	0.3220	17.5487	0.0570	0.1770	5.6502
11	3.4785	0.2875	20.6546	0.0484	0.1684	5.9377
12	3.8960	0.2567	24.1331	0.0414	0.1614	6.1944
13	4.3635	0.2292	28.0291	0.0357	0.1557	6.4235
14	4.8871	0.2046	32.3926	0.0309	0.1509	6.6282
15	5.4736	0.1827	37.2797	0.0268	0.1468	6.8109
16	6.1304	0.1631	42.7533	0.0234	0.1434	6.9740
17	6.8660	0.1456	48.8837	0.0205	0.1405	7.1196
18	7.6900	0.1300	55.7497	0.0179	0.1379	7.2497
19	8.6128	0.1161	63.4397	0.0158	0.1358	7.3658
20	9.6463	0.1037	72.0524	0.0139	0.1339	7.4694
21	10.8038	0.0926	81.6987	0.0122	0.1322	7.5620
22	12.1003	0.0826	92.5026	0.0108	0.1308	7.6446
23	13.5523	0.0738	104.6029	0.0096	0.1296	7.7184
24	15.1786	0.0659	118.1552	0.0085	0.1285	7.7843
25	17.0001	0.0588	133.3339	0.0075	0.1275	7.8431
26	19.0401	0.0525	150.3339	0.0067	0.1267	7.8957
27	21.3249	0.0469	169.3740	0.0059	0.1259	7.9426
28	23.8839	0.0419	190.6989	0.0052	0.1252	7.9844
29	26.7499	0.0374	214.5828	0.0047	0.1247	8.0218
30	29.9599	0.0334	241.3327	0.0041	0.1241	8.0552

附表12　复利系数表（i=15%）

年限 n/年	一次支付终值系数（F/P, i, n）	一次支付现值系数（P/F, i, n）	等额支付系列终值系数（F/A, i, n）	等额支付系列偿债基金系数（A/F, i, n）	等额支付系列资金回收系数（A/P, i, n）	等额支付系列现值系数（P/A, i, n）
1	1.1500	0.8696	1.0000	1.0000	1.1500	0.8696
2	1.3225	0.7561	2.1500	0.4651	0.6151	1.6257
3	1.5209	0.6575	3.4725	0.2880	0.4380	2.2832
4	1.7490	0.5718	4.9934	0.2003	0.3503	2.8550
5	2.0114	0.4972	6.7424	0.1483	0.2983	3.3522
6	2.3131	0.4323	8.7537	0.1142	0.2642	3.7845
7	2.6600	0.3759	11.0668	0.0904	0.2404	4.1604
8	3.0590	0.3269	13.7268	0.0729	0.2229	4.4873
9	3.5179	0.2843	16.7858	0.0596	0.2096	4.7716
10	4.0456	0.2472	20.3037	0.0493	0.1993	5.0188
11	4.6524	0.2149	24.3493	0.0411	0.1911	5.2337
12	5.3503	0.1869	29.0017	0.0345	0.1845	5.4206
13	6.1528	0.1625	34.3519	0.0291	0.1791	5.5831
14	7.0757	0.1413	40.5047	0.0247	0.1747	5.7245
15	8.1371	0.1229	47.5804	0.0210	0.1710	5.8474
16	9.3576	0.1069	55.7175	0.0179	0.1679	5.9542
17	10.7613	0.0929	65.0751	0.0154	0.1654	6.0472
18	12.3755	0.0808	75.8364	0.0132	0.1632	6.1280
19	14.2318	0.0703	88.2118	0.0113	0.1613	6.1982
20	16.3665	0.0611	102.4436	0.0098	0.1598	6.2593
21	18.8215	0.0531	118.8101	0.0084	0.1584	6.3125
22	21.6447	0.0462	137.6316	0.0073	0.1573	6.3587
23	24.8915	0.0402	159.2764	0.0063	0.1563	6.3988
24	28.6252	0.0349	184.1678	0.0054	0.1554	6.4338
25	32.9190	0.0304	212.7930	0.0047	0.1547	6.4641
26	37.8568	0.0264	245.7120	0.0041	0.1541	6.4906
27	43.5353	0.0230	283.5688	00035	0.1535	6.5135
28	50.0656	0.0200	327.1041	0.0031	0.1531	6.5335
29	57.5755	0.0174	377.1697	0.0027	0.1527	6.5509
30	66.2118	0.0151	434.7451	0.0023	0.1523	6.5660

附表13 复利系数表（i=18%）

年限 n/年	一次支付终值系数（F/P，i，n）	一次支付现值系数（P/F，i，n）	等额支付系列终值系数（F/A，i，n）	等额支付系列偿债基金系数（A/F，i，n）	等额支付系列资金回收系数（A/P，i，n）	等额支付系列现值系数（P/A，i，n）
1	1.1800	0.8475	1.0000	1.0000	1.1800	0.8475
2	1.3924	0.7182	2.1800	0.4587	0.6387	1.5656
3	1.6430	0.6086	3.5724	0.2799	0.4599	2.1743
4	1.9388	0.5158	5.2154	0.1917	0.3717	2.6901
5	2.2878	0.4371	7.1542	0.1398	0.3198	3.1272
6	2.6996	0.3704	9.4420	0.1059	0.2859	3.4976
7	3.1855	0.3139	12.1415	0.0824	0.2624	3.8115
8	3.7589	0.2660	15.3270	0.0652	0.2452	4.0776
9	4.4355	0.2255	19.0859	0.0524	0.2324	4.3030
10	5.2338	0.1911	23.5213	0.0425	0.2225	4.4941
11	6.1759	0.1619	28.7551	0.0348	0.2148	4.6560
12	7.2876	0.1372	34.9311	0.0286	0.2086	4.7932
13	8.5994	0.1163	42.2187	0.0237	0.2037	4.9095
14	10.1472	0.0985	50.8180	0.0197	0.1997	5.0081
15	11.9737	0.0835	60.9653	0.0164	0.1964	5.0916
16	14.1290	0.0708	72.9390	0.0137	0.1937	5.1624
17	16.6722	0.0600	87.0680	0.0115	0.1915	5.2223
18	19.6733	0.0508	103.7403	0.0096	0.1896	5.2732
19	23.2144	0.0431	123.4135	0.0081	0.1881	5.3162
20	27.3930	0.0365	146.6280	0.0068	0.1868	5.3527
21	32.3238	0.0309	174.0210	0.0057	0.1857	5.3837
22	38.1421	0.0262	206.3448	0.0048	0.1848	5.4099
23	45.0076	0.0222	244.4868	0.0041	0.1841	5.4321
24	53.1090	0.0188	289.4945	0.0035	0.1835	5.4509
25	62.6686	0.0160	342.6035	0.0029	0.1829	5.4669
26	73.9490	0.0135	405.2721	0.0025	0.1825	5.4804
27	87.2598	0.0115	479.2211	0.0021	0.1821	5.4919
28	102.9666	0.0097	566.4809	0.0018	0.1818	5.5016
29	121.5005	0.0082	669.4475	0.0015	0.1815	5.5098
30	143.3706	0.0070	790.9480	0.0013	0.1813	5.5168

附表14　复利系数表（i=20%）

年限 n/年	一次支付终值系数（F/P，i，n）	一次支付现值系数（P/F，i，n）	等额支付系列终值系数（F/A，i，n）	等额支付系列偿债基金系数（A/F，i，n）	等额支付系列资金回收系数（A/P，i，n）	等额支付系列现值系数（P/A，i，n）
1	1.2000	0.8333	1.0000	1.0000	1.2000	0.8333
2	1.4400	0.6944	2.2000	0.4545	0.6545	1.5278
3	1.7280	0.5787	3.6400	0.2747	0.4747	2.1065
4	2.0736	0.4823	5.3680	0.1863	0.3863	2.5887
5	2.4883	0.4019	7.4416	0.1344	0.3344	2.9906
6	2.9860	0.3349	9.9299	0.1007	0.3007	3.3255
7	3.5832	0.2791	12.9159	0.0774	0.2774	3.6046
8	4.2998	0.2326	16.4991	0.0606	0.2606	3.8372
9	5.1598	0.1938	20.7989	0.0481	0.2481	4.0310
10	6.1917	0.1615	25.9587	0.0385	0.2385	4.1925
11	7.4301	0.1346	32.1504	0.0311	0.2311	4.3271
12	8.9161	0.1122	39.5805	0.0253	0.2253	4.4392
13	10.6993	0.0935	48.4966	0.0206	0.2206	4.5327
14	12.8392	0.0779	59.1959	0.0169	0.2169	4.6106
15	15.4070	0.0649	72.0351	0.0139	0.2139	4.6755
16	18.4884	0.0541	87.4421	0.0114	0.2114	4.7296
17	22.1861	0.0451	105.9306	0.0094	0.2094	4.7746
18	26.6233	0.0376	128.1167	0.0078	0.2078	4.8122
19	31.9480	0.0313	154.7400	0.0065	0.2065	4.8435
20	38.3376	0.0261	186.6880	0.0054	0.2054	4.8696
21	46.0051	0.0217	225.0256	0.0044	0.2044	4.8913
22	55.2061	0.0181	271.0307	0.0037	0.2037	4.9094
23	66.2474	0.0151	326.2369	0.0031	0.2031	4.9245
24	79.4968	0.0126	392.4842	0.0025	0.2025	4.9371
25	95.3962	0.0105	471.9811	0.0021	0.2021	4.9476
26	114.4755	0.0087	567.3773	0.0018	0.2018	4.9563
27	137.3706	0.0073	681.8528	0.0015	0.2015	4.9636
28	164.8447	0.0061	819.2233	0.0012	0.2012	4.9697
29	197.8136	0.0051	984.0680	0.0010	0.2010	4.9747
30	237.3763	0.0042	1181.8816	0.0008	0.2008	4.9789

附表15　复利系数表（i=25%）

年限 n/年	一次支付终值系数（F/P, i, n）	一次支付现值系数（P/F, i, n）	等额支付系列终值系数（F/A, i, n）	等额支付系列偿债基金系数（A/F, i, n）	等额支付系列资金回收系数（A/P, i, n）	等额支付系列现值系数（P/A, i, n）
1	1.2500	0.8000	1.0000	1.0000	1.2500	0.8000
2	1.5625	0.6400	2.2500	0.4444	0.6944	1.4400
3	1.9531	0.5120	3.8125	0.2623	0.5123	1.9520
4	2.4414	0.4096	5.7656	0.1734	0.4234	2.3616
5	3.0518	0.3277	8.2070	0.1218	0.3718	2.6893
6	3.8147	0.2621	11.2588	0.0888	0.3388	2.9514
7	4.7684	0.2097	15.0735	0.0663	0.3163	3.1611
8	5.9605	0.1678	19.8419	0.0504	0.3004	3.3289
9	7.4506	0.1342	25.8023	0.0388	0.2888	3.4631
10	9.3132	0.1074	33.2529	0.0301	0.2801	3.5705
11	11.6415	0.0859	42.5661	0.0235	0.2735	3.6564
12	14.5519	0.0687	54.2077	0.0184	0.2684	3.7251
13	18.1899	0.0550	68.7596	0.0145	0.2645	3.7801
14	22.7374	0.0440	86.9495	0.0115	0.2615	3.8241
15	28.4217	0.0352	109.6868	0.0091	0.2591	3.8593
16	35.5271	0.0281	138.1085	0.0072	0.2572	3.8874
17	44.4089	0.0225	173.6357	0.0058	0.2558	3.9099
18	55.5112	0.0180	218.0446	0.0046	0.2546	3.9279
19	69.3889	0.0144	273.5558	0.0037	0.2537	3.9424
20	86.7362	0.0115	342.9447	0.0029	0.2529	3.9539
21	108.4202	0.0092	429.6809	0.0023	0.2523	3.9631
22	135.5253	0.0074	538.1011	0.0019	0.2519	3.9705
23	169.4066	0.0059	673.6264	0.0015	0.2515	3.9764
24	211.7582	0.0047	843.0329	0.0012	0.2512	3.9811
25	264.6978	0.0038	1054.7912	0.0009	0.2509	3.9849
26	330.8722	0.0030	1319.4890	0.0008	0.2508	3.9879
27	413.5903	0.0024	1650.3612	0.0006	0.2506	3.9903
28	516.9879	0.0019	2063.9515	0.0005	0.2505	3.9923
29	646.2349	0.0015	2580.9394	0.0004	0.2504	3.9938
30	807.7936	0.0012	3227.1743	0.0003	0.2503	3.9950

附表16　复利系数表（i=30%）

年限 n/年	一次支付终值系数（F/P，i，n）	一次支付现值系数（P/F，i，n）	等额支付系列终值系数（F/A，i，n）	等额支付系列偿债基金系数（A/F，i，n）	等额支付系列资金回收系数（A/P，i，n）	等额支付系列现值系数（P/A，i，n）
1	1.3000	0.7692	1.0000	1.0000	1.3000	0.7692
2	1.6900	0.5918	2.3000	0.4348	0.7348	1.3609
3	2.1970	0.4552	3.9900	0.2506	0.5506	1.8161
4	2.8561	0.3501	6.1870	0.1616	0.4616	2.1662
5	3.7129	0.2693	9.0431	0.1106	0.4106	2.4356
6	4.8268	0.2072	12.7560	0.0784	0.3784	2.6427
7	6.2749	0.1594	17.5828	0.0569	0.3569	2.8021
8	8.1573	0.1226	23.8577	0.0419	0.3419	2.9247
9	10.6045	0.0943	32.0150	0.0312	0.3312	3.0190
10	13.7858	0.0725	42.6195	0.0235	0.3235	3.0915
11	17.9216	0.0558	56.4053	0.0177	0.3177	3.1473
12	23.2981	0.0429	74.3270	0.0135	0.3135	3.1903
13	30.2875	0.0330	97.6250	0.0102	0.3102	3.2233
14	39.3738	0.0254	127.9125	0.0078	0.3078	3.2487
15	51.1859	0.0195	167.2863	0.0060	0.3060	3.2682
16	66.5417	0.0150	218.4722	0.0046	0.3046	3.2832
17	86.5042	0.0116	285.0139	0.0035	0.3035	3.2948
18	112.4554	0.0089	371.5180	0.0027	0.3027	3.3037
19	146.1920	0.0068	483.9734	0.0021	0.3021	3.3105
20	190.0496	0.0053	630.1655	0.0016	0.3016	3.3158
21	247.0645	0.0040	820.2151	0.0012	0.3012	3.3198
22	321.1839	0.0031	1067.2796	0.0009	0.3009	3.3230
23	417.5391	0.0024	1388.4635	0.0007	0.3007	3.3254
24	542.8008	0.0018	1806.0026	0.0006	0.3006	3.3272
25	705.6410	0.0014	2348.8033	0.0004	0.3004	3.3286
26	917.3333	0.0011	3054.4443	0.0003	0.3003	3.3297
27	1192.5333	0.0008	3971.7776	0.0003	0.3003	3.3305
28	1550.2933	0.0006	5164.3109	0.0002	0.3002	3.3312
29	2015.3813	0.0005	6714.6042	0.0001	0.3001	3.3317
30	2619.9956	0.0004	8729.9855	0.0001	0.3001	3.3321

附表17　复利系数表（i=40%）

年限 n/年	一次支付终值系数（F/P, i, n）	一次支付现值系数（P/F, i, n）	等额支付系列终值系数（F/A, i, n）	等额支付系列偿债基金系数（A/F, i, n）	等额支付系列资金回收系数（A/P, i, n）	等额支付系列现值系数（P/A, i, n）
1	1.4000	0.7143	1.0000	1.0000	1.4000	0.7143
2	1.9600	0.5102	2.4000	0.4167	0.8167	1.2245
3	2.7440	0.3644	4.3600	0.2294	0.6294	1.5889
4	3.8416	0.2603	7.1040	0.1408	0.5408	1.8492
5	5.3782	0.1859	10.9456	0.0914	0.4914	2.0352
6	7.5295	0.1328	16.3238	0.0613	0.4613	2.1680
7	10.5414	0.0949	23.8534	0.0419	0.4419	2.2628
8	14.7579	0.0678	34.3947	0.0291	0.4291	2.3306
9	20.6610	0.0484	49.1526	0.0203	0.4203	2.3790
10	28.9255	0.0346	69.8137	0.0143	0.4143	2.4136
11	40.4957	0.0247	98.7391	0.0101	0.4101	2.4383
12	56.6939	0.0176	139.2348	0.0072	0.4072	2.4559
13	79.3715	0.0126	195.9287	0.0051	0.4051	2.4685
14	111.1201	0.0090	275.3002	0.0036	0.4036	2.4775
15	155.5681	0.0064	386.4202	0.0026	0.4026	2.4839
16	217.7953	0.0046	541.9883	0.0018	0.4018	2.4885
17	304.9135	0.0033	759.7837	0.0013	0.4013	2.4918
18	426.8789	0.0023	1064.6971	0.0009	0.4009	2.4941
19	597.6304	0.0017	1491.5760	0.0007	0.4007	2.4958
20	836.6826	0.0012	2089.2064	0.0005	0.4005	2.4970
21	1171.3556	0.0009	2925.8889	0.0003	0.4003	2.4979
22	1639.8978	0.0006	4097.2445	0.0002	0.4002	2.4985
23	2295.8569	0.0004	5737.1423	0.0002	0.4002	2.4989
24	3214.1997	0.0003	8032.9993	0.0001	0.4001	2.4992
25	4499.8796	0.0002	11247.1990	0.0001	0.4001	2.4994
26	6299.8314	0.0002	15747.0785	0.0001	0.4001	2.4996
27	8819.7640	0.0001	22046.9099	0.0000	0.4000	2.4997
28	12347.6696	0.0001	30866.6739	0.0000	0.4000	2.4998
29	17286.7374	0.0001	43214.3435	0.0000	0.4000	2.4999
30	24201.4324	0.0000	60501.0809	0.0000	0.4000	2.4999

参 考 文 献

陈汉利，2016．工程经济学［M］．长沙：中南大学出版社．

黄晨，曾学礼，徐媛媛，2015．建筑工程经济［M］．天津：天津大学出版社．

贾明，朱海潮，魏晨辉，等，2009．绿色建筑技术经济分析与评价［J］．陕西建筑，9：5-6．

刘玲玲，2012．浅谈绿色建筑经济的重要意义［J］．中国外资，28（5）：156-159．

刘晓君，2015．工程经济学［M］．3版．北京：中国建筑工业出版社．

曼昆，2015．经济学原理［M］．7版．梁小民，梁砾，译．北京：北京大学出版社．

渠晓伟，2011．建筑工程经济［M］．北京：机械工业出版社．

全国一级建造师执业资格考试用书编写委员会，2017．建筑工程经济［M］．北京：中国建筑工业出版社．

吴锋，叶锋，2015．工程经济［M］．2版．北京：机械工业出版社．

徐蓉，2015．工程经济学［M］．北京：冶金工业出版社．

张琛，曹兵，2012．建筑工程经济［M］．北京：中国建材工业出版社．

张明媚，李美云，张博文，2015．建筑工程经济［M］．北京：机械工业出版社．

张仕廉，2014．建设工程经济学［M］．北京：科学出版社．